高等职业院校新形态**通识教育**系列教材

微课版

中国传统文化教程

李振红　侯荣增　张涛◎主编

张莹　张晓燕　朱秋华　黄仕晖◎副主编

人民邮电出版社

北　京

图书在版编目（CIP）数据

中国传统文化教程：微课版 / 李振红，侯荣增，张
涛主编. -- 北京：人民邮电出版社，2024.8
高等职业院校新形态通识教育系列教材
ISBN 978-7-115-64380-3

Ⅰ. ①中… Ⅱ. ①李… ②侯… ③张… Ⅲ. ①中华文
化－高等职业教育－教材 Ⅳ. ①K203

中国国家版本馆CIP数据核字(2024)第091786号

内 容 提 要

    本书介绍了中国传统文化的内涵、发展历程与基本精神，以及传统哲学、教育、文学、科学技术、艺术与生活方式等知识内容，力求贴近学生生活，体现职业教育特色，实现科学性、知识性与趣味性的统一。本书体例上由"学习任务""知识链接""知识窗""互动交流"等模块构成，力求帮助学生深入了解博大精深的中国传统文化，领略中国传统文化的独特魅力，解读中国传统文化的精髓，提升学生的民族自豪感，树立学生的文化自信。

    本书可以作为职业院校与中国传统文化相关的公共课的教材，也可以作为相关工作者及传统文化爱好者研习中国传统文化的参考读物。

◆ 主　　编　李振红　侯荣增　张　涛
　　副主编　张　莹　张晓燕　朱秋华　黄仕晖
　　责任编辑　白　雨
　　责任印制　王　郁　彭志环
◆ 人民邮电出版社出版发行　　北京市丰台区成寿寺路 11 号
　　邮编　100164　电子邮件　315@ptpress.com.cn
　　网址　https://www.ptpress.com.cn
　　北京瑞禾彩色印刷有限公司印刷
◆ 开本：787×1092　1/16
　　印张：12.5　　　　　　　　　　2024 年 8 月第 1 版
　　字数：301 千字　　　　　　　2024 年 8 月北京第 1 次印刷

定价：59.80 元

读者服务热线：(010)81055256　印装质量热线：(010)81055316
反盗版热线：(010)81055315
广告经营许可证：京东市监广登字 20170147 号

前言

文化是民族的灵魂，是国家发展的支撑，文化兴则国运兴，文化强则民族强。中国传统文化是中华民族五千年来所创造出的物质财富与精神财富的总和，是中华儿女共有的精神基因和文化烙印，承载并塑造着中华民族世代相传的世界观、人生观和价值观，是中华儿女赖以长久生存的"根"和"魂"，是中华民族生生不息、发展壮大的丰厚养分。

传统文化作为中华民族的文化身份与民族标识，是推动中国式现代化进程、实现第二个百年奋斗目标及中华民族伟大复兴的根本性力量。

历史经验证明，没有中国传统文化的繁荣兴盛，就没有中华民族的伟大复兴。当前国家治理的诸多理念也来源于中国优秀传统文化中所沉淀的民本、礼治、外交、生态、改革等思想精髓。

作为现代中国人，继承五千年的文化传统，实现中华民族伟大复兴的壮丽事业，是我们义不容辞的神圣使命。加强对中国传统文化的教育，对于今天的社会，对于新时代的每一个华夏子孙，都具有深远而特殊的意义。

在高校开展中国传统文化教育，不仅有助于赓续五千多年的优秀传统文化的基因，还有利于培养大学生的民族认同感和爱国情怀，提升大学生的道德水平和审美能力，与大学素质教育的目标高度统一。弘扬主旋律、传播正能量，是学校教育义不容辞的责任。走近历史、了解文化，传承和创新中国传统文化，也是每一位大学生的义务。

本书在编写上坚持正确的政治方向和价值导向，力求全面贯彻落实党的二十大精神，根据教育部《完善中华优秀传统文化教育指导纲要》及中共中央办公厅、国务院办公厅印发的《关于实施中华优秀传统文化传承发展工程的意见》的相关要求，以学生诉求和社会发展需求为着眼点，主动融入时代元素，将"立德树人"基本要求贯彻于本书编写的全过程，以润物细无声的方式将素质教育与传统文化知识有机融合，促进学生德技并修，让他们更加热爱祖国的传统文化。

本书由山东商业职业技术学院老师编写，由李振红、侯荣增、张涛担任主编，由张莹、张晓燕、朱秋华、黄仕晖担任副主编。山东商业职业技术学院首次开设"中国传统文化"课程是在 2008 年，至今已有 15 年了。15 年来，从最初自编教学内容，到后来选定教材精选教学内容，编者始终探寻"如何挖掘中国优秀传统文化的时代内涵""如何赓续和传承中国优秀传统文化""怎样增强学生的文化认同与文化自信"等问题。在十几年教学实践和一次次教学内容修改完善的基础上编写了本书。

由于编者水平有限，书中难免存在不足和疏漏之处，我们恳切期望广大读者提出批评意见和修改建议。

本书在编写过程中参考了许多学者和一线教师的教学研究成果，在此对他们表示感谢！

编　者

2024 年 4 月

目录

第一章

中国传统文化概况

中华民族有着悠久的历史，在长期发展的过程中，先民用劳动和智慧创造了辉煌灿烂的文化。中国传统文化孕育于史前中华大地，形成于春秋战国，发展融合于秦汉魏晋，鼎盛于唐宋，晚清进入蜕变与新生并存的新阶段。它纵贯历史五千年，不仅有着深厚的积淀和强大的生命力，而且内容丰富多彩，思想博大精深，是中华民族对人类文明的重要贡献。

中国传统文化不仅照亮了人类历史的长河，也是我们实现中华民族伟大复兴壮丽事业的强大后盾。走近历史、了解文化，传承和创新中国传统文化，推进文化自信自强，铸就社会主义文化新辉煌，是每一位大学生的责任和义务。

第一节　文化与中国传统文化

学习任务

1. 了解文化的内涵及分类。
2. 了解中国传统文化的内涵。
3. 热爱祖国文化，培养民族自信。

人类从生物人到社会人，靠文化教化；人们的个性、气质、情操，靠文化培养；人们各种各样的人生观、价值观，靠文化确立。那么究竟什么是文化呢？文化既是一种社会现象，又是一种历史现象，随着人类社会的发展而变化。了解文化的内涵，有助于我们更好地把握中国传统文化的内涵。

一、文化的内涵

20 世纪以来，诸多哲学家、社会学家、人类学家、历史学家和语言学家都试图从不同角度来界定文化，关于"文化"的定义也越来越多，据统计已经有 300 多种，但没有任何一个定义可以获得人们的一致认可和满意。迄今为止，"文化"的定义在学术界仍众说纷纭。

下面从"文化"一词的来源，看看中西方对文化内涵的理解。

（一）中国古代文化的内涵

中国古文以单音词居多，故"文"与"化"最早为两个词，并非两字连用。其中，"文"为名词，本义指纹理。如《易经·系辞下》中的"物相杂，故曰文"和《说文解字》中的"文，错画也，象交文"均为此义。"文"后来又引申出近十几种意义，其中，文字、文章、修养、德行与现在人们理解的"文化"一词的意义最为接近。

"化"为动词，最基本的意义是指变化，即事物形态或性质的改变。在此基础上，"化"字又有许多引申意义：风俗、风气、教化等。其中与现代人理解的"文化"一词最相近的就是"教化"，也即伦理德行的化成，如"潜移默化"。

在我国古代典籍中，"文"与"化"并联使用最早见于《易·贲卦·象传》："观乎天文，以察时变；观乎人文，以化成天下"。这是说治国者必须观察天道自然规律，以明了时序的变化；还必须观察人伦社会规律，使天下人均能遵从文明礼仪，行为符合规范。其中"人文"指社会人伦，"文"是文治，"化"是教化。两词并用，即"文治教化"的意思，与自然天文相对。

西汉以后，"文"与"化"合成为一个词，如刘向《说苑·指武》："圣人之治天下也，先文德而后武力。凡武之兴，为不服也。文化不改，然后加诛。"[1] 这里的"文化"依然是"文治教化"之意。

> **知识链接**
>
> ①翻译：圣人治理天下，会先用文德教化天下再用武力征服天下。只是运用武力征服，百姓口服心不服。如果不改变方略，以德治国，以文化之，迟早也会被别人同样以武力再次讨伐回来。

综上所述，中国古代的"文化"一词，属于精神文明的范畴，侧重于精神领域的文治教化，往往与"武力""武功""野蛮"相对应，包含着一种积极的理想主义色彩，是一种治理社会的方法和主张，体现了治国方略中"阴"和"柔"的一面，既有政治内涵，又有伦理意义。

（二）西方文化的内涵

在西方，"文化"一词源于拉丁文的"cultura"，原意是耕作、栽培、居住之意，后来又引申出对人性格的陶冶及品德的教养之意。

1871年世界著名的人类学家和文化学家泰勒在《原始文化》一书中写到："文化"是一个复杂的总体，它包括知识、信仰、艺术、道德、法律、风俗及人类在社会里所获得的一切能力与习惯。

到了现代，美国文化学者克罗伯和克拉克洪对文化概念进行了详细考察和整理，他们于1952年发表《文化的概念》，对西方当时搜集到的160多个关于文化的定义做了梳理与分析，指出：文化既是人类行为的产物，又是决定人类行为的某种要素。

二、文化的分类

现在，学界一般认为文化有狭义与广义之分。

（一）狭义的文化

狭义的文化，主要是指社会的意识形态，即人类精神活动的产物，包括哲学、宗教、文学、艺术、教育、科学、道德、风尚等，同时也包括社会制度和组织机构。

上文中国古代"文化"一词本源意义和泰勒对文化所下定义，基本属于狭义范畴。

（二）广义的文化

广义的文化又称"大文化"，是指人类社会历史实践过程中所创造的物质财富和精神财富的总和。也就是说，人类改造自然和社会过程中所创造的一切，都属于文化的范畴。

广义的文化涵盖的内容十分广泛，但主要着眼于人类与一般动物、人类社会与自然界的本质区别，从其内在结构层次和逻辑顺序来看，可以分为物质文化、制度文化、行为文化和心态（精神）文化4个层次。

1. 物质文化

物质文化又称器物文化，属于表层的文化，指人的物质生产活动及其产品的总和，构成文化的基础，反映社会经济发展水平，由"物化的知识"构成。物质文化包括人类用各种材料对自然加工制成的器物的、技术的、非人格化的、客观的东西，是看得见、摸得着的具有物质实体的文化，比如人们衣食住行所凭借的物质条件，像城池、宫殿、祠庙、长城、桥梁、器皿、工具、服饰、饮食等。因而服饰文化、饮食文化、建筑艺术文化等均属物质文化。例如，2022年北京冬奥会颁奖礼仪服装，展示的就是中国传统物质文化。

2. 制度文化

制度文化是指人类在社会实践中建立的各种社会规范和社会组织，是人们为了处理和解决各种社会矛盾、规范自身行为、调节人与人之间的社会关系而制定的各种法律、规范、准则、条例等，是以社会制度形式呈现的文化现象。比如经济制度、政治法律制度、教育制度、军事制度、婚姻制度、宗教民族制度、家族制度及伦理道德等。它是人类创造出来服务并约束自己的社会环境、社会规范及社会组织。像中国古代的科举制度、三纲五常、三从四德、兄弟共妻、一夫多妻均属于制度文化，近年颁布的《民法典》也属制度文化。

● 物质文化：2022年北京冬奥会颁奖礼仪服装

　　2022年北京冬奥会和冬残奥会颁奖礼仪服装共有3套方案，分别为"瑞雪祥云""鸿运山水""唐花飞雪"，设计灵感来自"瑞雪"、"祥云"、名画《千里江山图》、传统唐代织物等中国传统文化元素。

3. 行为文化

　　行为文化是指由人们在人际交往中约定俗成的习惯性定势构成的文化，是以民风民俗形式出现的，存在于日常起居中的具有鲜明民族特色的行为模式。《汉书·王吉传》中所说："是以百里不同风，千里不同俗"，就明确指出了人们行为文化的存在，并说明其具有民族性和地域性的特点。如宋代至清代的聘礼，男方给女方送茶，用茶不能移植来寓意"一女不嫁二夫"。再如春节要贴对联、放鞭炮、包饺子，端午节包粽子，中秋节吃月饼。

4. 心态文化

　　心态文化是文化层面的核心部分，是人类在长期社会实践中，对自然进行加工或塑造自我过程中形成的用语言或符号表现出来的意识形态，包括哲学、宗教、科学、文学、艺术等，即人在意识活动中形成的思维方式、价值取向、伦理观念、心理状态、理想人格、审美情趣等精神成果的总和，是属于精神、思想、观念范畴的文化，所以又称为观念文化、精神文化。如：西安半坡的土壤本是自然物质，但它经过人们捏造并烧制成陶器后，就成了原始文化的组成部分。陶器是我们祖先进行物质创造的成果，同时又是他们精神活动的产品，因为我们不仅可以见到这个古代生活器具的实物，还可以从它的彩绘图案上获得远古艺术观念的信息。

可见，一种文化，并不是各种孤立的现象拼凑而成的，而是各种文化现象有序结合而成的有机整体，是具有不同层面的一个完整系统。

文化的变迁，按结构的不同层次出现不同的改变，其中最难变化的是心态文化，如思维方式、价值观念和对生活意义的观念。

三、中国传统文化的内涵

（一）中国的含义

作为中国人，我们先来了解一下何为"中国"。"中国"一词，在古时有两个方面的含义。

一方面是指京师、国都。《诗经·大雅·民劳》中说："惠此中国，以绥四方。"汉代毛亨解释说："中国，京师也。"再如司马迁《史记·五帝本纪》中说："夫而后之中国，践天子位焉，是为帝舜。"在这里，"国"就是都邑的同义词，而"中国"就是指天子所居的都城，与四方诸侯的都邑对举。

知识链接

①四夷：东夷、西戎、南蛮、北狄的统称，是古代统治者对华夏族以外的各族的蔑称。

另一方面是指华夏族生活的地区。《诗经·小雅·六月》序中说："《小雅》尽废，则四夷①交侵，中国微矣。"这里的中国就是指华夏族所在的地区。与"中国"一词含义相同的有"中华""华夏""诸夏"。"中华"一词起初只是指黄河中下游地区，后来，随着历朝历代疆土的不断扩展，就把所统辖的地区都称作"中华"。"华夏"一词又作"诸夏"，是古代汉族的自称。"华"意为"荣"，"夏"意为"中国之人"。华夏族的始祖是传说中的黄帝，上古时期，在"姬水"一带形成了较为先进的黄帝族，他们与住在"姜水"一带的炎帝族世代通婚，形成了以炎黄部落为核心的"华夏部落"。华夏部落不断壮大，周边的各个小部落也不断归附，到战国时期便形成了中华民族的前身——统一的华夏族。

在古代，"中国"没有作为正式的国名出现，因为那时的王朝或政权只有国号，而没有国名。他们所说的"中国"，是指地域、文化上的概念。真正以"中国"作为正式国名简称，是从一场近代十分有名的革命——辛亥革命以后建立的中华民国开始的。从这时起，"中国"才成为具有国家意义的正式名称。1949年10月1日中华人民共和国成立，开创了我国历史的新纪元。此后"中国"已是中华民族各族人民共同组成的国家了，全称是"中华人民共和国"。

（二）中国文化与中国传统文化

中国文化是中华民族在中国这块土地上所创造的文化。中华民族是自华夏族衍化而来的包括汉族在内的56个民族的总称。因此，中国文化既包括汉族所创造的文化，也包括其他少数民族所创造的文化。从文化学的角度看，文化又分为传统文化和现代文化。

现代文化产生于工业时代和信息时代，是在现代化进程中不断创造与发展的新型文化。以鸦片战争为转折，我国文化开始了现代化进程。它经历了太平天国运动、甲午战争、戊戌变法、辛亥革命和五四运动等一系列重大历史事件，完成了教育制度的变革、学术观念的变革、宗教思想的变革和近代自然科学的确立。

中国传统文化就是指鸦片战争（1840年）以前的中国古代文化。其内涵从广义上说，是指以华夏族为主流的多元文化在长期的历史发展过程中融合、形成、发展起来的具有鲜明民族特色和稳定形态的中国文化，包括思想观念、价值取向、道德伦理、礼仪制度、历史教育、宗教信仰、文学艺术、生活习俗、科学技术及以上各方面物化形态等层次的内容。

中国传统文化教程（微课版）

6

> **知识链接**
> **"三玄""四书""五经"**
> 三玄：《周易》《老子》《庄子》。
> 四书：《大学》《中庸》《论语》《孟子》。
> 五经：《诗经》《尚书》《礼记》《周易》《春秋》。

中国传统文化博大厚实、充满智慧。现存的典籍浩如烟海，尤其以"三玄""四书""五经"为其渊薮。学术流派上，虽有百家争鸣，但儒、道两家一直占据主导地位。在长达2000多年的中国封建社会里，儒家思想一直在官方意识形态领域占据着正统地位，对中国文化产生了广泛而深刻的影响，形成了中国传统文化的思想主流。

知识窗

中华文明的三大发源地

中华文明是3种区域文明（长江文明、黄河文明和草原文明）交流、融合、升华的果实。中华文明以礼乐为制度，以易经八卦、丹书朱文、上古汉语为源泉，是世界上最古老的文明之一，在历史上一脉相传。中华文明的发展虽有阶段性，但没有间断和转移。

据考证，早在公元前5000年，长江就孕育出了古代文明，长江文明区域之广，文化遗址数量之多、密度之大，堪称世界之最。黄河文明的形成期大概是公元前4000年至公元前2000年，黄河文明的发展期是中华文明的升华阶段，从时代来说主要是夏、商、周三代。我国又称为华夏文明古国，华夏象征着我们，而华夏文化则代表了中国的传统文化。

考古资料证明，我国北方广大地区是草原文明发祥地，草原文明与黄河文明、长江文明一样具有重要战略地位，是灿烂的中华文明的源头，使中华文明既有丰富性和多样性，又充满生机与活力。

中华文明是一脉相承、连续发展的，呈现出明显的阶段性。某一阶段的能量耗尽了就会起变化，变化了血脉就畅通，再接着生长、发展，使中华文明生命力不绝、延续至今。

互动交流

1. 结合自己的日常生活，谈谈你对文化的理解。
2. 中国传统文化的内涵是什么？

第二节　中国传统文化的发展历程

学习任务

1. 了解中国传统文化的发展历程及其物质和精神文化瑰宝。
2. 树立民族自豪感，培养自尊、自信、有责任感的民族品格。

浩瀚广博的中国传统文化，是最古老的人类文化之一，它从原始的萌发走向繁荣到最终定型，经历了一个漫长而宏伟壮阔的发展过程。这是一个物质文化、制度文化和思想文化不断发展变化和完善丰富的过程，也是中华民族不断创造自己独特的文化特质、丰富文化结构的过程，并在自然理性、社会理性与历史理性的冲突融合中，不断发挥文化的社会功能，推动中华文明的繁荣演进。

一、夏商周之前——中国传统文化的萌芽期

最早的史前先民是中国文化的初创者。中国传统文化的源头可追溯到夏商周之前，即传说中的"三皇五帝"时期，历史学家习惯把文字产生以前的历史称为远古时期。文明的源头点燃了中华文明的最初可能，勾勒出中国传统文化的最初模样。这一阶段的文化称为远古文化，是中国传统文化的萌芽期。

在山东省淄博市临淄区，距今约 8300 年的后李文化遗址内，发现有房址、壕沟、灰坑和墓葬等，以及陶、石器等生活用具。距今约 7300 年的山东和江苏一带的北辛文化遗址，表明了那时候的人们已经形成完整的聚落，生产工具主要是石器。农业经济繁荣稳定，定居生活稳定而长久，形成了以农业为主，畜牧养殖、采集渔猎为辅的生活方式。到距今约 6500 年的山东大汶口文化时期，彩陶工艺已达到很高水平，石斧也已经出现，反映出这一时期的物质文化发展情况。

在距今约 5500 年的辽宁省朝阳市红山街道牛河梁遗址内发现了中国迄今最早的史前神殿女神庙。庙内出土的女神头像面容完好、仪态高贵。神庙不远处的积石冢内墓葬规格不同体现出等级差异，这些特征向人们展示了文明社会的曙光。

距今 4500—5100 年兴起于长江下游的"良渚古国"蔚为壮观，作为这一地区进入文明社会的代表。良渚古城规模宏大，墓葬中出土的精美玉器折射出贵族阶层的权势与审美。重达 2 吨的炭化稻米

● 辽宁博物馆馆藏：红山女神像

遗迹印证了良渚社会发达的农业经济。

距今约 4500 年山东济南的龙山文化，已进入铜石并用的时代。此时，人们可以制造精美的磨光黑陶。中华文明进入发展的快车道。黄河、长江流域大部分地区相继跨过文明的门槛，进入"古国时代"。在长江中游以石家河城址为代表的城址群快速崛起；在黄河流域位于晋南的陶寺遗址，成为同时期该流域最大的城址，面积约 300 万平方米，相当于 4 个故宫；那座面积近 13 万平方米的宫城，以及宫殿基址、门道上残存的路土，向人们无声传递着生活在其中的王者足迹。高大的门楼、完备的军事防御设施、近 10 米高的皇城城墙，向世人诉说着当年王者的权威与辉煌。

● 良渚玉琮王

后来，原本繁荣的长江中下游文明遭遇严酷考验，中原和北方地区的社会后来居上，逐渐成为中华文明的重要参与者。距今 3800 年的河南二里头遗址，以其建制完整的宫城、成熟的礼乐、明确的等级分化，展示着中国文化的多姿多彩，吸引着世人的目光。

远古时期的中国大地上产生的文化从一开始就呈多元状态。这一时期，虽然中国传统文化开始发端，面貌还不够清晰，特征还不够明显，但在天文、井田、文字、绘画、雕刻、音乐、舞蹈、服饰、医经等方面都已出现文化形态，反映出了原始宗教、艺术等精神文化状况。这是我们的祖先在丛林猛兽、天灾频仍的生存环境中迈出的坚实一步，就像一粒文明的种子埋在了中华大地上。中华五千年的文化发展历程从这里开始起步，因此可以把这一时期称作中国传统文化的萌芽期。

● 黄河流域晋南陶寺遗址

二、夏商周——中国传统文化的形成期

中国传统文化发展至夏、商、周后，伴随着经济、政治的发展而逐渐具备了雏形。此后中国传统文化一路向前，在兼容并蓄中不断发展，缔造出永续传承的璀璨篇章。从夏朝的夏历、夏商周时期的青铜文化、殷商时期的神本文化、周朝的礼乐兴盛的景象中，可以一窥当时文化进步和文化发展状况。

（一）夏朝文化：夏历

夏朝的出现，宣告中国历史上原始社会的结束，国家形态正式出现。关于夏朝的文化，虽因文献不足，还看不到它的全貌，但正如孔子所说："殷因于夏礼，所损益可知也；周因于殷礼，所损益可知也。"[1]

夏朝文化为商、周两朝文化繁荣奠定了基础。

夏朝的历法，是我国最早的历法。保存在《大戴礼记》中的《夏小正》[2]就是现存的有关"夏历"的重要文献。当时已能依据北斗星斗柄所指的方位来确定月份，夏历就是以斗柄指向正东偏北，所谓"建寅"之月为岁首。夏朝在一定程度上反映了夏朝农业生产发展水平，是我国比较珍贵的科学知识。

> **知识链接**
>
> ①翻译：商朝继承了夏朝的礼仪制度，其中废除和增加的内容是可以知道的；周朝又继承商朝的礼仪制度，废除和增加的内容也是可以知道的。
>
> ②《夏小正》：中国现存最早的一部具有丰富物候知识的著作。其经文有463字，按一年12个月分别记载了物候、气象、天象和重要政事，主要是有关生产的农耕、蚕桑、养马及采集狩猎等活动。

（二）夏商周时期的青铜文化

盘庚迁殷以后，商朝国力不断发展，逐渐达到鼎盛时期，社会经济进一步发展，文化取得了不少新成就。青铜器的制作水准在夏商周时期达到了顶尖，推动了中国文化的发展。

夏朝青铜器种类已较多，包括礼器、酒器、乐器和饰品等，但当时的炼铜技术不高，因而青铜器外形娇小、形式单一，外表的装饰纹路也比较单一。这些青铜器只能作为简单的装饰工具和粗糙的生活使用工具。

商朝是青铜文化的辉煌时期，这一时期的青铜器以特色鲜明的造型与纹饰闻名于世界，是我国古代文化的瑰宝。商朝时期青铜冶炼的制作技术开始成熟起来，青铜器外形开始多样化，在相当数量的青铜器上出现了纹饰，而且较前更为花哨，青铜器上的装饰纹路表现了古人对神灵的虔诚信仰。

到了周朝，青铜器整体不再像夏商时期那样笨重，而是越发轻巧，青铜器也成了贵族的身份象征。

● 青铜器：酒器

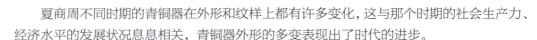

夏商周不同时期的青铜器在外形和纹样上都有许多变化，这与那个时期的社会生产力、经济水平的发展状况息息相关，青铜器外形的多变表现出了时代的进步。

青铜文化的出现，说明中国当时的物质文化、工艺文化达到了非常高的水平。

（三）殷商时期的神本文化

殷商时期，脱离原始社会未久，在以神秘性与笼统性为特征的原始思维的支配下，殷商人尊神重巫，体现出强烈的神本文化的特色。

关于殷商时期的神本文化，古代典籍屡有记述。《礼记·表记》便称："殷人尊神，率民以事神，先鬼而后礼。"殷商时期，国家的政治生活、社会生活等各方面都以鬼神为中心，以"天命观"决定一切。

"天命玄鸟，降而生商"。传说商的祖先契，是母亲简狄吞食玄鸟之卵孕育而生，因此商人非常重"天命"，认为"天帝"是地位最高的神，主宰自然界和人间的一切。郭沫若《卜辞通纂》中有："今二月帝不令雨。""帝令雨足年？"可见，二月不下雨是帝的命令，饥荒出现与否也是帝的命令。

商朝的政治具有王权和神权相结合的特点，商王对每天发生以及要处理的大小事件都要征问上天和祖先神的意见，设有专门的神职人员，如巫、史、祝、卜等负责占卜活动。商王经常假借神意来统治自己的臣民，以天命之名行王权之实。商汤灭夏时就曾打着天命的旗号："夏国犯下许多罪行，天帝命令我去讨伐它。"盘庚迁殷时受到很大的阻力，他以天命煽动臣民，最终成功将都城迁徙。

以尊崇鬼神为特色的殷商文化，是人类思维水平尚处于蒙昧阶段的产物。随着人们改造自然世界能力的提高，生活经验的不断丰富，个人智慧和身体素质的提高，对神的力量的崇拜渐次淡薄，人对自己开始充满自信，理性思维逐渐萌芽，于是，以神为本的文化逐渐向以人为本的文化过渡，其契机便是商周之际的社会大变动。

（四）周朝的文化维新

在中国传统文化中，青铜是与礼乐相伴而生的，古人用青铜制作礼器和乐器，通过礼乐祭祀天地、祖先，同时教化民众，使民众得到文明的教养。

● 周公：西周政治家、军事家、思想家、教育家

商周时期，礼乐思想和礼乐活动逐步发展了起来，并成为后世中国传统文化中"礼乐文明"思想的重要基础。

周朝建立后，一方面因袭商朝的种族血缘统治办法，另一方面实行文化上的转换革新，正如《诗经·大雅·文王》所云："周虽旧邦，其命维新。"

周朝确立的兼备政治权力统治和血亲道德制约双重功能的宗法制，对中国社会影响深远。尽管汉以后的宗法制度不再直接表现为国家政治制度，但依然以强调伦常秩序、注重血缘身份为基本原则，并深切渗透于民族意识、民族性格、民族习惯之中。中国传统文化所具有的宗法文化特征，正是肇始于西周。

周朝的另一文化创新，乃是确立把上下尊卑等级关系固定下来的礼制和与之相配合的情感艺术系统（乐），这便是所谓的"制礼作乐"。历史上有"周公制礼"的说法：西周开国之初，周公曾主持制定礼乐，对以往的制度进行补充、整理，制定出一套完整的行为规范以及相应的典章制度、礼节仪式，并逐渐形成了较系统的礼乐文化。正如孔子所说："周监于二代，郁郁乎文哉！吾从周。"① 范文澜曾指出：周文化是一种"尊礼文化"。王国维也认为，礼是"周人为政之精髓"，是"文武周公所以治天下之精义大法"。这些论断深刻地指明了"礼"在周朝社会政治生活中的重要地位。周朝所确立的"礼"，为后世儒家所继承、发展，以强劲的力量规范着中国人的生活行为、心理情操与是非善恶观念。

周朝推行的种种制度礼典，如分封制、宗法制、礼制，实质上无不渗透着一种强烈的伦理道德精神。周初统治者还在总结夏亡殷灭的历史教训的基础上，提出了"天命靡常""惟德是辅""以德配天""敬德保民"等重要思想。中国传统文化中的德治主义、民本主义、忧患意识乃至"天人合一"的思想趋向，皆肇始于此。

（五）春秋战国：中国文化的轴心时代

春秋战国时期，是一个"礼崩乐坏"的时代，周天子权威失坠，诸侯们竞相争霸。据史料记载，春秋300年间，"弑君三十六，亡国五十二，诸侯奔走不得保其社稷者不可胜数"。战国250余年间，发生大小战争220余次。然而，在这充满血污与战乱的动荡时代，社会生产力迅速发展，政治、经济、社会等方面都发生了深刻变化。这一时期，各种思想百家争鸣、相互激荡，极大地推动了文化的发展，奏出了辉煌的文化乐章，并长期影响着中国文化的发展和传承。

1. 私学兴起

西周时期，秉承了殷商时的"学在官府"，贵族才有机会学习，普通人连学习的机会都没有。东周时，各诸侯国相继崛起，原本垄断的官学开始转变为私学。而这一切的开端，就是孔子创办的中国历史上第一个私学，从此打开了阶级底层的人的学习之路。私学的出现，为文化的发展奠定了基础，创造了条件。

● 孔子杏坛讲学图

2. 百家争鸣

春秋战国时期，中国传统文化达到了一个前所未有的高峰。这个以大变革为主要特征的时代为各个阶级、集团的思想家们发表自己的主张提供了历史舞台。在此背景下，诸子蜂起，先后兴起儒、墨、道、名、法、阴阳、农、纵横、杂、小说等学派，以"仁"为核心的儒家、以尊"天道"尚"自然"的道家、以强化法令刑律为主的法家、以"兼爱""非攻"为主张的墨家、以"阴阳五行"为理论核心的阴阳家等，百家争鸣，宣扬各自的思想学术观点，各有其鲜明的个性特征。

3. 元典创制

从孔、孟、老、庄到商鞅、韩非等许多创立诸子学派的古代先贤，他们以巨大的热情、雄伟的气魄和无畏的勇气，开创学派，编纂、修订《诗》《书》《礼》《易》《春秋》《论语》《墨子》《庄子》《老子》《孟子》等，著成中国文化的元典性著作。人文精神、天道自然的宇宙生成论、忧患意识等，以及阴阳、道器、有无、理气等范畴，在诸子辩难、百家争鸣中已传播开来，为后世中国传统文化垂范立则，建造中国人的精神家园。哲学、文学、史学全面繁荣，气势恢宏，陵驾百代，呈现出中国文化史上最蔚为壮观的局面。

经由各具特色的诸子百家的追索和创造，中国文化精神得到充分升华，中华民族的文化走向大致确定。自此以后，中国文化发展的内容和方式，大多没有超出诸子百家的视野。鉴于此，文化史家借用德国学者雅斯贝尔斯的概念，将春秋战国时期称为中国文化的"轴心时代"。

三、秦汉——中国传统文化的发展期

秦汉不仅使中国社会从分裂走向统一、中国政治由等级分权专制转入中央集权专制阶段，而且带动中国思想文化从"百家争鸣"变为"万马齐喑"。秦汉时期奠定了汉民族思想文化统一的基础，建立了相应的制度。秦汉所采取的政治制度成为封建政权组织和统治机构的模范和蓝本，实行的文化政策对后世更是影响至深。

（一）文化共同体的形成

公元前 221 年，秦王嬴政完成统一大业，建立了我国历史上第一个专制主义君主集权的一统帝国。政治的统一为文化的一统创造了必需的外部条件，而文化的一统又反过来促进、巩固政治的统一。秦一统天下，实行"书同文""车同轨""度同制""行同伦""地同域"，在全国范围内统一文字、货币、度量衡、车轨，在大一统政策下，多民族之间的政治、经济联系紧密了。到了汉代，一个统一的民族——汉族最终形

音频：文化共同体
的形成

成，以汉文化为代表的华夏文化从此成为中国传统文化的主流。文化的一统，增进了帝国版图内各区域人民在经济生活、文化生活乃至文化心理上的共同性，促进文化共同体的基本形成。

（二）思想文化的专制

秦始皇在文化上采取了偏激措施，他采纳李斯"焚书坑儒"的政策。虽然在短时期内维护了统治，巩固了统一局面，但这些措施对我国文化起了极大的破坏作用，造成中国文化史上的空前浩劫，开了历史上君主思想专制的恶例。

● 焚书坑儒

汉武帝接受董仲舒的建议——"罢黜百家，独尊儒术"，自此儒学取得了"定于一尊"的显赫地位，成为汉代文化思潮的主流。以孔孟为正宗的儒学成了封建统治阶级的正统思想，开始成为封建统治者的首要选择，并且影响到文化的各个方面。其表现方式是儒学的经学化。"经"的内容，最初仅限于孔子删定的"六经"——《诗经》《书经》《易经》《礼经》《乐经》《春秋经》。

汉武帝以后，政治、思想、文化领域，基本上是儒家经学一统天下。尊儒兴学，制度教化，将教育、考试、选官三者结合起来，是汉武帝时代的大创造。孔子"学而优则仕"的主张，自此以后便作为正式的文官制度确立起来。从汉代至清代，儒家经学一直居于官学正统地位。

（三）辉煌的文化成就

汉代史学、文学、医学成就辉煌。其中，以司马迁《史记》为代表的历史著作，以司马相如、扬雄为代表的汉赋作品，以《古诗十九首》为代表的汉代诗歌，无不体现出宏观的文化精神、宽阔的视野、深厚的情感，可称之为汉代文学艺术的典范，体现出统一性、包容性、和谐性的汉代文化特色。

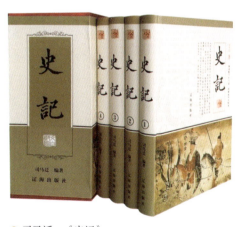

● 司马迁：《史记》

东汉时期道教开始有了比较完整的体系，正式成为我国流行的宗教之一，在我国文化发展上占有重要地位。佛教产生于印度，约在东汉初年传入我国，流入后开始适应中国的

● 张骞通西域

特点，对中国的思想、文化和艺术产生了很大的影响。

（四）中外文化的交融

开拓进取、宏阔包容的时代精神作用于中国文化共同体内部，激发了工艺、学术的创作高潮；作用于共同体外部的广阔世界，则大大促进了中外文化的相互交融。秦汉时期，中国文化从东、南、西3个方向与外部世界展开了多方面、多层次的广泛交流，其中最著名的文化活动是汉武帝时期张骞出使西域，开辟了丝绸之路，第一次将中国的目光投向了世界。通过丝绸之路，中国产品远抵西亚和欧洲，西域乃至印度的文明成果也源源不断地涌进中国，中国文化因此增添了灿烂的色调和光彩。

四、魏晋南北朝——中国传统文化的融合期

这一时期的文化在秦汉文化的基础上进一步发展，开始开启中国传统文化的多元发展局面。这一时期的科学技术继承了前代的成就，有了显著进步，在数学、农学、地理学、天文历法、机械制造、冶炼技术、医学等方面多有创新。

（一）乱世中多元的文化走向

魏晋南北朝是中国历史上社会混乱、人民痛苦、朝代更迭频繁的时代。同时，战乱与割据打破了一元化的专制政治与集权式的地主经济体制，瓦解了定型于西汉中期的以经学为主干、以儒学独尊为内核的文化模式，玄学开始成为独领风骚的一种意识形态，人们的思维空前活跃，从不同角度去寻求和确定个体存在的意义和价值，求得"人自身的不断解放"，进入"人的自觉"和"文学自觉"时代。魏晋南北朝成为"精神上极自由、极解放，最富于智慧、最浓于热情的一个时代"，开启了文化生动活泼的多元发展局面。

这一时期，儒、玄、佛、道二学二教的相互冲突、相互整合，造成意识形态结构的激烈动荡。加之因匈奴、鲜卑、羯、氐等北方少数民族入主中原而引发的胡汉文化的大规模冲突，魏晋南北朝的文化呈现出多样性和丰富性。在文化的多重碰撞与融合中，中国传统文化得到多元的发展和深化，强健而清新的文化精神大放异彩。

● 祖冲之：南北朝数学家、天文学家

（二）多方创新的文化成就

1. 数学

数学是我国古代科技成就最为显著的学科之一，圆周率的推算又是古代数学发展最显著的成就之一。南北朝数学家、天文学家祖冲之，在刘徽开创的探索圆周率的精确方法的基础上，首次将圆周率精算到小数第7位，在世界科技史上千年无人超越。他还著有《缀术》，并在天文历法、机械制造方面取得了重大成就。

2．农学、地理学

农学成就当首推贾思勰的《齐民要术》。

它是我国现存最早的完整农书。这部著作集中、系统、全面地反映了中国古代农学成就，尤其是总结了魏晋南北朝时期北方的生产经验。

地理学也是我国古代深得重视的学科。魏晋南北朝时期，西晋裴秀、北魏郦道元都是对后世有很大影响的地理学家。裴秀绘制了《禹贡地域图》，提出了绘制地图的6项原则，即著名的"制图六体"。北魏郦道元著有《水经注》40卷，这是中国古代一部全面系统的综合性的地理学专著，而且文笔生动流畅，成为中国游记文学的开创者，对后世游记散文的发展影响颇大。

3．医学、化学

东晋道教理论家、炼丹家和医药学家葛洪，世称小仙翁，所著《抱朴子》继承和发展了东汉以来的炼丹术，对之后道教炼丹术的发展具有很大影响，为研究中国炼丹史以及古代化学史提供了宝贵的史料。葛洪还撰有医学著作《玉函方》100卷（已佚）、《肘后备急方》3卷，内容包括各科医学，其中有世界上最早治天花等病的记载。

● 郦道元：《水经注》

● 葛洪：东晋道教理论家、炼丹家和医药学家

五、唐宋时期——中国传统文化的鼎盛期

（一）唐代：文化繁荣的黄金期

唐代文化繁荣主要表现在科学技术、诗歌和艺术等方面。唐代可以说是中华文化繁荣发展的黄金时期，在世界文明史上占据着举重若轻的地位。

1．兼容并包，百花齐放

唐代国力强盛，政治开明，思想自由，儒释道文化兼容发展，成就了唐文化"有容乃大"的宏大气派，展现出昂扬热烈、朝气蓬勃的时代气质，成为继先秦之后又一个百家争鸣、百花齐放的黄金时期。

唐代文学艺术门类多样，有诗歌、散文、传记、唐传奇等，特别是诗歌领域，出现了大量诗人，同时还出现了杂文大家韩愈和游记小品大家柳宗元。唐代修史繁荣，首次官方组织修史，对魏晋南北朝隋代历史进行多种修史，产生了很多史书。其他艺术如绘画、音乐、舞蹈、雕塑等都得到发展，书法整体水平很高，出现了颜真卿、柳公权、欧阳询这样的楷书大家，成为后世书法楷模，他们所创立的书体成为后世汉字的主要形态——正楷。

唐代我国与周边国家和少数民族增强交流，加强经贸往来和文化交流，促进民族间的友好关系。唐代实行开放政策，以博大的胸襟吸收外域文化及各类成果，如吸收高丽乐，派僧人到天竺交流文化，丝绸之路的经贸文化交流空前繁荣，并将很多发明技术如造纸技术传到西方，促进了世界文明的发展。

唐代的政治文化、商业文化、外交文化都体现出不一样的胸怀，具有辉煌大气之美，不仅在中国文化史上，而且在世界文化史上也堪称卓越范例。

2．世界瞩目的唐诗艺术

空前的统一和强盛，对文化和文化人的宽容以及对外域文化的大规模摄取，成就了一个辉煌灿烂的艺术时代。

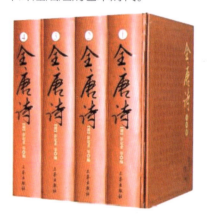

● 《全唐诗》

唐代是全民族诗情焕发、诗歌创作空前活跃、诗歌成就风采熠熠的时代。李白、杜甫、白居易被誉为诗国的 3 座高峰。此期诗歌创作仅在清代所编的《全唐诗》中就有作品 48 900 余首，诗人 2200 余人。自陈子昂和"初唐四杰"起，唐代著名诗人层出不穷，盛唐时期的李白、杜甫、岑参、王维，中唐时期的李贺、韩愈、白居易，晚唐时期的李商隐、杜牧是其中的几个代表。他们的诗作既有对神话世界的丰富想象，又有对现实生活的细致描写，既有激昂雄浑的边塞诗，亦有沉郁厚重的"诗史"，还有清新脱俗的田园诗。经由这些天才诗人的杰出创造，中国诗歌从内容风格到形式技巧均达到了炉火纯青之境。同时，"行人南北尽歌谣"，文人创作的诗篇被广为传诵、吟唱，"人来人去唱歌行"，社会各阶层的诗歌创作充满了高涨的热情。

（二）宋代：文化的极盛时代

相对于唐文化的热烈开放，宋代文化则转向内省精致，在文学、书法、绘画、科技、教育等领域取得重大成就，达到新的发展水平。正如国学大师陈寅恪所说："华夏民族之文化，历数千载之演进，造极于赵宋之世。"

1．理学建构，注重内省

两宋理学的建构堪称这一时期文化的最重要标志。它以朱熹为代表，将纲常伦理确立为"天理"，高度强调人们对天理的自觉意识，要求以天理遏制人欲，表现出片面的重义轻利观念和"尚礼义不尚权谋"的趋向，但它强调通过道德自觉达到理想人格的建树，也强化了中华民族注重节操和社会责任、历史使命的文化性格。顾炎武"天下兴亡，匹夫有责"的慷慨呼号，就体现了理学的精神价值和道德理想。

2．宋代的文化成就

在文学领域，独领一代风骚的宋词开始出现。宋词侧重音律语言的契合，造境取径狭小新巧，摇曳空灵，婉约阴柔，极为细腻、精致；宋词雅，宋画也雅。两宋绘画富于潇洒豪迈之气与优雅细密、温柔恬静之美；两宋市民阶层崛起，市井文化蔚然兴起，充满着野俗的活力，具有广阔的普及性。例如北宋画家张择端的《清明上河图》，生动记录了中国12世纪北宋汴京的城市面貌和当时社会各阶层人民的生活状况；司马光编纂的编年体史书《资治通鉴》取材重在历治兴衰，意在使君主借鉴经验、吸取教训，对研究我国古代历史有重要价值。

知识链接

《清明上河图》

中国十大传世名画之一，宋代艺术登峰造极之作。

作品以长卷形式，采用散点透视构图法，在5米多长的画卷里，共绘了814个各色人物，牛、骡、驴等牲畜73匹，车、轿20多辆，大小船只29艘。房屋、桥梁、城楼等各有特色，体现了宋代建筑的特征。

两宋时期，教育发达、科技成就高。教育方面，以官学为代表。一方面，在学校教育制度上不断缩小等级差别，有利于下层官僚子弟乃至寒庶子弟脱颖而出；另一方面，重视发展地方学校，据宋史记载"学校之设遍天下"。这是宋文化繁盛的基础，也是宋代整个社会文化素养超过汉唐的原因所在。科技方面，指南针、印刷术、火药是最突出的发明成果。此外，数学、天文学、地理学、地质学、医药学、冶金术、造船术、纺织术、制瓷等方面也取得了惊人成就。代表人物沈括，"于天文、方志、律历、音乐、医药、卜算无所不通，皆有所论著"，被称为"百科全书式人物"。

知识链接

沈括

沈括，北宋政治家、科学家。一生致志于科学研究，在众多学科领域都有很深的造诣和卓越的成就，被誉为"中国整部科学史中最卓越的人物"。其代表作《梦溪笔谈》，内容丰富，集前代科学成就之大成，在世界文化史上有着重要的地位，被称为"中国科学史上的里程碑"。

● 沈括：北宋政治家、科学家

六、明清——中国传统文化的沉暮与创新

明代和鸦片战争以前的清代，是中国漫长封建社会的晚期。几百年间，中国社会的内部结构发生了缓慢而重大的变化，封建社会人身依附关系松解，资本主义生产关系开始萌芽，与此同时，中国文化也进入一个沉暮与创新的时期。

（一）文化专制严厉

明清时代文字狱盛行。明代特务机构东厂、西厂、锦衣卫以文人、士人为重点监视对象，浙江府学教授林元亮、常州府学训导蒋镇等大批儒生士大夫因文字而遭横祸。清代文字狱更有过之，仅康熙、雍正时期就有"庄廷龙《明史稿》案""戴名世《南山集》案""吕留良《文选》案"等轰动全国的大案。文化专制的另一表现是崇正宗，灭异端。程朱理学被推为至尊，科举考试以朱熹之注为标准答案。清代乾隆年间，清高宗直接干预《四库全书》的纂修，全力剪除危及封建统治思想基础的异端邪说。乾隆时期的禁书运动使文字狱达到了新高峰，中国文化的发展受到严重阻碍。

（二）早期启蒙思潮出现

随着资本主义的萌芽，出现了具有市民反叛意识的早期启蒙思潮。明末进步思想家李贽以"异端"自居，指责儒家经典，否定孔子，揭露道家虚伪，是我国反封建思想的先驱，其思想在一定意义上反映了资本主义萌芽时代的要求，带有民主色彩。王守仁的"致良知"学说，否认用外在规范人为地管辖"心"、禁锢"欲"的必要性，打破程朱理学一统天下的禁锢，宣扬人的主体性，成为晚明人文思潮的哲学基础。明清之际的黄宗羲、顾炎武、王夫之等思想家从不同侧面与程朱理学这一封建社会晚期正宗文化展开论战，有的锋芒直指专制君主。但是，由于资本主义尚处于萌芽，这些思想家们也表现出了先天的不足，有明显的时代局限性。

（三）古典文化的总结时期

明清两代，中国古典文化在图书典籍、古代科技、学术文化等诸方面都进入了总结时期。

● 《永乐大典》

● 《康熙字典》

明代中后期以"三言""二拍"为代表的市民文学兴起，反映了城市经济发展和资本主义生产方式萌芽的社会现实，其生动活泼、富于民间生活情趣的特点，较之明前期空虚华丽的"台阁体"和前后七子"文必秦汉，诗必盛唐"的复古运动，都是一大跃进。清代《儒林外史》《红楼梦》等作品在更大的广度和深度上揭露了封建制度的弊病，将古典现实主义文学推向高峰。

图书典籍方面，有世界上最早、最大的百科全书《永乐大典》，有世界上最早的字数最多的语文工具书《康熙字典》，有迄今为止世界上页数最多的丛书《四库全书》，这些大型图书的编纂是中国古典文化成熟的象征。

古典科技方面，出现了一批科学技术巨著，有在药物学和植物分类方面领先世界的李时珍的《本草纲目》，有总结历代治理黄河经验的潘季驯的《河防一览》，有中国古代最完备的农学著作——徐光启的《农政全书》，有称誉海外的工艺学百科全书——宋应星的《天工开物》，有地理地质学杰作——《徐霞客游记》，还有方以智的自然哲学专著——《物理小识》等。

学术文化方面，清代乾隆、嘉靖的学者对中国古代文献进行了规模空前的整理与考据，为承传中国传统学术文化做出了不可低估的贡献。

（四）西学的传入与东渐

明末清初，来自欧洲的利玛窦、汤若望等西方传教士，在传教的同时也将世界观念及西方文艺复兴时期的自然科技成就传入中国，打开了徐光启、方以智、黄宗羲、顾炎武、王夫之等中国士人乃至康熙皇帝的眼界。其中的徐光启、方以智等人，重视实证方法和数学语言的应用，已初步显示出近代科学思维的风貌。但遗憾的是，由于宗法专制社会政治结构的强固和伦理型文化传统的深厚沉重，"西学东渐"进展比较缓慢。

知识窗

大汶口文化

山东，简称鲁，号称齐鲁大地，是儒家文化的发源地，还是龙山文化、东夷文化、大汶口文化的发祥地，古老的齐鲁大地历史底蕴深厚。

2021年"全国十大考古新发现"中，山东滕州岗上遗址以第4名的身份入选，也是山东省第20次入选全国十大考古新发现。而滕州岗上遗址再次刷新了大汶口文化遗址的记录，是目前发现面积最大的大汶口文化城址。大汶口文化是距今4500—6500年、延续了2000年的中国新石器时代文明历史，主要分布在黄河中下游的山东地区和苏北地区，考古认为，该地区就是人文始祖之一少昊的部落——少昊氏涉猎的区域。

大汶口文化的名字，是由山东泰安市大汶口镇的大汶口遗址而来。

山东作为最重要的大汶口发祥地，对已经发现的大汶口文化遗址进行了考古发掘的就有50多处。下面介绍影响较大的4处。

1. 滕州岗上遗址

岗上遗址位于滕州市陈岗村东、北留路北侧漷河两岸，因分布在滕州市东沙河镇陈岗村（原为岗上村）而得名。岗上遗址为全国重点文物保护单位，为2021年全国十大考古发现之一。

2. 泰安大汶口文化遗址

大汶口遗址位于泰安市岱岳区大汶口镇和宁阳县磁窑镇，因位于大汶口镇而得名。大汶口遗址被国务院公布为第2批全国重点文物保护单位，2021年入选全国"百年百大考古发现"。

3. 济宁兖州王因遗址

王因遗址位于兖州区王因镇王因村南，位于古老的泗河之滨，因地处王因村而得名。

● 滕州岗上遗址

王因遗址为全国重点文物保护单位，入选2021年山东"百年百项重要考古发现"。

4. 曲阜西夏侯遗址

西夏侯遗址位于曲阜市息陬乡西夏侯村西，沂河南岸。西夏侯遗址为第7批全国重点文物保护单位，入选 2021 年山东"百年百项重要考古发现"。

山东的大汶口文化遗址还有很多，它是龙山文化的源头，在中华民族文明史上占据着重要地位，博大精深的齐鲁文化也离不开大汶口文化。

● 济宁兖州王因遗址

互动交流

1. 请同学们探访山东的风俗习惯和传统文化，如饮食、服装、风土人情、名人轶事和建筑文化等。以小组为单位做一次关于山东优秀传统文化交流的综合实践活动，并制作 PPT，在班级进行分享。

2. 2014 年 6 月 22 日，中国、哈萨克斯坦、吉尔吉斯斯坦三国联合申报的古丝绸之路的东段"丝绸之路：长安－天山廊道的路网"成功申报为世界文化遗产。这是首例跨国合作、成功申遗的项目。谈一谈你认为古代丝绸之路对中国传统文化产生了哪些影响。

第三节　中国传统文化的基本精神

学习任务

1. 了解中国传统文化的基本精神，辩证看待其当代价值。
2. 感受中国传统文化的博大精深，学会从文化的视野观察分析现实问题。
3. 培养爱国主义情怀，树立正确而远大的人生理想。

中国传统文化丰富多彩、博大精深，在其长期的发展历程中，逐渐形成了独特的精神，即中国传统文化的基本精神。它是中华民族特定价值系统、思维方式、社会心理、伦理观念、审美情趣等精神特质的基本风貌的反映，也是推动中华民族不断进步的内在动力。中国传统文化的基本精神是多层次、多方面的，从整体上分析，我们认为如下几个方面最具有代表性。

一、以人为本的人文精神

以人为本的人文精神，既不同于西方古典的以神为本，也不同于西方近代追求的个人自由与民主价值，而是重视人的生命、肯定人的价值。

中国传统文化虽然强调"天人合一"，注重人与自然的关系，但更侧重于人与社会、人与人及人与自身的关系，强调"以人为本"。在中国传统文化中，人是世间一切事物的根本，在天地人之间，以人为中心；在人与神之间，以人为中心。如《周易》中把天、地、人合称为"三才"，把人与天地并立，并强调"天地之间，莫贵于人"，说的就是在所有的生命中，人是最特别、最重要和最宝贵的。《礼记》中说："人者，天地之心也，五行之端也。"也是把人作为考虑一切问题的根本。孔子曾经告诫弟子："务民之义，敬鬼神而远之，可谓知矣。"[①] 孔子这种以人为中心的人本主义传统，后来得到广泛的认同和发展，许多思想家进而采取了无神论的立场，他们重视现世人生的意义，高度评价人类在宇宙中的地位和作用。

知识链接
　　①翻译：努力从事人民认为合理的工作，尊敬鬼神，但要疏远它们，这样可以称得上是聪明的。

以人为本的人文精神贯穿着中国传统文化发展过程的始终，并以此建立以人为本的价值体系，而且所说的"以人为本"很多时候指的是以民为本。如在治国理念上，提出"民为重，社稷次之，君为轻""水能载舟，亦能覆舟"的主张；在国计民生上，提倡"重农抑商"、鼓励农耕；在教育和人才选拔上，主张"有教无类"、实行科考等。这种人本思想在以孔子为代表的儒家思想中体现尤为突出。从孔子的"仁"到孟子的"仁政"，贯穿其中的一条主线就是"仁者爱人"。这些思想都是中国传统文化"人本"精神的集中体现。

中国传统文化的人本精神，还表现在重视礼仪形式，提倡德治，力求使社会各个等级和睦相处。为了维护社会的稳定，中国传统社会特别重视社会的细胞——家庭，认为只有家庭和谐，才有社会的稳定。为此，中国传统文化规定了家庭成员应当遵守的各种道德规范。这种人文精神，对维系民族团结、国家统一、社会稳定、家庭和谐，以及提升个人修养等方面都具有积极意义。

二、贵和尚中的和谐精神

中国传统文化重视和谐，既体现为人与自然的和谐，又体现为人与人、人与社会的和谐。"和"是人际关系的一个重要准则。在人与自然的关系上，把天、地、人看作一个统一、平衡、和谐的整体。在人际关系上，强调和谐有序，为此建立了以"仁"为核心、以德为基础、以礼为规范的思想体系，追求构建"仁者爱人""礼之用，和为贵"的理想的和谐社会。

"注重和谐，坚持中庸"，是浸透进中华民族文化肌体的精神。孔子主张"礼之用，和为贵"，孟子提出"天时不如地利，地利不如人和"，春秋末年齐国的晏婴用"相济""相成"的思想丰富了"和"的内涵。在他们看来，"人和"是取得事业成功的必备条件。

晏婴将"和"的思想应用在君臣关系上，强调通过"济其不及，以泄其过"的综合平衡，来保持君臣之间和谐统一的关系。孔子推崇建立在多样化和平衡性两根支柱上的和谐状态，并为此提出了实现和谐的途径——中庸之道，并将之作为处理人和人、人和社会关系的最高原则和最高境界。

"和谐中庸"的基本精神作为中国传统文化精神的一个重要内容，贯穿于整个中华民族的历史发展过程，强烈的和谐意识使中华民族具有强大的民族凝聚力和民族向心力，有助于消除和缓解各种矛盾，维持社会稳定与和谐，保证民族文化发展的稳定性，反对过度的破坏活动，使文化发展不致中断。

三、刚健有为的进取精神

中国的传统文化中，刚健有为、自强不息的进取精神占据重要的地位。对于刚健有为、自强不息最早做出明确表述的是《易经》。《易经》中说："天行健，君子以自强不息。地势坤，君子以厚德载物。"其指的是天道运行强劲雄健、高大刚毅，君子也应志向高远、积极向上，永不止步；大地深厚宽实，君子也应崇尚美德，心载万物，胸襟开阔。总之，人要拥有天地一样的精神和气魄。这是对中国传统文化刚健有为、自强不息精神的较好概括。

刚健有为、自强不息是中国人对崇高理想的一种追求和实践。孔子认为君子要拥有崇高的理想，并要为实现它而努力奋斗。他一生始终践行这一理想，"韦编三绝""发愤忘食，乐以忘忧，不知老之将至"都是对孔子勤奋努力、刚健有为的写照。像中国历史上的匡衡凿壁借光、孙康囊萤映雪、孙敬苏秦悬梁刺股、越王勾践卧薪尝胆等，都体现了个人志向高远、自强不息，为了理想发奋图强的进取精神。

● 孟子：战国时期哲学家、思想家、教育家

孟子曰："故天将降大任于是人也，必先苦其心志，劳其筋骨，饿其体肤，空乏其身，行拂乱其所为，所以动心忍性，曾益其所不能。"孟子认为无论在乱世还是在太平盛世，都需要自强不息。还有范仲淹的"先天下之忧而忧，后天下之乐而乐"，张载的"为天地立心，为生民立命，为往圣继绝学，为万世开太平"，也说明了中国传统文化饱含奋发图强、勇于担当的进取精神。

中国传统文化中所具有的刚健有为、自强不息的精神，一直是中华民族奋发向上、蓬勃发展的动力，助力塑造了中国传统的理想人格。几千年来这种精神已经不知不觉地渗透到国人的血液中，深深地影响着、激励着中华儿女不断地奋发图强。

中国正是在这种刚健有为、自强不息的进取精神的支撑下逐渐强大的，并将在这种精神的指引下继续前行。近代以来，多少仁人志士为了抵御外辱、争取民族独立和解放而抛头颅、洒热血，进行了艰苦卓绝的斗争，表现出坚强不息、奋发向上、坚韧不拔的精神。

四、经世致用的务实精神

自古以来中国人就崇尚务实，拒绝、讨厌虚化与浮华。包括孔子在内的圣贤及历代仁人志士，无一不注重躬行践履，在实际工作和生活中追求人生理想，实现人生价值。

从某种意义上说，中国传统哲学就是"行"的哲学。出自《荀子·修身》的"道虽迩，不行不至；事虽小，不为不成"，就强调踏实笃行的意义。在这句话后，该篇接着说："其为人也多暇日者，其出人不远矣。好法而行，士也；笃志而体，君子也；齐明而不竭，圣人也。"在荀子看来，修养身心，努力提高自身的思想境界和道德水平，可不是容易的事。这就如同走路，路程即使很近，不走也不会到达目的地；这就如同做事，事情即使很小，不做也不会成功。在现实生活中，那些整日游手好闲的人，即使有成就，也不会超出常人多少。《老子》告诫人们说："合抱之木，生于毫末；九层之台，起于累土；千里之行，始于足下……民之从事，常于几成而败之。慎终如始，则无败事。"老子强调行动起来，坚持下去，才是人生正途。孔子说"敏于行""敏于事"，又说"躬行君子，则吾未之有得"。孔子认为"力行近乎仁"，在他看来，人要身体力行做一个君子，竭力实践、勉力而行，就是接近于仁的美好品质。我国历史上，有识之士都强调"行"，这样的例子不胜枚举，如司马光说"学者贵于行之，而不贵于知之"，陆游则在冬夜里告诫儿子："纸上得来终觉浅，绝知此事要躬行。"只有从点滴做起，从脚下开始，由浅入深，躬身实践，才能实现"立德、立功、立言"的目标。

● 老子：中国古代思想家、哲学家

法家反对"前识"、注重"参验"，强调实行、推崇事功；墨家主张"尚同""节用"，都是关注现实、求真务实精神的表现。尤其儒家主张的"经世致用"，以"究天人之际"为出发点，落脚点是修身、齐家、治国、平天下，力求在现实社会中实现其价值。正是在这种以解决社会、人生的实际问题为出发点和归宿的"经世致用"治学传统的影响下，中国古代的科学也成为实用科学，无论天文、数学、医药，还是地理、农学、水利，大多是与国计民生密切相关的实用科学。这些实用科学的成就之高、解决实际问题的能力之强，曾在世界历史上遥遥领先，令各国科学家叹为观止。

当下中国已经迈入中国式现代化新道路，但优秀传统文化仍未过时，蕴藏着关涉个人发展、社会进步、治国理政和国际关系等现代化问题的精髓要义。中国优秀传统文化的丰富哲学思想、人文精神、价值理念、道德规范等，蕴藏着解决当代人类面临的难题的重要启示，可以为人们认识和改造世界提供有益启迪，可以为治国理政提供有益启示，也可以为道德建设提供有益启发，不论过去还是现在，都有其永不褪色的价值。

党的二十大报告强调，必须坚持中国特色社会主义文化发展道路，增强文化自信……增强实现中华民族伟大复兴的精神力量。这就要求：传承中华优秀传统文化，不仅要把中华优秀传统文化的精神标识提炼出来、展示出来，把中华优秀传统文化中具有当代价值、世界意义的文化精髓提炼出来、展示出来，而且要深入挖掘和发挥中华优秀传统文化讲仁爱、重民本、守诚信、崇正义、尚和合、求大同的时代价值，使之成为滋养社会主义核心价值观的重要源泉；同时要积极推进文化遗产保护传承，挖掘文化遗产的多重价值，传播更多承载中华文化、中国精神的价值符号和文化产品。

墨子的故事

墨子，名翟，春秋末期战国初期宋国人，曾担任宋国大夫。中国古代思想家、教育家、科学家、军事家，墨家学派创始人和主要代表人物。先秦时代，诸子争鸣，最讲务实精神的当属墨家思想学派，这在彼时可谓罕见。后世论及墨学的思想价值，亦多以务实主义、实用主义、实利主义而言之，下举几个故事来说明。

1．一分为二

墨子对程子说，儒家学说有4个方面足以丧亡天下。程子说墨子诋毁儒家。墨子说此为告闻，绝非诋毁。数日后，墨子又与程子辩论，称赞孔子。程子问："您一向攻击儒家，为什么又称赞孔子？"墨子答道："孔子也有合理而不可改变的地方，应予区别对待。"墨子一生坚持对事不对人，真正做到了"不以言废人"。

2．快马寓人

墨子学生耕柱子，聪颖过人，但不知发奋努力，墨子总是责备他。耕柱子说："先生，我真的没有什么比别人强的地方吗？"墨子说："我将要上太行山，乘坐快马和牛，你打算鞭策哪一个呢？"耕柱子很自信地说："我要鞭策快马。"

墨子追问："你为什么要鞭策快马？"耕柱子说："快马值得鞭策。因为它感觉灵敏，鞭打它可以使它跑得更快！"墨子的用意是启发耕柱子，让他努力求学，奋发上进，现已水到渠成，就对耕柱子说："我也认为你是值得鞭策的！你应该像快马一样力求上进啊！"以后耕柱子发奋读书，力求上进，再也不用老师整日督促了。墨子教导弟子凡言凡动都要务实不务虚。

3．会飞的木鸟

墨子及其门徒出身手工业阶层，继承了百工的优良传统。墨子与现今被尊为工匠祖师爷的鲁班是好朋友，两人经常互相辩论、比拼技艺。有一天鲁班以竹木为材料，制作了一只能在天上飞翔三天三夜的木鸟。鲁班以其技已臻化境，特向墨子炫耀。未料墨子不以为然，且道：普通匠人取一块三寸的木头，片刻之内就能削出能负五十石重的车辖。会飞的木鸟华而不实，在社会功用上甚至比不得简单的车轴销子。由此看出墨子认为，凡有利于人、对人有用的造物，才可算为精巧；不利于人、对人没有实际价值的造物，则属拙劣。这体现了墨子"空谈误国，实干兴邦"的务实精神。

通过以上几个故事，不难理解为什么后世论及墨学的思想价值，亦多以务实主义、实用主义、实利主义而言之。墨子的务实精神在当时生产力水平比较低的条件下乃是具有相当的合理性，其契合人类心理需求梯度层级之处，即便放至当下社会，仍可说是具有普世价值的。

互动交流

结合生活实际，谈谈你对中国传统文化的看法，并对如何学习中国传统文化提出自己的建议。

中国传统文化教程（微课版）

第二章

中国传统哲学

　　中国传统哲学是中国传统文化的精华，在中华民族文化的发展过程中始终占据着主导地位。

　　党的二十大报告明确提出"意识形态工作是为国家立心、为民族立魂的工作"。中国传统哲学作为我国古代社会发展的意识形态，思考的是人类生存与发展的根本问题，引导着我国古人的价值趋向和思维模式，规范着人们的社会行为。它的道法自然、天人合一、天下为公、自强不息、厚德载物、以民为本、富民乐民、知行合一、躬行实践等思想博大精深，既是中华民族的生存之道和理想追求，也是中华民族独特的精神标志，更是中华民族发展的精神动力和价值指引；既是构建具有中国特色、中国风格和中国气派的当代中国哲学的历史根脉和文化基因，更是构建人类命运共同体和人类文明新形态的重要资源。

第一节　中国传统哲学概述

1. 了解中国传统哲学的发展脉络。
2. 理解中国传统哲学的特点。

　　中国传统哲学源远流长，典籍丰富，流派繁多。中国传统哲学就像一曲气势恢宏的交响乐，其中的主旋律是儒家和道家，而儒家占有绝对突出的地位。

一、中国传统哲学的发展脉络

　　中国传统哲学在漫长的历史中形成、发展、成熟，是各种流派思想相互激荡与采撷汇就而成的，是不同时代人民的实践智慧凝聚与升华的结晶，是对前一阶段哲学思想与学说的传承和深化。中国传统哲学在时光流逝中生长、融合、创新，并以深厚的智慧启迪今人修身、齐家、治国、平天下。

　　现在一般把中国传统哲学划分为 7 个阶段，即先秦子学、两汉经学、魏晋玄学、隋唐佛学、宋明理学、明清实学、乾嘉朴学，每个阶段各有独特的鲜明的思想特征。

知识链接

三教九流

　　三教：儒教、道教、佛教。

　　九流：儒家、道家、阴阳家、法家、墨家、名家、纵横家、杂家、农家。

（一）先秦子学

　　先秦时期诸子并起，百家争鸣，思想异常活跃，涌现出一大批思想家，如孔子、孟子、荀子、老子、庄子、墨子、韩非子等，形成了众多思想流派，其中最有影响的当属儒家、道家、墨家和法家。先秦子学探讨的重点在于宇宙的构成问题和社会人生问题。可以说，先秦子学奠定了中国传统哲学的基础，掀起了中国哲学发展的第一次高潮，迎来了中国哲学和中华民族精神的真正觉醒。

（二）两汉经学

　　秦代灭亡的一个教训是，仅靠严刑峻法并不能治理好一个国家。汉初崇尚黄老之学。汉代统治者经过长时间的思考后，终于在汉武帝时期采纳了董仲舒"罢黜百家，独尊儒术"的建议。从此，儒家思想从诸子百家中的一家跃升为官方意识形态和主流思想。

　　儒家思想权威化、制度化、意识形态化的一个突出表现，就是儒家思想的经学化，即儒家学者以先秦时期的儒家经典为依据，通过对这些经典进行注释，来表达自己的学术观点和政治见解。对经典的注释，有两种方式：一种是我注六经的方式，偏重于文字训诂，称之为古文经学；另一种是六经注我的方式，以现实政治为目的，注重阐述经文的"微言大义"，称之为今文经学。大致来说，西汉以今文经学为主，东汉以古文经

知识链接

　　六经：《诗》《书》《礼》《乐》《易》《春秋》。

学为主。到东汉末年，经学家马融、郑玄兼采今、古文之说，终结了延续了300多年的今、古文之争。

此外，在汉代，佛教开始传入中国，这是外来文化第一次与中国本土文化接触。汉代的主要哲学家有董仲舒、王充等。

（三）魏晋玄学

魏晋时期，一反两汉时期烦琐的经学及神学目的论，尊崇《老子》《庄子》及《周易》，号称"三玄"。这一时期，在思想上和思维方式上出现了一次大的解放。魏晋玄学讨论的核心问题主要有四：一是名教与自然的关系；二是本与末、有与无、动与静、一与多的关系；三是语言和思想的关系；四是肉体和精神的关系。魏晋时期探讨的这些问题，都带有很浓厚的哲学意味，标志着人的思维能力和认识世界、认识自我的能力又前进了一大步。魏晋玄学的主要代表人物有王弼、何晏、嵇康、阮籍、裴頠、郭象、张湛等。魏晋时期，道教、佛教思想也在兴起，儒、释、道三教首次处于三足鼎立、势均力敌阶段。

（四）隋唐佛学

佛教自汉代传入中国后，经魏晋南北朝数百年的碰撞与融合，至隋唐时期出现了繁盛的局面，形成了众多的佛教流派。在隋唐佛教诸宗派中，禅宗是流传最广、影响最大的，是佛教中国化、世俗化的典范。隋唐佛学探讨的中心议题之一是佛性问题，也就是心性论问题，内容包括人的心理活动、感觉经验、道德观、社会观、认识论及宗教实践等。

（五）宋明理学

宋明理学是以儒家思想为主，糅合了释、道两家思想而创立的一种新的哲学形态。这是儒家思想发展的第二次重大转折。宋明理学是中国封建社会后700年的指导思想。宋明理学探讨的内容和范围十分广泛，如宇宙论、本体论、人生论、心性论、知行观、修养论、境界论等。宋明理学作为儒学发展的重要阶段，将中国哲学的思维水平提高到一个新的高度，其政治目的就是为封建伦理道德寻找价值依据。元代，理学成为官方哲学。

> **知识链接**
>
> **宋明理学主要学派**
>
> 周敦颐的道学派；王安石荆公学派；司马光温公学派、苏轼的蜀学派；邵雍的数学派；张横渠、罗钦顺与王夫之的气学派；程颢、程颐与朱熹的理学派；胡安国、胡宏与张栻的湖湘学派；陆九渊与王守仁的心学派；陈亮与叶适的事功学派。

（六）明清实学

明清之际的思想家大都反对宋明理学，把理学看作虚学。明清实学反对空谈心性，提倡经世致用，反对封建专制，提倡思想解放，因而具有早期启蒙思想的性质。明清实学的主要代表人物是顾炎武、黄宗羲、王夫之、颜元等。实学思潮遍及当时的政治、经济、科学和文学艺术等各个领域，是儒家经世致用思想在明清时期的集中体现。

（七）乾嘉朴学

清王朝建立后，开始实行文化专制主义，大兴文字狱，人们不敢再谈论政治，因而转向了训诂考据。朴学以考据为主要治学方法，文风朴实简洁，重证据罗列，少理论发挥，

也称乾嘉汉学、乾嘉考据学。乾嘉朴学突出的学术贡献就是对传统的文字学、音韵学、训诂学、目录学等进行了系统整理，并使之获得了空前发展。

二、中国传统哲学的特点

中国古代哲学关注人与人本身的价值，各大派别分别从特定的视野道出了人生的真谛，其中不乏极具价值的真知与洞见，值得后人去挖掘和发扬。

（一）重人生

当西方哲人把目光投向世界，寻求世界存在的终极原因时，中国哲人把目光投向人自身，他们提出的问题不是世界为何存在，而是世界怎样存在及人如何在世界中自我完善。

中国古代的哲学家十分注重人生的研究。儒家哲学中所讲的心、性、情、气、意、良知等，都表达了对人生、人性及人的生命的一种认识。道家从另外一个角度给予人生以极大的关注，理想的人生境界——精神的逍遥与解脱，是道家矢志不渝的追求。飘逸洒脱、高洁绝尘的风骨神韵，历来是道家所向往的人生境界。佛教则把追求净化超升，从而达到涅槃境界，作为人生的终极目标。将儒家的真性、道家的飘逸、佛教的超脱三者融合起来，就达到了中国古代人生哲学的境界。

（二）重践履

知行关系是中国古代哲学家特别关注的问题之一，它所涵盖的是理论理性和实践理性的统一。中国古代哲学家偏重于践行尽性，履行实践。中国哲学不仅是说法，也是做法，具有很强的实践性。中国古代哲学家的兴趣不在于建构理论体系，而在于言行一致、知行统一。例如，孔子并没有鸿篇巨制流传于世，只有弟子记载他的言行形成的不到两万字的《论语》，但他修德重行，言行一致，他的言论成了后世儒家经典，他的行为举止成为后世儒家效仿的楷模。

（三）重道德

中国古代哲学从本质上讲可以说是一种道德哲学。无论是儒家的三纲领、八条目，还是道家的修道积德，无不以道德实践为第一要义。道德实践，可以提高人的道德修养，从而达到社会整体关系的良性互动，君仁臣忠，父慈子孝，夫敬父从，兄友弟恭，朋友有信。

（四）重和谐

重和谐是中国古代哲学的一贯传统。《易传》中提到了"太和"，个人身心和谐为"心和"，人际与社会和谐为"人和"，人与自然和谐为"天和"，三者合而为一就进入了最好的和谐状态——"太和"。儒释道三家尽管有着不同的理念及学说方向，但有一个共通点——和。这种"和"的境界，从儒家来看更多地强调人与社会的和谐，主张情与理的统一；从道家来看更多地强调人与自然的和谐，主张心与物的统一；从禅宗来看更多地强调人与人心的和谐，追求心灵的澄净，"即心即佛"。这样的"和"，从个人到社会、从天地万物到整个宇宙，无不贯通。和谐美，显然是中国传统文化的最高追求。

（五）重直觉

中国古代哲学注重生活的实证，或主体的直觉体验，重"悟"。"悟"是一种自由的精神活动状态，是一种体验有得的创造性思维方式。由于是所得所悟的记录，因此中国哲学著作没有像西方哲学那样的鸿篇巨制，也不重严密论证和逻辑结构，而多是一些文章片段。这些哲学思想是哲学家们所得所悟的思维以及直觉体验的结晶，无论是影响深远的"天人合一""道"，还是孟子所讲的"尽心、知性知天"、养"浩然之气"，庄子讲的"天地与我并生，而万物与我为一"，魏晋玄学家讲的"言不尽意""得意忘象"，都是一种并不能由语言来表达，而只能靠主体依其价值取向在经验范围内体悟的思想。至于中国禅宗，更是把中国哲学重直觉的特点发挥得淋漓尽致，所谓明心见性、立地成佛，全靠直觉与顿悟。

知识窗

山东历史上著名的思想家

1. 孙武

孙武（约公元前545—公元前470年），春秋末期齐国（今山东北部）人，兵家学派代表人物，著名军事家、政治家，尊称"兵圣""兵家至圣""百世兵家之师""东方兵学的鼻祖"。他提出"避实击虚""知彼知己，百战不殆"等战略思想。其著作《孙子兵法》，为后世兵法家所推崇，被誉为"兵学圣典"，置于《武经七书》之首。

● 孙武

2. 吴起

吴起（？—公元前381年），战国初期卫国左氏（今山东定陶西）人，兵家代表人物，著名军事家、政治家、改革家。吴起通晓兵家、法家、儒家三家思想，反对穷兵黩武，秉持儒家德治理念，变法展露出明法审令、信赏必罚、持势任术、立公弃私的法家思想。有《吴子》传世。

3. 曾参

曾参（公元前505—公元前435年），春秋末年鲁国南武城（今山东平邑，一说山东嘉祥）人，思想家、儒家大家，儒家学派代表人物，孔子晚年弟子之一，是古代著名的孝子。他提出的修、齐、治、平的政治观，构成了一套完整的封建伦理道德的政治哲学体系，还有其内省、慎独的修养观，以孝为本的孝道观，都对后世产生了深远的影响。代表作有《大学》《孝经》《曾子十篇》等作品。

● 吴起

● 曾参

互动交流

1. 中国传统哲学在不同阶段的侧重点有何不同？
2. 中国传统哲学的特点有哪些？

第二节　儒家思想与传统文化

学习任务

1. 了解儒家思想的演变过程。
2. 理解儒家的人生模式，培养君子般的品格。
3. 探讨儒家思想对中国传统文化的影响。

　　儒家，又称儒学、儒教、孔孟思想、孔儒思想，是起源于中国并同时影响及流传至周边国家或地区的文化主流思想、哲理与宗教体系。儒学是由孔子创立、孟子发展、荀子集其大成，之后不断发展，后来逐渐形成完整的儒家思想体系，成为中国传统文化的主流，影响极其深远。

一、儒家思想演变过程

（一）儒家思想的兴起与发展

1. 孔子之学

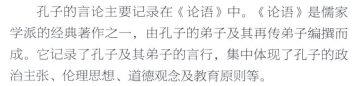

孔子

　　孔子（公元前 551 -公元前 479 年），名丘，字仲尼。春秋末期鲁国陬邑（今山东曲阜）人。儒家学派的创始人，中国古代的政治家、思想家、教育家，被誉为"天纵之圣"，是当时社会上的博学者之一，被后世统治者尊为至圣、万世师表等。其思想对中国和世界都有深远的影响，其人被列为"世界十大文化名人"之首。

● 孔子

　　孔子的言论主要记录在《论语》中。《论语》是儒家学派的经典著作之一，由孔子的弟子及其再传弟子编撰而成。它记录了孔子及其弟子的言行，集中体现了孔子的政治主张、伦理思想、道德观念及教育原则等。

　　孔子的思想核心是"仁"。他认为仁就是爱人，即"己所不欲，勿施于人"。孔子讲爱人是有差别的，最爱是至亲，然后是旁亲，最后才是九族以外的人。

　　在爱人的具体内容上，孔子认为应该遵守"礼"，这与人的自我修养有关。孔子说："克己复礼为仁。"所谓克己即约束自己，复礼即践行周礼。约束自己，视听言行都合乎周礼便是仁了。如果说"仁者爱人"是把别人当作人，那么，"克己复礼"就是把自己当作人。

在治国的方略上，孔子主张"为政以德"，用道德和礼教来治理国家是最高尚的治国之道。这种治国方略也叫"德治"或"礼治"。

孔子的最高政治理想是建立"天下为公"的大同社会。大同社会的基本特点是大道畅行，天下为公，因而能"选贤与能，讲信修睦""人不独亲其亲，不独子其子，使老有所终，壮有所用，幼有所长，鳏寡孤独废疾者皆有所养"。

孔子主张的较低政治目标是小康社会。小康社会的基本特点是大道隐没，"天下为家""各亲其亲，各子其子，货力为己"。

孔子的仁说，体现了人道精神；孔子的礼说，则体现了礼制精神，即现代意义上的秩序和制度。

知识链接

颜回

颜回，鲁国人，颜氏，名回，字子渊，也称颜渊。七十二贤之首，十哲之首，儒家五圣之一。颜回小孔子30岁，最为孔子钟爱，并一再褒奖之："贤哉，回也！一箪食，一瓢饮，在陋巷，人不堪其忧，回也不改其乐。""用之则行，舍之则藏，唯我与尔有是夫！""回也好学，不迁怒，不贰过。"历代追封追谥：唐太宗尊之为"先师"，唐高宗追封"太子少保"，唐玄宗尊之为"兖公"，宋真宗加封其为"兖国公"，元文宗又尊之为"兖国复圣公"。明嘉靖九年改称"复圣"。山东曲阜还有"复圣庙"。

孔子的这种人道主义和秩序精神是中国古代社会政治思想的精华。

孔子的经济思想最主要的是重义轻利、"见利思义"的义利观与"富民"思想。这也是儒家经济思想的主要内容，对后世有较大的影响。

教育方面，孔子创办私学，主张"有教无类"等，打破贵族垄断文化教育的局面，扩大教育对象的范围；他以"成人""君子"为教育目标，提出"因材施教"等诸多重要教育原则，培养出了德行、言语、政事、文学等多方面的人才。据说孔子教过的学生达3000之多，其中著名的有72人。

2. 孟子之学

孟子（约公元前372—公元前289年），名轲，鲁国邹（今山东邹城）人。战国时期哲学家、思想家、教育家。孟子是儒家最重要的代表人物之一，被后人称为"亚圣"，与孔子并称"孔孟"。

孟子的思想集中反映在《孟子》一书中，《孟子》不仅是儒家的重要学术著作，也是中国古代极富特色的散文专集。孟子以"言近而指远"为"善言"。他的文章明白晓畅，而又寓意深远。其文气势充沛，感情洋溢，逻辑严密；既滔滔雄辩，又从容不迫。其善用形象化的事物与语言，说明复杂的道理。

● 孟子

孟子提出了以"仁""义""礼""智"为基本内容的道德规范体系，以"仁义"为最高道德原则。其同时把人伦关系概括为5种，即父子有亲，君臣有义，夫妇有别，长幼有序，朋友有信。

孟子继承和发展了孔子"仁""以德治民"的观点，提出较为完整的"仁政"理论。

孟子要求统治者从自己的仁心出发，对人民推行仁政。

仁政的内容之一是对人民"省刑罚，薄税敛"。他从历史经验总结出"暴其民甚，则身弑国亡"，又说三代得天下都因为仁，由于不仁而失天下。

仁政的内容之二是"制民之产"，意思是给老百姓一定的生产资料，如田产等，百姓有了稳定的家业，才会有稳定的道德理念，才会遵守社会秩序，否则，就容易产生社会混乱。

仁政的内容之三是民贵君轻的民本思想，"民为贵，社稷次，君为轻"。民为什么重要呢？因为社稷的存亡、君主的废立全在民心的向背；天子之所以为天子，不是因为他有权力，而是因为他得到了民众的拥护；君不能保民，就可共诛之。孟子"民贵君轻"的思想在当时来说是一个进步，也是他的仁政学说的中心内容。

孟子对儒家学说的另一个贡献，是提出了"性善论"。儒家教人修养道德，为善不恶。孟子以"性善论"作为人们修养品德和行王道仁政的理论根据。孟子把善与人性联系在一起，认为人性本是善的，"人皆有不忍人之心"，也就是不忍看见别人受苦的良心，这是人的本性。

另外，孟子在价值观方面，强调舍生取义，"生，亦我所欲也；义，亦我所欲也。二者不可得兼，舍生而取义者也。"其强调要以"礼义"来约束自己的一言一行，不能为优越的物质条件而放弃礼义，"万钟则不辨礼义而受之，万钟于我何加焉！"

3. 荀子之学

● 荀子

荀子（约公元前313—公元前238年），名况，字卿，战国末期思想家、哲学家、教育家，儒家学派的代表人物，先秦时代百家争鸣的集大成者，被称为"后圣"。

荀子对各家都有所批评，唯独推崇孔子的思想，认为儒家思想是最好的治国理念。

在政治上，荀子主张统治者施政用仁义和王道，以德服人，并提出"君者，舟也，庶人者，水也。水则载舟，水则覆舟"的著名论断，强调人民群众的力量巨大。

荀子强调礼治，他认为礼是治理国家的准则，是国家强盛的根本，即"礼者，治辨之极是也，强国之本也"。没有礼，即使有坚甲利兵也不能取胜，有高大的城墙也不能稳固，有严厉的刑罚也不能树立威信。因此，诸侯如果实行礼治就可以得到天下，否则，就可能亡国。

在人性问题上，荀子提出了"性恶论"。他认为人生来本性是恶的，强调用礼乐来规范人的行为使人向善；同时强调后天环境和后天学习对人的发展作用。

孟子和荀子对儒家思想进行总结和改造，又吸收了一些其他学派的积极合理成分，使儒学体系更加完整，儒家思想更能适应社会的需要。战国后期，儒学发展成为诸子百家中的大宗。

（二）儒家正统思想的确立

秦代时期，秦始皇信奉法家，焚书坑儒，儒家受到打击。汉代初年，为了恢复生产，安定人心，富国强兵，统治者吸取秦灭亡的教训，采用道家无为而治的思想，经60多年休养生息，国力逐步恢复和增强。但同时汉初郡国并行制使得诸侯国的势力日益膨胀，土地兼并加剧，加之北方匈奴长期威胁西汉的稳定，为了加强中央集权，适应国家统一发展形势，董仲舒适时提出了新的政治思想，满足了统治阶级的需要。

董仲舒是汉代儒家的代表人物，他把诸子百家中的道家、法家和阴阳五行家的一些思想糅合到儒家思想中，加以改造，丰富和发展了儒学，使其成为能适应当时社会发展需要的新的儒学体系。为适应汉武帝加强中央集权的需要，他提出了"大一统"思想，认为大一统是天地的常理、国家的需要，要维护政治统一，必须在思想上统一，于是他又提出了"罢黜百家，独尊儒术"的主张，认为不在儒家六经之内的其他学术思想都应该罢黜。

● 董仲舒

董仲舒还借鉴法家的尊君抑臣思想，宣扬君权神授，进一步提出了天人合一和天人感应学说，把天视为最高主。自然、人事都受制于天，在现实社会中，皇帝代替天来治理人民，所以人民和诸侯都要服从天子的统治。如果皇帝无道，天将会通过灾害等来警示。

宽松的政治环境，尚儒的社会风气，使儒学有了广泛的社会基础，汉武帝起用了很多儒学家参与国家大事。汉武帝规定儒家五经为国家规定教科书，儒家学说成为政府选拔人才、任官授爵的标准。士人纷纷研习儒学经典，儒学得以大兴。公元前124年，汉武帝打破贵族官僚世代为官的陈规，兴办太学，规定太学生员为博士弟子，由博士负责教授太学生员，经考试合格后方可任职。此外，他还下令在全国各郡县设立经学讲习堂，建立地方教育系统。这些举措大大提高了儒学的地位，从师习读儒家经典成为风尚，经学正式成为中国封建文化的正统，并逐渐成为2000多年中国传统文化的主流。

（三）儒家思想的发展

1. 三教合一

汉武帝后，儒学在统治者的大力提倡下呈现繁荣之势。至魏晋时期，道家玄学盛行，佛教传入，儒家思想受到冲击。在不断的冲突中，儒学吸收佛教、道教的精神，有了新的发展。道教受儒学影响，贵儒而尊道，佛教则吸收儒道之长，逐渐本土化。

隋代，儒学家提出了三教合一的思想，主张以儒学为主，兼并佛教、道教思想。唐代时统治者奉行三教并行政策，儒学正统地位受到极大的挑战。儒学大师韩愈率先提出复兴儒学，建立了从舜到孔孟的儒家道统，为儒学正名。

2. 程朱理学

到北宋，儒学家整合佛教思想来解释儒学义理，并最终形成了以理为核心的新儒学体系——理学，把理作为封建伦常的根据，把儒家的礼法纲常、道家的宇宙生成及佛家的抽象与具体、本质与现象相融合。其中以北宋的程颢、程颐和南宋的朱熹为代表，称为程朱理学或理学。

● 朱熹

二程认为天理是宇宙万物的本原，万物只有一个天理，主张先有理而后有物，这是理学的核心思想。同时二程把天理和伦理直接联系起来，把天理作为道德规范的三纲五常，是人性的最高境界。其强调存天理，灭人欲，认为人性本来与天理一致，具有仁义礼智信等美德，但被后天的欲望所蒙蔽。

同时二程还提出了格物致知，认为物皆有理，只有深入探究万物，才能真正得到其中的理。他们把知识、道德和天理联系起来，认为进学则在致知，穷理格物，掌握天下之理，达到对普遍天理的认识。朱熹更认为，"物"指天理、人伦、圣言。格物致知的目的在于明道德之善，而不是求科学之真。

程朱理学满足了统治者的政治需要，备受推崇，成为南宋以后长期居于统治地位的官方哲学，有力维护了封建专制统治，对当时及后世的中国社会政治、文化、伦理道德都产生了深远影响。

3. 陆王心学

南宋时期，理学家陆九渊把心作为宇宙万物的本原，提出心就是理的主张，强调宇宙便是吾心，吾心即是真理，认为天地万物都在心中。所以他的学说被称为"心学"。他认为穷理不必向外探求，只需要反省内心就可得到天理。

明代中后期，社会动荡不安，王守仁认为，社会动乱的原因是人心破坏，只有通过整治人心，才能挽救统治。王守仁继承和发展了陆九渊的心学，成为心学的集大成者，所以心学也被称为陆王心学。

● 王守仁

王守仁更多吸取了佛教的"心外无佛""心即是佛"思想，宣扬"心外无物、心外无事、心外无理"的命题，在认识论上他提出"致良知"和"知行合一"的学说。他认为良知是存在于人心中的天理，是人所固有的，但良知往往被私欲所侵蚀，所以要努力加强道德修养，去掉人欲，恢复良知的本性。他的知行合一，是说知和行都产生于心，用良知支配自己的行为实践。

4. 明清实学

明代中后期，资本主义开始在中国出现，加上社会动荡，促使一些思想家讲求经世实学，其代表人物有李贽、黄宗羲、顾炎武和王夫之等。

李贽否定儒家经典和孔子的权威，认为人人都有权做出自己的判断；批判道学家的虚伪说教，肯定人的正常需要，认为"穿衣吃饭即是人伦物理"。黄宗羲批判君主专制，提出"天下为主，君为客"，提出君臣平等，限制君权，保证人民的基本权利，反对传统的重农抑商，认为工商皆本。顾炎武批判君主专制，提出"众治"的主张，梁启超归结其思想为"天下兴亡，匹夫有责"，主张经世致用，注重实学。与其同时期的王夫之，继承和发展了前代思想家的主张，提出了"世界是物质的、是不断变化的"等朴素辩证法思想。

清末至五四时期，由于西学的传入，儒学的发展又一次面临考验。

二、儒家的人生模式——道德人生

儒家树立的是道德大师的形象，刚健中正，仁慈亲和，具有完善的人格，以救世安民为己任。儒家的理想人格是君子。

（一）重视修身、尊崇君子的人格追求

治国齐家修身始。儒家讲求"修身"，并设定了一整套美德标准，如修德行仁、立志

中国传统文化教程（微课版）

笃行、正直忠信、谦逊谨慎、与人为善、以德报怨、先义后利、爱人惜物等；还总结了许多修养的方法与途径，如格物、致知、诚意、正心、慎独、吾日三省吾身、闻过则喜、见贤思齐等。

在人格培养方面，儒家提倡君子"忧道不忧贫""谋道不谋食"，追求高尚的精神境界和道德完善，对物质没有过分要求；君子要重义轻利，"君子喻于义，小人喻于利"；君子应言行一致，"君子耻其言而过其行""君子欲讷于言而敏于行""文质彬彬，然后君子"；君子还应该"修己以安人"，通过个人品质的修养来治国安民；"君子有成人之美，不成人之恶"，君子应成全别人的好事，成就别人的真善美，而不成全别人的恶；"君子上达，小人下达"，君子的生命是向上发展和延伸的，小人则刚好相反；"君子坦荡荡，小人长戚戚"。君子的观念深深地刻进了中国文化之中，也深刻地影响了中国人的性格和思想，对于中国人人格世界的构成具有基础性的作用。

（二）关注现实、经时济世的入世追求

儒家直面现实的传统始于孔子。孔子生活在春秋末年"天下无道""礼崩乐坏"的动荡时代，传统的价值观和行为规范受到强烈的冲击，这促使他关注现实社会与现实人生。孔子"不语怪力乱神"，他说"未能事人，焉能事鬼""未知生，焉知死"，对鬼神"敬而远之"。其强烈的现实主义精神对后世儒家影响深远，也催生出儒家积极的入世态度，与佛道的避世、遁世及把希望寄托于未来等有着鲜明的不同。

儒家的入世突出表现为儒学家自身对政治的参与、对民生的关注，希望通过自身努力来为国为民效力，来"齐家治国平天下"。孔子强调"德治"，孟子推崇"仁政"，荀子主张"礼法并重"，董仲舒和后来的二程、朱熹、王守仁等人的学说无一不是从治国出发的入世之学。

儒家的这种入世品格，表现了他们心怀天下、以天下为己任的担当意识和忧患意识，也启迪着后人志存天下、经邦治国、建功立业。

（三）身任天下、忧国忧民的忧患意识

苏轼说："人生识字忧患始。"中国文化中的忧患意识萌芽于殷周之际。所谓忧患意识，是指对国家、对人民前途命运的深切关心而表现为思想上、情感上的一种经常性的忧心和思虑状态。《周易》中讲"安而不忘危"，当政者应当居安思危，不可以因表面无事而沉迷安乐。

春秋战国时期动荡不安，躁动于殷周之际的忧患意识被早期儒家发扬光大，并贯穿于儒学发展的始终。从中国历史上看，自孔子以来，儒家学者多对社会政治抱有强烈的忧患意识。孔子说："人无远虑，必有近忧。"他忧"德之不修，学之不讲，闻义不能徙，不善不能改""君子疾没世而名不称焉"。孟子说："君子有终身之忧""生于忧患，死于安乐""乐民之乐者，民亦乐其乐；忧民之忧者，民亦忧其忧。乐以天下，忧以天下"。黄宗羲提出"天下之治乱，不在一姓之兴亡，而在万民之忧乐"。顾炎武指出"天下兴亡，匹夫有责"。

儒家这种"忧道不忧贫、忧天下而不忧个人"的博大襟怀，源于儒家始终抱有的对天下国家不可推卸的社会责任感和历史使命感，它成为一种优秀的传统，启迪、激励着后世仁人君子以天下为己任，自觉地为国家分忧、为人民分忧。

（四）积极进取、自强不息的奋斗精神

《易经》云："天行健，君子以自强不息。"儒家崇尚刚健有为、自强不息的精神。

孔子十分推崇"刚毅有为"的品质。他高度肯定临大节而不夺，认为是刚毅的表现，所谓"三军可夺帅也，匹夫不可夺志也"。孔子一生"学而不厌，诲人不倦""发愤忘食，乐以忘忧，不知老之将至"，为推行自己的政治主张，周游列国，虽遭冷嘲热讽和挫折打击，但从不灰心丧气，"不怨天，不尤人"，以对崇高理想的不懈追求践履着"知其不可为而为之"。

孟子也主张在"苦其心志，劳其筋骨，饿其体肤，空乏其身"之时，"动心忍性，曾益其所不能"，于逆境当中不屈不挠。

《荀子·劝学》强调要发挥人的主观能动性，为实现人生目标而持之以恒、锲而不舍。

儒家这种积极进取、刚毅有为的精神，对塑造中华民族的性格起了积极作用。

（五）推己及人、"和而不同"的和谐人际关系

孔子极力推崇"仁"，他说，"仁者爱人"。但这个"爱人"不是爱自己，而是"泛爱众"，是对社会群体的爱，是"老吾老，以及人之老；幼吾幼，以及人之幼"的推己及人，是"己欲立而立人，己欲达而达人"的将心比心，是"己所不欲，勿施于人"的换位思考，是"达则兼济天下"的博大胸怀。

儒家重"和"，倡导人与人、人与社会、人与自然和谐相处。所谓"心和""人和""天和"，以个人身心和谐为"心和"，人与社会和谐为"人和"，人与自然和谐为"天和"，三者合而为一为"太和"。推己及人正是"人和"的表现之一，它有利于调节人际关系。

此外，儒家又提出"和而不同"，主张于和谐之中保持自己独立的个性，彼此不同而又不彼此冲突，坚持自己的主张，也能够包容他人的主张，"和谐"以共生共长，"不同"以相辅相成。

推己及人、"和而不同"是儒家处世智慧的高度体现。

三、儒家思想对中国传统文化的影响

儒学自汉武帝罢黜百家、独尊儒术起，2000多年来，儒学成为历代君王教化四方、治理国家的根本，同时它还是知识分子学习、修身的重要内容。其礼治、仁治、德治、孝道、民贵君轻、有教无类等思想主张，深深地根植于中国人的思想观念中，成为无数人的人生价值取向与精神追求。

儒家学说以现实精神和世俗取向为立场，具有强大的济世作用与社会功能。2000多年来儒家思想多次成为中国社会稳定团结、治国安邦的主流话语和社会基石，其价值意义在当代也值得深刻发掘。

儒家学说以伦理道德为核心，要求自觉遵从真和善，在漫长的古代社会用理性的道德教育替代了狂热的宗教信仰，避免了中国社会陷入宗教狂迷和分裂，对维护国家统一和民族团结发挥了极其重要的作用。

儒家思想重视人的崇高气节与高尚操守的价值取向，成为中国人维护正义、爱国爱民

的精神传统。

儒家思想可以概括为以仁为内容、以礼为形式、以中庸为原则、以大同为目标的思想体系。这种思想的显著特点，是注重事物关系的整体融通和谐，不以小利为取，而以大用为宗，因此它可以有效地化解因小利形成的社会冲突，抑制个人欲望，增强社会凝聚力，提升人性境界，将社会引向整体融洽的大同目标。

儒家思想主张通过对人的心性陶冶和道德塑造实现社会和谐的理想目标。历史证明，中国古代能历经2000余年的统一，与儒家思想的博爱利他思想的浸润、整合有着必然联系。

儒家思想注重培养人的社会责任感和高尚情操。要让社会和谐发展，弘扬儒家思想是不二选择。

知识窗

三孔与三孟

1. 三孔

山东济宁曲阜的孔庙、孔府、孔林，统称曲阜"三孔"，是中国历代纪念孔子、儒客朝拜之圣地。它以深厚的文化积淀、悠久历史、宏大规模、丰富的文物珍藏及较高的科学艺术价值而著称。

孔庙是我国历代封建王朝祭祀春秋时期思想家、政治家、教育家孔子的庙宇，位于山东曲阜城中央。它是一组具有东方建筑特色、规模宏大、气势雄伟的古代建筑群，被古建筑学家称为世界建筑史上"唯一的孤例"。它凝聚着历代万千劳动者的血汗，是中国劳动人民智慧的结晶。

孔庙占地约21.8万平方米，四周围以高墙，配以门坊、角楼。黄瓦红垣，雕梁画栋，碑碣如林，古木参天。宋代吕蒙正赞道："缭垣云矗，飞檐翼张。"

● 孔庙

孔府，是孔子嫡系后裔长期居住的府第，有"天下第一家"之称，位于孔庙东侧。汉高祖刘邦以太牢之礼祭孔子墓并封孔子九世孙为奉祀君，代表国家祭祀孔子。后历代不断加封，至宋代封为衍圣公。明洪武十年建立独立的衍圣公府，府内存有著名的档案和大量文物。

孔府，也是中国封建社会官衙与内宅合一的典型建筑。孔子死后，子孙后代世代居庙旁看管孔子遗物，到北宋末期，孔氏后裔住宅扩大到数十间，随着孔子后世官位的升迁和爵位的提高，孔府建筑不断扩大，是中国仅次于明清皇帝宫室的最大府第。孔府占地7.5万平方米，有古建筑463间，分中、东、西三路布局。

● 孔府

孔林位于曲阜城北，是孔子及其家族的专用墓地，也是世界上延时最久、面积最大的氏族墓地。孔子卒于鲁哀公十六年（公元前479年），葬鲁城北泗上。其后代从冢而葬，形成今天的孔林。从子贡为孔子庐墓植树起，孔林内古树已达万余株。自汉代以后，历代统治者对孔林重修、增修过13次，以至开成现今规模，总面积约200万平方米，周围林墙5591米。郭沫若曾说："这是一个很好的自然博物馆，也是孔氏家族的一部编年史。"

● 孔林

2. 三孟

孟庙，又称亚圣庙，位于山东省济宁市邹城市，为历代祭祀战国时期思想家孟子之场所。孟庙始建于北宋景祐四年（1037年）。

孟庙呈长方形，五进院落，约占地2.4万平方米。建筑群分东、中、西三路，其以亚圣殿为主体建筑，南北为一中轴线，左右对称排列。院内有亚圣殿、启圣殿、孟母殿、致严堂等殿宇64间，碑碣石刻270余块。

● 孟庙

孟府，是孟子嫡系后裔居住的宅第，与同在邹城的孟庙、孟林合称"三孟"，位于山东省济宁市邹城市孟庙西侧，庙、府仅一街之隔。因元文宗至顺二年（1331年），孟轲被封为"邹国亚圣公"，孟府被称为亚圣府。

孟府平面呈长方形，初建时规模较小，后经历代重修扩建，至清初已形成前后七进院落，前部分为3个大院，后部分为左、中、右三路，以主体建筑"大堂"为界，前为官衙，中为内宅，后为花园，建筑格式为前堂后寝式，拥有楼、堂、阁、室共计148间。孟府南北纵长226米，东西横宽99米，共占地约2.1万平方米。

孟府是国内规模宏大、保存较为完整、较为典型的官衙与内宅合一的古建筑群和封建地主庄园之一。1988年元月，孟府与孟庙被国务院公布为第3批全国重点文物保护单位。

● 孟府

孟林，又称"亚圣林"，位于城东北四基山西麓，是孟子及其后裔的墓地。《新建孟子庙记》碑载，北宋景祐四年（1037年），于此发现孟子墓，并建庙祭祀。元丰七年（1084年），朝廷赐库钱修墓庙，购置祭田。孟林经宋、元、明、清历代重修扩建，至清康熙年间形成目前规模，林内现存柏、桧、柞、榆、楸、槐、枫、楷等古树近万株，是国内少有的一处大面积侧柏山林。

● 孟林

1. 儒家思想的演变经历了哪些阶段？试列举各阶段的代表人物及其主张。
2. 儒家思想对中国传统文化产生了哪些影响？
3. 观看电影《孔子》，概述孔子的故事，感悟其人格魅力。

第三节　道家思想与传统文化

学习任务

1. 了解道家思想的发展历程。
2. 理解道家的人生模式，培养自由、平等、达观的人生态度。
3. 探讨道家思想对中国传统文化的影响。

道家学说又称为"老庄之学"，以老子和庄子为代表的思想家，困惑于春秋战国时代的政治和社会大变革的现实，转而对宇宙本体与人类社会及人自身进行思考，创立了道家学派，时间上略晚于儒家学派，是我国古代最有影响的学术派别之一。

一、道家思想发展历程

（一）春秋老子之学

老子

道家理论尽管由老子所奠定，但其思想源流应远溯于黄帝。汉代司马谈《论六家要旨》第一次称老庄为"道德家"，《汉书·艺文志》称其为"道家"。

老子，姓李，名耳，字聃，春秋末期楚国苦县（今河南鹿邑）人，生卒年不详，中国古代思想家、哲学家、文学家和史学家，道家学派创始人，被道教尊为始祖，太上老君的化身。唐高宗封老子为太上玄元皇帝。宋真宗加号太上老君混元上德皇帝。老子曾被列为世界文化名人，世界百位历史名人之一。

● 老子

老子曾担任周朝守藏室之史，以博学而闻名，孔子曾入周向他问礼。春秋末年，周室衰微，老子弃官归隐，骑青牛西行至函谷关时，受关令尹喜之请著《道德经》。《道德经》共计 5000 字左右，81 章，编为上下两篇，上篇道经 37 章，下篇德经 44 章。全书的思想结构是：道是德的"体"，德是道的"用"。史载孔子曾多次向老子请教关于礼的问题。

老子思想的核心是"道"，道是一种混沌未分的初始态，是天地之始，万物之母，为化生万物的根源。"道生一，一生二，二生三，三生万物"，道成就天地万物，并非有意作为，而完全出于无意作为，完全是自然而然。"人法地，地法天，天法道，道法自然"，自然是对道之状态与作为的形容。"生而不有，为而不恃"，一切因其自然，一切顺其自然，这就是道的本性。道之本性是自然无为，但正是这种无为，成就了有为；正是因为无为，才成就了一切。这种现象，被老子加以哲学的高度概括，就是"道常无为，而无不为"。道的这些特征，反映在人的行为上叫作德。

老子关于道的观念，在中国哲学史上具有划时代的意义，它标志着哲学对神学的胜利，标志着哲学思维空前繁荣的时代到来了。

老子思想的特点是辩证性。老子是中国古代最早的辩证法大师，他从大量的经验事实中提炼出矛盾原则，揭示出事物内部对立双方的矛盾关系，"祸兮，福之所倚；福兮，祸之所伏"；还看到事物在向对立面转化时，存在着量变的过程，"合抱之木，生于毫末；九层之台，起于累土；千里之行，始于足下"；还指出矛盾的对立双方常常会走到自己的反面，"兵强则灭，木强则折"。

老子政治思想的总纲是"无为"。他认为任何进步都会招致祸乱，主张只有回到浑浑噩噩的"无为"状态，社会才能得到安宁。他认为做到"无为"，就能"无不为"，天下就会太平无事了。

在社会历史观上，老子主张"小国寡民"，清静自然，无为而治。这反映出老子复古倒退的消极思想。

老子思想对中国哲学发展具有深刻影响，在政治上，主张无为而治、不言之教；在权术上，讲究物极必反之理；在修身方面，讲究虚心实腹、不与人争的修持。

（二）战国庄子之学

庄子（约公元前 369—公元前 286 年），名周，战国时期宋国蒙（今河南商丘东北处）人，战国中期思想家、哲学家、文学家，道家学派代表人物，与老子并称"老庄"，他们的哲学思想体系，被思想学术界尊为"老庄哲学"。

庄子因崇尚自由、厌恶仕途而不应楚威王之聘，仅担任过宋国地方的漆园吏。庄子学问渊博，游历过很多国家，对

● 庄子

当时的各学派都有研究，进行过分析批判。晚年隐居著书自遣。其著书《庄子》十余万字，以"寓言""重言""卮言"为主要表现形式，继承老子学说而倡导自由主义，蔑视礼法权贵而倡言逍遥自由，代表作有《逍遥游》《齐物论》《养生主》等。

据传庄子曾隐居南华山，卒葬于彼，故唐玄宗天宝初，被诏封为南华真人，《庄子》一书亦因之被奉为《南华真经》。《庄子》《周易》《老子》并称为"三玄"，在哲学方面有较高的研究价值。

庄子继承和发展了老子的思想，他把"道"作为世界万物的本源、宇宙万物运动的法则。他强调，道"无所不在"，认为它"在蝼蚁""在瓦甓""在屎溺"中，并用"周、遍、咸"三个字来形容道的无所不在。

哲学上，庄子继承了老子关于无有的矛盾辩证观点，创造了"相对论"。他说大木梁丽被看作良材，是相对于筑城而言，如果用来堵塞小洞，那就成为一根废木；骐骥骅骝被看作良马，是相对于赶路而言，如果用于捉老鼠，它就不如野猫；猫头鹰被认为明察秋毫，是与夜晚相联系的，如果是在白天，它睁眼不见山丘。这些论点表明了他对事物存在相对性的深刻认识，思想具有辩证性。

同时，庄子认为万物无时无刻不在变化之中，"方生方死，方死方生，方可方不可，方不可方可"，这种可变性又会带来认识和真理的相对性。既然事物的存在都具有相对性，那么就没有一种东西是真实存在的，只有无形、无声、无色、无问，即什么属性都没有，才是世界本然的、真实的存在。

在生活态度上，庄子提出了顺应自然、自由超脱以实现"逍遥游"的人生哲学。"逍遥游"是庄子哲学中的一个重要概念，指达到个体精神解放的境界，即无矛盾地生存于世界之中。庄子并不否认矛盾，只是强调主观上对矛盾的摆脱。庄子用"无为"来解释这一术语，与老子不同，这里的"无为"是指心灵不被外物所拖累的自由自在、无拘无束的状态。这种状态也被称为"无待"，意为没有牵绊、束缚。这时，人们抛弃了功名利禄，"乘天地之正，而御六气之辩，以游无穷"，这句被普遍认为是《逍遥游》一篇的主旨，同时也是《庄子》一书的主旨。这是一种心与"道"合一的境界。

（三）西汉初年黄老之学

战国末年，经济残败，百废待兴。汉初的统治者吸取秦亡教训，大都喜好"黄老之术"，实行与民休养生息的无为政治，以安定社会、恢复经济、缓和阶级矛盾，一度造成了黄老之学盛极一时的局面。黄老之学是依托黄帝和老子的思想，兼"采儒墨之善，撮名法之要"而成的学说。道家学说在中国政坛上第一次大放异彩，成为新兴地主阶级的官方学术与指导哲学。汉武帝独尊儒术后，道家学派进入低潮，从此不再是中国主流思想，但道家一直在中国古代思想的发展中扮演重要角色。

（四）魏晋玄学

魏晋时期清谈渐盛，老庄思想和儒学相融合的玄学思潮，是道家思想的又一次勃兴。玄学家们以《老子》《庄子》《周易》为三玄，据之以著书立说，作为一门学问，简言之是处理自然和名教的关系。儒家贵名教，道家法自然。所谓名教与自然的关系就是儒家纲常礼法和道家自然无为的关系，二者是相对的、矛盾的，因而如何协调儒、道，使之能更好地为现实服务成了玄学家们的执着追求。这一思潮的兴起原因，一是两汉经学已无法调和的社会矛盾，二是汉魏时代战乱动荡，思想多元，当政者对于异己的大族名士严厉打击，知识分子无所适从。

玄学早期代表人物是何晏、王弼，中期是嵇康和阮籍，后期是王衍。尤其以阮籍和嵇康等人组成的"竹林七贤"最为有名。他们为了逃避现实，崇尚空谈，追求虚无与玄远，用老庄的哲学思想解释儒家经典，给两汉以来保守的儒学注入了新鲜的血液，给中国的哲学文化领域带来了不同以往的自由、理性、思辨色彩。到东晋，玄学成为兼容儒道释各家思想的庞杂体系。

● 竹林七贤

（五）隋唐以后道家思想的传播

道家一方面作为一个学术流派，从此再没有掀起过独立的强大的社会思潮，另一方面又以曲折的形式继续存在和发展着。道家学说发展到后期，借助道教得以兴盛与发展。

二、道家的人生模式——超脱人生

道家给后世树立的是智慧大师的形象，具有极高的悟性，以宁静淡泊为操守，顺乎自然，向往自得，无为自适。道家的理想人格是隐士。

（一）"不争""贵柔""处下"的生活智慧

《道德经》提出了一系列以退为进的处世智慧，其中8处谈到"不争"。如"天之道，不争而善胜""天之道，利而不害；圣人之道，为而不争""夫唯不争，故天下莫能与之争"。不与人争，只强大自身，自然就不争而胜了。

老子特别崇尚水："上善若水，水善利万物而不争。"最善的品性莫如水了，水滋润万物而不和万物争，但水却是最终的胜利者。你看大海和谁争？它只是把心量放大，所以百川归海。

老子主张"守柔"，在他看来，任何事物的存在和发展都不可避免地要经历一个从柔弱到刚强的过程，"人之生也柔弱，其死也坚强。万物草木之生也柔脆，其死也枯槁"。柔弱标志着新生、生命力和发展的希望，而刚强则是衰退、败亡的征兆，所以"物壮则老""木强则折"，"守柔"使自己尽可能"长生久视"。

老子的生活智慧远不止这些，他还提出了知足常乐、功成身退等主张。他的这些思想不仅有利于个人缓解自身的生存压力，使人获得内心的平和与适足，而且可避免与他人发生冲突，使人际关系变得宽松和谐。

（二）求自我、求自由、求自然的人格追求

庄子是中国古代知识分子中第一个对自由提出深刻思考的哲学家。庄子将老子道论的重点转移到心灵的境界，追求精神上对世俗的超越。

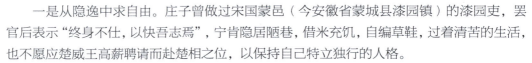

一是从隐逸中求自由。庄子曾做过宋国蒙邑（今安徽省蒙城县漆园镇）的漆园吏，罢官后表示"终身不仕，以快吾志焉"，宁肯隐居陋巷，借米充饥，自编草鞋，过着清苦的生活，也不愿应楚威王高薪聘请而赴楚相之位，以保持自己特立独行的人格。

二是从死亡中求自由。庄子妻死，他鼓盆而歌，称生死乃自然之道；庄子将死，弟子欲厚葬之，他却愿以天地为棺椁，表现了对死亡的深刻领悟和哲学洞见。

三是从无己无功无名、逍遥放达中求自由。庄子的精神追求表现为出世追求。庄子认为，人之所以不自由，有两个原因：一是有待，即有外在物质条件的束缚；二是有己，即有自我意识，有己就会计较得失、苦乐，从而引起种种苦役。庄子提出要实现绝对的逍遥自由，必须做到无待无己无功（不留恋功业）无名（彻底舍弃名位），才可以超越一切而作逍遥游，使自己能独与天地精神往来，汪洋恣肆以适己。庄子又提出要以心斋和坐忘的功夫来面对世界。庄子否定理智的认识作用，认为只有通过神秘的直觉才能达到对道的认识。所以要摒弃心官知觉，通过集虚达到与道的契合，这就是所谓的"心斋"。懂得了心斋的道理，使心智专一虚静就能达到坐忘的境界。所谓"坐忘"就是彻底地忘掉一切，无古今之异，无生死之别，不管世间有多少矛盾、困苦，都不动心。

庄子潇洒出尘的人生理想只是表层，其内里却隐藏着对战争频仍、时局动荡不安的困苦现实的不满。他的伟大在于透过残酷的现实深入人的心灵深处，从自然中寻找一条自救的道路，把人从"与忧俱生"的人生困惑中、从种种绳索捆绑之下解放出来，教人把人生的种种负累统统卸下，从而获得宁静的自由和自适的心境。他的伟大还在于唤醒了个体意识，引导自我追求自然。道家以前所未有的方式固守着人的精神尊严，辛勤地开垦着人的精神荒漠。

在中国思想史上，庄子开启的这种对自然、对本真、对自我、对自由的追求，曾对魏晋风度、明末士风的形成产生过深刻影响。

（三）尊重生命、物我齐同的平等境界

与孔子、孟子、墨子等以人为中心，认为万物只是相对于人来说才有存在的意义与价值的主张不同，庄子站在"道无所不在"的基点，提出了"万物一齐"的平等论，体现了更为丰富和通达的生命智慧，因而他成了古代中国最纯真自然的生命的歌者。

在他的世界里，"天地与我并生，而万物与我为一"（《齐物论》）。他与蝴蝶为友，用心体悟鱼之乐；与参天古木托梦对话，与百年髑髅梦中交流；通晓并同情鲲鹏、野鹤、泥鳅、井蛙、蝼蚁、橘、柚、杂草、日月星辰等天地人间一切事物的喜怒哀乐，为它们悲悯，为它们礼赞，而后携带着它们与天地共舞，消融于大化之道中。庄子是伟大的自然之美的体验者，他创造了一种生命平等的大美境界。清代学者胡文英在《庄子独见》中评庄子："眼极冷，心肠极热。眼冷，故是非不管；心肠热，故感慨万端。虽知无用，而未能忘情，到底是热肠挂住；虽不能忘情，而终下不了手，到底是冷眼看穿。"

三、道家思想对中国传统文化的影响

道家文化的核心是"道法自然，无为而治"，道家作为我国最重要的思想和文化流派之一，对我国传统文化的影响是非常巨大的，主要体现在思维方式、文化进步、政治主张、传统军事思想、科学发展和民众健康等6个方面。

（一）对思维方式的影响

道家辩证的思维方式体现在对矛盾对立面之间相互依存、相互转化的辩证关系有深刻把握，避免了形而上学的绝对化和固执僵化的教条主义思维模式。而"无为"的方法论，教会人们在处理事情时要顺其自然，以通透豁达的积极心态看待生命的存在与灭亡。

（二）对文化进步的影响

道家以"道"为核心，主张道法自然，无为而治。庄子认为"朴素而天下莫能与之争美"，确立"自然""朴素"为最高审美原则。这种原则的推行，使得中国文化展现的不仅是人与人之间的情感，而是更宏大的自然存在。

（三）对政治主张的影响

在春秋战国时期，为了因应局势，黄老道家首先提出了法、术、势、利、力等概念，使得当时的政治走上了现实主义的道路。在此基础提出的"道生法"主张，不但解决了法律本身合法性的问题，还为道家治世开辟了道路。另外，因天循道、君逸臣劳、清静无为、休养生息、非战思想等一系列政治主张，集中体现了中国古代社会政治学的精华，被历代统治者借鉴、利用、吸收，都取得了良好的治理效果，对社会发展贡献巨大。

（四）对传统军事思想的影响

道家尤其是黄老道家，在致力于治身治国的同时，也对决定国家生死存亡的大事——战争给予了高度关注。所以《老子》《文子》《吕氏春秋》《管子》等典籍中均包含大量的军事思想：反战论、不得已而战、以奇用兵、柔弱胜刚强。另外黄老道家普遍还有出"义兵"（即正义军队）的思想，而这些观点和思想对中国传统军事思想有很大影响，以至于后世许多人将《老子》当兵书看待，同时将张良、诸葛亮、刘基等具有相当军事谋略的人当成道家。

（五）对科学发展的影响

我国古代四大发明中的火药和指南针都源自道家文化。道家的炼丹术事实上是中国古代的原始化学，产生了很多化学上的成果。晚唐之后炼丹家们还在有机化学领域，例如性激素的提取等方面取得了不少成果。在数学上，道家继承了中国古代易学中象数学的一些理论。在物理学方面，道家的炼丹术也促使人们掌握众多物理知识。

（六）对民众健康的影响

道家对中医、传统养生学、中华武术、茶道等也有巨大影响，这种影响最早可以追溯到黄老道家的典籍——《黄帝内经》，它是中国传统医学四大经典著作之一。后来中医学和养生学则在先秦道家思想的基础上，吸收了《易经》和道教的诸多思想。

道家思想对中华武术的影响很大，主要表现在"认识论"和"方法论"两个方面。在认识论方面，武术汲取了道家哲学思想关于宇宙本源的"道论""气论"及"天人合一"的观点来解释武术的本质。在方法论方面，武术汲取了道家"物极必反""以静制动""以柔克刚""后发制人""师法自然"等思想，作为武术技击思想的指导原则，并追求一种"以无法为有法，以无限为有限"的境界。其中具有代表性的是太极拳，它刚柔相济、虚实相应、动静相宜、开合有度、可以说与道家思想达到了高度契合的地步。

知识窗

孔子问礼

老聃居周日久，学问日深，声名日响。春秋时称学识渊博者为"子"，以示尊敬，因此，人们皆称老聃为"老子"。

公元前523年的一天，孔子对弟子南宫敬叔说："周之守藏室史老聃，博古通今，知礼乐之源，明道德之要。今吾欲去周求教，汝愿同去否？"南宫敬叔欣然同意，随即报请鲁君。鲁君准行，遣一车二马一童一御，由南宫敬叔陪孔子前往。老子见孔丘千里迢迢而来，非常高兴，教授之后，又引孔丘访大夫苌弘。苌弘善乐，授孔丘乐律、乐理；引孔丘观祭神之典，考宣教之地，察庙会礼仪，使孔丘感叹不已，获益不浅。逗留数日，孔丘向老聃辞行。老聃送至馆舍之外，赠言道："吾闻之，富贵者送人以财，仁义者送人以言。吾不富不贵，无财以送汝；愿以数言相送。当今之世，聪明而深察者，其所以遇难而几至于死，在于好讥人之非也；善辩而通达者，其所以招祸而屡至于身，在于好扬人之恶也。为人之子，勿以己为高；为人之臣，勿以己为上，望汝切记。"孔丘顿首道："弟子一定谨记在心！"

行至黄河之滨，见河水滔滔，浊浪翻滚，其势如万马奔腾，其声如虎吼雷鸣。孔丘伫立岸边，不觉叹曰："逝者如斯夫，不舍昼夜！黄河之水奔腾不息，人之年华流逝不止，河水不知何处去，人生不知何处归？"闻孔丘此语，老聃道："人生天地之间，乃与天地一体也。天地，自然之物也；人生，亦自然之物；人有幼、少、壮、老之变化，犹如天地有春、夏、秋、冬之交替，有何悲乎？生于自然，死于自然，任其自然，则本性不乱；不任自然，奔忙于仁义之间，则本性羁绊。功名存于心，则焦虑之情生；利欲留于心，则烦恼之情增。"孔丘解释道："吾乃忧大道不行，仁义不施，战乱不止，国乱不治也，故有人生短暂，不能有功于世、不能有为于民之感叹矣。"

老聃道："天地无人推而自行，日月无人燃而自明，星辰无人列而自序，禽兽无人造而自生，此乃自然为之也，何劳人为乎？人之所以生、所以无、所以荣、所以辱，皆有自然之理、自然之道也。顺自然之理而趋，遵自然之道而行，国则自治，人则自正，何须津津于礼乐而倡仁义哉？津津于礼乐而倡仁义，则违人之本性远矣！犹如人击鼓寻求逃跑之人，击之愈响，则人逃跑得愈远矣！"

稍停片刻，老聃手指浩浩黄河，对孔丘说："汝何不学水之大德欤？"孔丘曰："水有何德？"老聃说："上善若水，水善利万物而不争，处众人之所恶，此乃谦下之德也；故江海所以能为百谷王者，以其善下之，则能为百谷王。天下莫柔弱于水，而攻坚强者莫之能胜，此乃柔德也；故柔之胜刚，弱之胜强坚。因其无有，故能入于无间，由此可知不言之教、无为之益也。"孔丘闻言，恍然大悟道："先生此言，使我顿开茅塞也。众人处上，水独处下；众人处易，水独处险；众人处洁，水独处秽。所处尽人之所恶，夫谁与之争乎？此所以为上善也。"老聃点头说："汝可教也！汝可切记，与世无争，则天下无人能与之争，

中国传统文化教程（微课版）

此乃效法水德也。水几于道：道无所不在，水无所不利，避高趋下，未尝有所逆，善处地也；空处湛静，深不可测。善为渊也；损而不竭，施不求报，善为仁也；圜必旋，方必折，塞必止，决必流，善守信也；洗涤群秽，平准高下，善治物也；以载则浮，以鉴则清，以攻则坚强莫能敌，善用能也；不舍昼夜，盈科后进，善待时也。故圣者随时而行，贤者应事而变；智者无为而治，达者顺天而生。汝此去后，应去骄气于言表，除志欲于容貌。否则，人未至而声已闻，体未至而风已动，张张扬扬，如虎行于大街，谁敢用你？"孔丘道："先生之言，出自肺腑而入弟子之心脾，弟子受益匪浅，终生难忘。弟子将遵奉不怠，以谢先生之恩。"说完，告别老聃，与南宫敬叔上车，依依不舍地向鲁国驶去。

回到鲁国，众弟子问道："先生拜访老子，可得见乎？"孔子道："见之！"弟子问："老子何样？"孔子道："鸟，吾知其能飞；鱼，吾知其能游；兽，吾知其能走。走者可以为罔，游者可以为纶，飞者可以为矰。至于龙，吾不能知其乘风云而上天。吾今日见老子，其犹龙邪！"

互动交流

1. 谈谈道家的主要思想和主张。
2. 道家思想对中国传统文化产生了哪些影响？
3. 结合自身体会，你认为道家哲学或思想在当代具有什么价值或意义。

第四节　墨家思想与传统文化

学习任务

1. 了解墨家思想的发展历程。
2. 理解墨家的人生模式，培养兼爱、节用等美好品格。
3. 探讨墨家思想对中国传统文化的影响。

在先秦时期的诸子之学中，墨家与儒道两家一样都是势力较大的学派。法家代表韩非子称儒家和墨家为"世之显学"，而儒家代表孟子也曾说"天下之言，不归杨，则归墨"等语，证明了墨家思想曾经在中国的辉煌。在学术思想上，儒家尚"仁"贵"中"，道家尚"自然"贵"无为"，墨家尚"力"贵"用"，三家组成了中国文化的基本构架。西汉以后，诸子百家在形式上不复存在，但同其他各家一样，墨家的思想因素也融入了中华文化的深层结构之中。

一、墨家思想发展历程

（一）墨学渊源

墨学是由战国时期的墨子所创立的，但其渊源却可以远溯到大禹。一方面，墨家主"地

道"，大禹治水属于地学，在墨家学说里，大禹是备受推崇的。另一方面，墨家与"儒者之业"也有一定的关系，还与战国时期特定的政治、经济、文化、思想分不开。

（二）墨家由"显"而"绝"的历史

墨家学派由墨子创立，是先秦时期与儒、道鼎足而立的一大学派，同被称为"显学"。墨子（约公元前468—公元前376年），姓墨，名翟，宋国人，一说鲁阳（今河南鲁山）人，一说滕国（今山东滕州）人，战国初年思想家、教育家、科学家、军事家，墨家学派创始人。

《墨子》一书是墨子讲学时由弟子们记录后整理而成的。文字质朴无华，缺乏文学性，但逻辑性强，善于运用具体事例进行说理，使说理文章有了很大发展，对后代议论文的发展起到了重要作用。

墨子出身于手工业者，精通器械制造，技术与同代著名的公输班（即鲁班）齐名。他熟悉"农与工肆之人"的生活状况，是小生产者阶级的代表。低微的出身，使墨子对春秋战国之际剧烈动荡的社会现实感触较深，他看到了下层人民的疾苦，所以他的思想倾向于广大的小生产者。墨子早年学习儒家学说，接受孔子的思想。但是，他认为儒家提倡的礼节过于烦琐：丰厚的葬礼耗费了资财，而使百姓贫困；长久服丧，伤害生命而妨碍政事。

● 墨子

墨家学派是一个有严格组织纪律的团体。墨子的弟子多来源于社会下层，他们吃苦耐劳、严于律己，把维护公理与道义看作义不容辞的责任，具有强烈的社会实践精神。墨子之后的墨家领袖号称"钜子"，所有的墨者都必须服从钜子的指挥。墨子实际就是第一代的钜子，据说为墨子服役者有180多人，每个人都可以为他"赴火蹈刃，死不旋踵"。这种为实现学派宗旨而义无反顾的精神，是墨派显著的特点。

初期墨家以墨子本人的学说为中心。墨子思想体系以功利主义为突出特色，墨子反复说明，仁人在位，要"兴天下之利，除天下之害"，使国强民富，政治清明。墨子学说以"利"为出发点，形成了一整套道德、宗教、哲理、政治等观点。也是在"利"的出发点上，墨子提出了"尚贤""节用""兼爱"等主张。在他看来，如果真正实现这些主张，当时"饥者不得食，寒者不得衣，劳者不得息"的问题就可以解决，天下的人都可以过上温饱安适的生活，也就能够做到"赖其力者生，不赖其力者不生"。墨子认为"不与其劳获其实"是不仁不义行为，对儒家的仁、义等观念进行了新的解释。

墨子主张"兼爱""非攻"，针对当时"有大国即攻小国，有大家即伐小家，强劫弱，众暴寡，诈欺愚，贵傲贱，寇乱盗贼并兴，不可禁止"的社会现实，他企图用"兼相爱，交相利"的原则来济时拯世。这种普遍的、无差别的人与人之间的互爱，虽然是虚幻的、不存在的，但反映了小生产者要求平等、厌恶战争、希望安居乐业的愿望。

墨子提倡"尚贤""尚同"，希望统治者要不分等级地举用贤才，向"农与工肆之人"开放政权。在这样的前提下，他要求社会上下在认识上同是非，上下一心，社会才会稳定。他还倡导"节用""节葬"，要求统治者珍惜人民的劳动成果，反对穷奢极欲，主张节约支出，葬礼从俭。

墨子当然没有摆脱传统思想的束缚。他主张"非乐""非命"，认为音乐没有益处，命运也根本不存在，但却主张"尊天""事鬼"，认为天有意志，能赏善罚恶，鬼神也有超越常人的能力。不过，在墨子的眼中，上天、鬼神是为了百姓的利益来监督天子的，这与统治者利用天命、鬼神来压迫人民的思想有一定区别。

墨子也曾怀着极大热情四处奔走，以兴利去害，拯救天下。孟子曾说："墨子兼爱，摩顶放踵利天下，为之。"墨子的思想反映了当时社会上一种比较普遍的心理，他的"兼爱"的提法也让人耳目一新，所以他的思想在当时产生了巨大的影响。

后期墨家分化成两支：一支注重认识论、逻辑学、几何学、静力学等学科的研究，是谓"墨家后学"（亦称"后期墨家"）；另一支则转化为秦汉社会的游侠。

秦统一后，墨家思想由盛而衰。到西汉时期，汉武帝采纳董仲舒独尊儒术的建议、社会心态的变化以及墨家本身并非人人可达的艰苦训练、严厉规则及高尚思想，使墨家学说在西汉之后基本消失，成为绝学。

（三）墨家思想复起

直到清末明初，学者们才发现墨家学说的进步性。近年来经过一些新墨者的努力，墨家学说中的一些有益观点开始进入人们的视野。

二、墨家人生模式——任侠和救世的人生

墨子一生都为扶危济困、兴利除弊而奔忙。在中国古代人类思想文化的历史长河中，墨家扮演的是匡时济世的义侠和救世大师。正如鲁迅先生所说："孔子之徒为儒，墨子之徒为侠。"墨家的理想人格是英雄。

墨家的人生模式包括忧民之患的同情心和兼以易别的仁爱精神。"兼以易别"是以"兼"去消除"别"，消除人与人之间的等级界限，提倡不分人我，不别亲疏，没有差别地爱一切人。

墨家的人生模式还包括"利"即是"义"的功利原则，忠孝惠慈的伦理观，人格平等的"尚贤"心理，天下一家的"尚同"精神。

墨家子弟游走人间，行侠仗义，路见不平，拔刀相助，利国利民，成为传播正义的民间力量。

三、墨家思想对中国传统文化的影响

墨家学说体系宏大，结构严谨，义理深邃，虽然在西汉之后无声无息了，但是墨家思想对中国的传统文化却产生了巨大的影响，甚至可以说很大程度上已深深根植于华夏民族的精神世界之中。随着当今世界文化全球化和传统文化的崛起，墨家思想必然会被重新审视，发挥其更大的作用。

（一）墨家的"兼爱"思想和侠义精神是我们民族最为宝贵的传统美德

兼爱，是无等级的博爱，要求"爱人身犹如爱己身"。墨子一生身体力行，提倡"兼以易别""非攻"，多次阻止战争，倡导和平。这种兼爱思想深入民间，体现出见义勇为、扶弱济贫、施恩不报的侠义精神，是中国传统文化中极为重要的精神财富。

（二）墨子的"尚贤"治国论使"任人唯贤"成了人才选拔的一种共识

在中国封建社会里，无论是哪朝哪代，是任人唯亲还是任人唯贤成为政治清明

与否的重要标志之一。"文景之治""贞观之治""开元盛世""康乾盛世"等的出现，是统治者任人唯贤、知人善用的结果。因而在中国"任人唯贤"作为一种政治文化意识逐渐形成了强有力的舆论导向。中国历史上的那些清官，他们执法严明、刚正不阿、廉洁奉公、兴利除弊的高尚品格和严谨的工作作风，都闪耀着墨子所崇尚的贤士风采。

（三）墨子的"节用""节葬""非乐""非命"等思想，培养了人们废奢尚俭的意识

春秋时期战事频繁，百姓处于水深火热之中，墨子的尚俭思想节省了不必要的费用，避免劳动力的无谓牺牲，在一定程度上减轻了百姓负担，促进了社会经济发展。墨子的这些主张，与我国劳动人民互助互利、热爱和平、吃苦耐劳、勤俭节约等传统美德是完全一致的。

（四）墨家提出"类""故""理"这3个逻辑范畴，在中国哲学史上制定了首创性的概念、判断、推论等思维形式的学说

"类""故""理"这3个逻辑概念的提出，填补了中国传统哲学在逻辑方面的空白，在中国逻辑思维发展史上起了极其重要的作用，至今仍然有很大的理论价值和现实意义。

（五）墨家在科技实践中的人文关怀为后世的科学技术发展创造了有利条件

墨家不仅重视自然科学和科技知识，还注重科技实践中的人文关怀。墨子的"义利统一"思想，指出凡是符合"利天下""利人"的行为，就是"义"；"道技合一"的思想，是指墨子以人为本的思想理论与科学技术的统一。墨子从力学、光学、几何学、逻辑学等广泛的知识领域去把握生命的本来含义，认知世界的真相，从而形成寻求真知、注重实践、自立自强的可贵品格，培养出一批批德才兼备的工匠。

> **知识链接**
>
> 墨家在科学上的成就为众多学者所称赞，蔡元培认为："先秦唯墨子颇治科学"。历史学家杨向奎称："中国古代墨家的科技成就等于或超过整个古代希腊。"

知识窗

山东籍的科学家

1. 鲁班

● 鲁班

鲁班（约公元前507—公元前444年），姓公输，名班。鲁班生活在春秋末期到战国初期，出身于世代工匠的家庭，从小就跟随家里人参加过许多土木建筑工程劳动，逐渐掌握了生产劳动的技能，积累了丰富的实践经验。鲁班是我国古代的一位出色的发明家，2000多年以来，他的名字和他的故事，一直在广大人民群众中流传。

鲁班的成就不光体现在建筑业，还体现在工业上。在航天业，他发明的飞鸢是人类征服天空的第一物；在军事科学领域，鲁班发明了云梯（重武器）、钩钜（人们还在使用）及

中国传统文化教程（微课版）

其他攻城的武器，他是一位伟大的军事科学家；在机械方面，鲁班很早就被称为机械圣人；此外，他还有很多民用、工艺等方面的成就。鲁班对人类的贡献可以说是"前无古人，后无来者"，是中国当之无愧的科技发明之父。

2. 郭永怀

郭永怀（1909—1968年），男，山东荣成人，中共党员，著名力学家、应用数学家、空气动力学家，中国科学院学部委员（即中国科学院院士），中国科学技术大学化学物理系首任系主任，近代力学事业的奠基人之一。

3. 张鲁新

张鲁新，著名冻土科学家。1947年生于山东宁津。他主攻铁道工程地质专业，曾任青藏铁路建设总指挥部专家咨询组组长，中科院研究生院博士生导师，兰州大学教授、博士生导师。

● 云梯

● 郭永怀

互动交流

1. 儒家提倡"仁爱"，墨家主张"兼爱"，请比较这两种观点的异同，并在小组内展开讨论和交流。

2. 回顾你曾经喜欢或亲自制作过的一件物品，它带给你哪些难忘的回忆，从而体味墨家科技发明的意义。

3. 观看电影《墨攻》，结合具体情节，感受墨家思想的内涵。

● 张鲁新

　　我国是世界四大文明古国之一，五千余年的中华文明能够完美地不间断地发展至今，成为人类文明发展史上绝无仅有的奇迹，得益于一脉相承的中华传统文化所具有的凝聚力和向心力，以及与时俱进的传承力量和进取精神。而支撑中华传统文化传承发展的中国古代教育制度，在中华文明延续发展的漫长历史进程中功不可没。

党的二十大报告指出："教育是国之大计、党之大计。培养什么人、怎样培养人、为谁培养人是教育的根本问题。"了解中国古代教育，传承精髓，剔除糟粕，对延续中华文明具有积极的意义。

1. 了解中国古代教育制度的发展历程。

2. 了解中国古代杰出的教育家及其思想。

第一节　中国古代教育制度

中国古代教育是指中国历史上的教育思想、教育机构、教育家等，下限至 1904 年清代政府公布《奏定学堂章程》（亦称"癸卯学制"），即 1911 年辛亥革命前夕。从广义文化的角度看，人类创造的文化，即经验、知识和技能等，是依靠广义上的教育手段来传承和传播的。所以，教育是人类文化传播的首要手段。

在中国古代文献中，教育一词最早见于《孟子·尽心上》："得天下英才而教育之"。《说文解字》释"教，上所施下所效""育，养子使作善也"，教育就是教诲培育的意思。

2550 余年前，孔子把教育导向社会、引向民间以后，中国社会平民化的教育才真正发展起来，逐步形成了一个官学、私学取长补短、共存共荣的学校教育体系。

一、中国古代的官学教育

中国古代官学教育是指中央朝廷及按地方官府和按行政区划所直接创办和管辖的旨在培养各种统治人才的历代学校教育体系，包括中央官学教育和地方官学教育。

由朝廷设立中央官学正式创始于汉代。魏晋南北朝时期政局纷乱，官学时兴时废。及至唐代，中央官学繁盛，制度完备，发展到顶峰。南宋以后，官学逐渐走下坡路。封建社会后期，中央官学逐渐衰败。清末，中国古代官学完全被西方的学堂和学校教育所取代。

中国古代官学教育可分为下列几种类型。

（一）国学：西周设于王城及诸侯国都的学校

据《礼记》《大戴礼记》《周礼》记述，西周国学由前代学制发展而成，分小学和大学，教育内容为礼、乐、射、御、书、数，合称"六艺"。小学以书、数为主，大学以礼、乐、射、御为主。大学有"东序""瞽宗""成均""上庠""太学"等名称。又有总名，天子所设者曰"辟雍"，诸侯所设者曰"泮宫"。后世国学则为京师官学的通称，尤指太学和国子学。

（二）乡学：传说为西周乡遂设立的学校，相对于"国学"而言

《礼记·学记》："古之教者，家有塾，党有庠，术①有序②，国有学。"

知识链接

① 术：通"遂"。12 500 家为遂，遂的学校叫序。

② 序：古代的地方学校名称之一。

《周礼》："五百家为党，万二千五百家为遂。党属于乡，遂在远郊之外。"后世称地方办学校为乡学。

（三）太学、国子学：中国古代的大学

西周已有太学之名，汉武帝元朔五年（公元前124年）设五经博士、弟子50人，为西汉太学建立之始。东汉太学大为发展，顺帝时有240房，18 501室；质帝（146年在位）时，太学生达30 000人。晋武帝咸宁二年（276年）始设国子学，与太学并立。南北朝时设国子学或设太学，或两者同设。北齐改名国子寺。隋文帝时以国子寺总辖国子、太学、四门。元代设国子学，亦分别称国子监。明、清仅设国子监，为教育管理机关，兼具国子学性质。光绪三十一年（1905年）设学部，国子监遂废。

（四）县学、府学：自唐、宋始，县设之学为县学，府设之学为府学

县学指旧时供生员读书的学校。科举制度童试录取后准入县学读书，以备参加高一级之考试，称作"进学""入学""入泮"，士子称"庠生""生员"，俗称"秀才"。

府学属于官办学校，是学庙合一的府级官办教育机构。

（五）社学：元、明、清三代的地方学校

元制50家为一社，每社设学校一所，择通晓经书者为教师，农闲时令子弟入学，读《孝经》《小学》《论语》《孟子》。明代各府、州、县皆立社学，教育15岁以下少年儿童，教育内容包括本朝律令及冠、婚、丧、祭等礼节。清初令各直省的府、州、县置社学，每乡置社学一所，社师择"文义通晓，行谊谨厚"者充补。

（六）学宫：即学校，也叫学舍

《汉书·何武传》："必先即学宫，见诸生，试其诵论，问以得失。"① 《三国志·魏书·卷十六》"于是冬月修戎讲武，又开学宫，亲自执经教授。"② 元代以后，孔庙也称为学宫。

此外，还有相当于今天专科学校的书学，即唐、宋时培养书法人才的学校。《宋史·选举志三》："书学生，习篆、隶、草三体。"

（七）蒙学：即蒙馆

光绪二十八年（1902年）《钦定学堂章程》规定初等教育机关分为3级：蒙学堂、寻常小学堂、高等小学堂。蒙学堂简称蒙学，入学年龄为6、7岁，修业4年，设修身、字课、读经、史学、舆地、算学、体操等课程。

二、中国古代的私学教育

我国古代的私学有精舍、精庐、私塾、义塾（义学、学馆）、书院等。

（一）书院

书院有官办也有民办，还有官民合办的情况。书院之名始于唐代，唐玄宗李隆基开元六年（718年）设立正修书院，开元十三年（725年）改称集贤殿书院，设置学士，掌管校刊经籍，但是教育功能并不突出。唐德宗李适贞元年（785—805年）间，李渤隐居，在庐山白鹿洞读书，到南唐时就在遗址建立了学馆，教授学生，取名庐山国学，宋代改称白鹿洞书院，是藏书与讲学的场所。

宋代书院尤其兴盛，白鹿、石鼓（一说为嵩阳）、睢阳、岳麓并称为四大书院。创办者或为私人或为官府，一般选择山林名胜之地作为院址，不少有名学者在其间讲学，研习儒家经典，议论时政，对学术思想发展有一定影响。元代各路、州、县都设立书院，明代书院仍然昌盛，但多数已经成为培养科举考试人才的场所，清末废除科举，书院改为学校。

● 岳麓书院

书院三大功能是讲学、藏书、祭祀。书院的职事和组织系统由山长（或称院长、洞主、教授，是书院教学管理的主持人）、堂长（或山长的别称，或在山长下协助山长管理教学工作，或从生徒中选任责督进行课堂记录，搜集诸生疑难问题）、学长（或某门学科的教职，或主管书院教务行政的负责人）、会长（从诸生中选出学行老成、成绩优异者充任，负责协助山长评阅考课试卷）、斋长（由山长在诸生中选出优异者，协助山长从事教学、行政、日常生活的管理工作）等组成。

总之，书院是中国传统私学长期发展的结果，是一种高级形态的封建制度化的私学。

（二）私塾

有塾师自设的学馆，有地主、商人设立的家塾，也有以祠堂、庙宇的地租收入或私人捐款举办的义塾（免缴学费），每个私塾一般只有一个教师，实行个别教学，无一定的教材及学习年限。

（三）精舍、精庐

汉代出现的精舍、精庐是私学的高级形式，也就是书院的前身。

精舍、精庐自汉开始，沿魏、晋、南北朝到唐代仍大量存在。虽然精舍、精庐可以看作书院的前身，但两者在唐代以前并不相同，精舍、精庐在东汉时被儒生用，也被禅师、道士用；到了唐代，儒生和僧道混用非常普遍，甚至僧道比儒生用得还多。而书院则是

● 精舍讲学

儒生专用。

近代中国教育的转型开始于鸦片战争之后，先由外国教会创办西式学堂，后为洋务派开设新式学校，再经改良派施行西方教育体制。直到1902年清代政府才公布学部大臣张百熙拟定的《钦定学堂章程》，称为"壬寅学制"，未予实施。1903年清代政府命张百熙、荣禄、张之洞等以日本学制为蓝本，制定了《奏定学堂章程》，次年（1904年）公布推行，此为转型的标志。

教育从古至今对于个体的生存与成长、社会的发展、民族的团结和国家的繁荣昌盛都发挥着重要的作用，中国古代的教育思想，对当今教育事业的发展仍具有重要意义。

知识窗

稷下学宫

稷下学宫，是世界上最早的官办高等学府，也是中国最早的社会科学院、政府智库。其始建于齐桓公田午时期，位于齐国国都临淄（今山东省淄博市临淄区）稷门附近。

"稷"是齐国国都临淄城（今山东省淄博市）一处城门的名称，"稷下"即齐都临淄城的稷门附近。齐国君主在此设立学宫，因学宫地处稷门附近而得名为"稷下学宫"（这与东汉时期的"鸿都门学"得名由来相同）。

● 稷下学宫争鸣

稷下学宫

稷下学宫是世界上第一所由官方举办、私家主持的特殊形式的高等学府。中国学术思想史上的"百家争鸣"，就是以齐国稷下学宫为中心的。它作为当时百家学术争鸣的中心园地，有力地促成了天下学术争鸣的局面。

岳麓书院

岳麓书院是中国历史上赫赫闻名的四大书院之一，坐落于湖南长沙湘江西岸的岳麓山脚下，作为世界上最古老的学府之一，其古代传统的书院建筑至今被完整保存，每一组院落、每一块石碑、每一块砖瓦、每一支风荷，都闪烁着时光淬炼的人文精神。1988年，岳麓书院建筑群被国务院批准为第3批全国重点文物保护单位。

岳麓书院历经千年而弦歌不绝，学脉绵延。北宋开宝九年（976年），潭州太守朱洞在僧人办学的基础上，由官府捐资兴建，正式创立岳麓书院。北宋祥符八年（1015年），宋真宗召见岳麓山长周式，御笔赐书"岳麓书院"四字门额。嗣后，历经南宋、元、明、清各代，至清末光绪二十九年（1903年），岳麓书院与湖南省城大学堂合并改制为湖南高等学堂，沿用书院旧址。1926年，湖南高等学堂正式定名湖南大学，仍就书院基址扩建至今。1986年，湖南大学修复完岳麓书院，并正式对外开放。

互动交流

1. 中国古代官学教育分为几种类型?
2. 说说中国古代有哪些著名的书院。

第二节　中国古代主要教育思想

　　中国是世界上最重视教育的国家之一。中国古代的教育和教育思想绵延数千年,涌现出了许多优秀的教育家,他们在各自的时代,从不同的角度,对教育体系、教育方法、教学目的、学习方法、师生关系等,做出了精彩的阐述。中国古代教育思想博大精深,支派甚多,从远古时代就开始了教育思想的启蒙,一直到晚清,随着时代变化,教育思想也不断出现新的观点。

　　党的二十大报告中指出:"推进文化自信自强,铸就社会主义文化新辉煌。"我国深厚的历史文化底蕴在当代的教育实践中发挥着重要作用,对提升民族文化自信有着积极意义。

一、老子的教育思想

(一)尊道贵德

　　老子强调,道生成万物,德养育万物。万物虽有各种各样的形态,但都是由道德规律而形成,因此"万物莫不尊道而贵德"。道之所以被尊崇,德之所以被珍贵,就是由于道生长万物而不加以干涉,德畜养万物而不加以主宰,顺其自然。

(二)轻名利

　　老子认为重视和爱护自己的生命,不被物质名利所诱惑,是一种高尚的道德品质。他说:"名与身孰亲?身与货孰多?得与亡孰病?甚爱必大费;多藏必厚亡。故知足不辱,知止不殆,可以长久。"[①] 在老子看来,名利、财货,都不是生命所必需的,只有看轻名利,人生才能快乐长久。

(三)知行合一

　　老子认为,要想把道学好,必须认真实行。《老子》第41章说:"上士闻道,勤而行之;中士闻道,若存若亡;下士闻道,大笑之。不笑不足以为道。"[②] 上士之人在任何时候、任何地方、担任任何角色,都懂得以整个宇宙的利益为个人利益,以道的常情大爱作为自己天命;时时刻刻不以个人为中心,时时刻刻回归于道。

> **知识链接**
>
> ①翻译:名声与生命相比,哪一样更重要?生命与财富相比,哪一样更重要?拥有名利与失去生命相比,哪一样更有害?因此,过分吝啬必定会导致更大的破费,过分贪恋财富一定会导致更惨重的损失。知道满足,就不会受到屈辱;懂得适可而止,就不会遇到危险,才可以一直平安。
>
> ②翻译:上士听了道的理论,努力去实行;中士听了道的理论,将信将疑;下士听了道的理论,不以为然,哈哈大笑。这些人不笑,道就不称为"道"了。

（四）善于学习

老子从道德教育的角度，把教师的作用看得至关重要，而且主张相互学习，众人皆可为师。老子主张，"为道"必须向一切人学习。不仅向好人学习，而且还要向不好的人学习。向不好的人学习——吸取教训，把坏人作为一面镜子，不使自己犯同样的错误。

（五）"贵师""爱师"

老子从道德教育的角度，把教师的作用看得非常重要，从而提出"贵师"和"爱师"的问题。他说："故善人者，不善人之师；不善人者，善人之资。不贵其师，不爱其资，虽智大迷。是谓要妙。"（《老子》第 27 章）这几句话的意思是说，善人可以做不善人的老师，不善人可以做善人的借鉴。如果不善人不尊重善人为老师，善人不吸取不善人的教训，这种人虽然自以为聪明，其实是大糊涂。这是一个精要深奥的道理。

● 孔子画像

二、孔子的教育思想

孔子的教育思想产生了重要的历史影响，为中国古代教育奠定了理论基础，是中华民族珍贵的教育遗产。

（一）教育目的和教育对象

孔子主张"为政以德"（《论语·为政》），认为法治具有强制性，只能约束人们的外部行为；德治具有感化力，能改变人们的心灵。孔子主张举用"贤才"，吸收平民中的"士"参与政权。他还认为人才不能依靠自然成长，必须经由教育培养，故提倡"学而优则仕"（《论语·子张》）。

孔子最早探讨了人性的问题，认为人的天赋、素质是相似的，个性差异是后天习染造成的（"性相近也，习相远也"）。只要获得良好的学习条件，加上主观的努力，都可以成为"君子"。以这种人性观为依据，他主张"有教无类"（《论语·卫灵公》），不分贫富、贵贱、贤愚、种族和地区，任何人都可以入学。

（二）道德教育

孔子提出："己欲立而立人，己欲达而达人。"意思是，自己想生存发展，也帮助别人生存发展；还提出："己所不欲，勿施于人。"意思是，自己不喜欢的也不要强加给对方，孔子的学说以"仁"为核心和最高道德标准，包括"克己"与"爱人"两个方面，而以"礼"为准则。

孔子提出了道德评价的原则问题，即义利之辨。孔子提出："君子喻于义，小人喻于利。"（《论语·里仁》）即他主张一个人要有理想、有抱负，努力提高精神境界，而不要过分地追求个人的物质欲望。

（三）教学方法

孔子继承西周六艺教育的传统，教学纲领是"博学于文，约之以礼"。基本科目是诗、书、礼、乐。

孔子注意个性差异，经常通过观察、问答等方式，了解学生智能、性格的差异。《论语·先进》保存了大量评论个性的记录，如"师也辟（偏激），由也喭（莽撞）""德行：颜渊、闵子骞、冉伯牛、仲弓；言语：宰我、子贡；政事：冉有、季路；文学：子游、子夏"。

孔子善于启发诱导。"不愤不启，不悱不发"（《论语·述而》），要求在教学过程中掌握学生的心理状态，务使教学的内容与方法适合学生的接受水平和心理准备条件，以充分调动学生学习的主动性和求知欲。

孔子要求学生"学而时习之"，要时常复习学过的知识，以便"温故而知新"；要求学生对新知识引申、拓宽、深入，"举一而反三"；要求学生把学习与思考相结合，"学而不思则罔，思而不学则殆"；要求学生思考问题要抱虚心求是的态度，"知之为知之，不知为不知"。

三、孟子的教育思想

孟子以"人性善"为教育思想的理论基础，阐述了教育内容、目标、作用及任务，同时，对教育者、教学方法、受教育者和学习方法提出了深刻见解。

（一）性善论

孟子认为人的本性是善的，人生来具有仁、义、礼、智这4种"善端"，只需要每人扩充善性，压抑物欲之性，自身反省。他也十分重视学习环境，认为置学子于优良环境中，施以自发的教育，方能成功。

● 孟子画像

孟子的"人性善"观点，为其教育思想的可能性奠定了基础；而他的"可使为不善"观点，则为其教育思想的必要性奠定了基础。孟子主张通过教育来扩充先天的善端。因此，性善论是孟子教育思想的理论基础。

（二）教育者及教育方法

教育者必须具备很高的道德修养和渊博知识，应该具有诲人不倦的基本职业道德。孟子说："言近而指远者，善言也；守约而施博者，善道也。君子之言也，不下带而道存焉；君子之守，修其身而天下平。"[①]（《孟子·尽心章句下》）

1. 因材施教，教亦多术

孟子曰："君子之所以教者五：有如时雨化之者，有成德者，有达财者，有答问者，有私淑艾者。此五者，君子之所以教也。"[②]（《孟子·尽心章句上》）"教亦多术矣，予不屑之教诲也者，是亦教诲之而已矣。"[③]（《孟子·告子章句下》）不同的学生，具体情况不同，所以采取不同的教育方

知识链接

①翻译：言语浅近，意义却深远的，是善言；操守简单，影响却广大的，是善道。君子的言语，讲的虽是浅近的事情，可是道就在其中；君子的操守，从修养自己开始，最终可以使天下太平。

②翻译：君子教育人的方式有5种：有像及时雨一样滋润万物的；有培养品德的；有培养才能的；有解答疑问的；有以学识风范感化那些不能登门受业的。这5种，就是君子教育人的方式。

③翻译：教育也有多种方式方法，我不屑于教诲他，本身就是对他的教诲。

法去充分发挥他们的潜力和才能。

2．树立目标、坚持标准

孟子主张对学生严格要求，教育者一定要确立其明确的教育目标。孟子曰："大匠不为拙工改废绳墨，羿不为拙射变其彀率。"（《孟子·尽心章句上》）教育者对学生的标准不能降低。

3．循循善诱、启发思维

孟子说："必有事焉，而勿正，心勿忘，勿助长也。"①（《孟子·公孙丑章句上》）教育也一样，是一个自然发展的过程，要循序渐进，切不可急于求成。

> **知识链接**
>
> ①翻译：做事的正确态度应该是只问耕耘，不问收获，既不能忘记日常的努力，也不能拔苗助长。

（三）学习方法

1．欲求自得

"梓匠轮舆，能与人规矩，不能使人巧。"②（《孟子·尽心章句下》）求学不能完全依靠老师，还得通过自己的一番探索和钻研，发挥主观能动性和积极性，才能熟练掌握。

2．反求诸己、改过迁善

孟子曰："爱人不亲，反其仁；治人不治，反其智；礼人不答，反其敬。行有不得者，皆反求诸己，其身正而天下归之。"③（《孟子·离娄章句上》）在行动和学习上，要先从自己身上找原因，主体要自觉反省。对于比自己优秀的人，不能埋怨他，而要学习他。

> **知识链接**
>
> ②翻译：木匠和车匠，只能教人各种规矩法度，却不能使人心思灵巧。
>
> ③翻译：爱别人却得不到别人的亲近，应反问自己的仁爱之心够不够；管理别人而未能管理好，应反问自己的知识能力够不够；礼貌待人而得不到回应，要反问自己态度够不够恭敬。任何行为得不到预期效果，都应反躬自问，好好检查自己。自身行为端正了，天下的人自然就会归服。

3．立志持志、磨炼意志

孟子认为人们不管处在富贵或穷困的时候，都要能坚持自己的理想。除了立志、持志外，"天将降大任于是人也，必先苦其心志，劳其筋骨，饿其体肤，空乏其身，行拂乱其所为，所以动心忍性，曾益其所不能。"（《孟子·告子章句下》）一个大丈夫经过磨炼，应当具有百折不挠的坚强意志，并且为了道义，在必要时要能舍生取义。

4．专心致志、持之以恒

孟子说，学习还必须持之以恒，做事学习要坚持到底，切勿一曝十寒，"虽有天下易生之物，一日暴之，十日寒之，未有能生者也。"（《孟子·告子章句上》）

总之，孟子的教育思想对后世产生了重大的影响，是中华民族优秀文化传统中的一笔宝贵财富。

四、荀子的教育思想

（一）性恶论

荀子对儒家思想有所发展，在人性问题上，提倡性恶论，"人之性恶，其善者伪也"。

荀子主张人性有恶，否认天赋的道德观念，强调后天环境和教育对人的影响。荀子认为人改恶从善是靠后天的习染，而且由于仁义法正的影响，才能使"涂之人可以为禹"（《荀子·性恶》）。

关于教育目的，从改变人的性质来看，荀子认为在于"化性起伪"。从培养什么样的人来看，荀子基于为初期封建统治者培养人才的需要，认为教育目的是培养士、君子、圣人。

（二）道德教育

1. 崇礼尚义

荀子特别重视礼，甚至把礼推崇为法，将礼设为人们共同遵守的准则。他坚持儒家的礼治原则，同时重视人的物质需求，主张发展经济和将礼治、法治相结合。

2. 隆师亲友

荀子很重视师友的作用，尤其尊崇老师，把师提到与天地君亲平等的地位。他曾说："非我而当者，吾师也；是我而当者，吾友也；谄谀我者，吾贼也。故君子隆师而亲友，以致（极）恶其贼。"（《荀子·修身》）荀子认为做老师要具备4个条件：有尊严和威信；有丰富的经验和高尚的信仰；能循序渐进、不凌不乱地进行教学；能了解道理而且能传授。此外，老师要有广博的学识和高深的学问。

3. 参验反省

荀子在《荀子·劝学》中说："君子博学而日参省乎己，则知明而行无过矣。"这句话是说：如果博学多识的人能每天反省检查自己的言行，那么就能明白道理不至于犯错。荀子在这里表达了一种理想的人生态度和修养方式：只有通过不断地学习和反省自己，才能做到明智、聪慧，同时也能避免犯错和偏差。

4. 积善成德

荀子说："积土成山，风雨兴焉；积水成渊，蛟龙生焉；积善成德，而神明自得，圣心备焉。"（《荀子·劝学》）这句话是说：聚土成了山，风雨就会从山中兴起；积水成深潭，蛟龙就会在潭中产生；积累善行养成高尚的品德，那么就会达到高度的智慧，也就具有了圣人的精神境界。这句话中，荀子表达了学习、修行都要注重积累的道理。

（三）教学方法

1. 强学力行

荀子认为学习要注重闻、见、知、行。他对知行提出了一些合理的意见，认为行比知更为重要，强调艰苦的学习和实际的行动。他说："不闻不若闻之，闻之不若见之，见之不若知之，知之不若行之。学至于行之而止矣。"[1]（《荀子·儒效》）

2. 学思兼顾

荀子继承了孔子的思想，认为在学习上"学"与"思"二者都不可缺，这与他的认识论是有关系的。他说："学不可以已。"（《荀子·劝学》）又说："吾尝终日而思矣，不如须臾之所学也。吾尝跂而望矣，不如登高之博见也。"[2]

> **知识链接**
>
> [1]翻译：没有听到的不如听到的，听到的不如见到的，见到的不如了解到的，了解到的不如去实行。学问到了实行就达到了极点。
>
> [2]翻译：我曾经整天思考，却发现还不如片刻学到的东西多；我曾经踮起脚尖远望，却不如登到高处见到的多。

五、墨子的教育思想

（一）教育目的

培养"兼士"，实现"贤人政治"，即培养为理想社会——"贤人政治"或"仁政德治"而服务的人。在墨子看来，这种人才必须符合3条标准，即"厚乎德行""辩乎言谈""博乎道术"。

● 墨子画像

（二）教育内容

1．兼爱论

兼爱，即做到"视人身若其身，视人家若其家，视人国若其国"。通过实行兼爱，达到"天下之人皆相爱，强不执弱，众不劫寡，富不辱贫，贵不傲贱，诈不欺愚"的理想状态。墨子"爱"的对象是所有人，从客观上讲是一切人都相爱。

2．节用教育

"凡足以奉给民用，则止；诸加费不加于民利者，圣王弗为。"统治者如果能从百姓的直接需要和利益出发，减少与民无利的开支，百姓就会安居乐业，国家就会积累财富。

3．思辩教育

思辩教育包括思想方法、形式逻辑及辩论才能的教育。墨家所说的"辩"学，就是今天的逻辑学。

4．生产知识技能教育

强调生产、军事科学技术知识及自然科学知识教育，目的在于帮助"兼士"获得"各从事其所能"的实际本领。

（三）教学方法

"不扣必鸣"，即使人们不来请教，老师也应该主动地上门去教。"述而且作"，对于过去好的东西要继承，对现在有价值的就应当进行创造。"言行一致"，凡是说话不守信用，心无诚意，在行动上必然不果断。"量力而为"，一个学生的精力是有限的，难以同时进行几个方面的学习，所以就应该量力而学。

六、朱熹的教育思想

（一）重视家庭教育与小学教育

朱熹制定了《童蒙须知》《程蒙学则》《训蒙诗》等，作为父兄在家教育子弟的守则。他认为只有从小打下基础，学成技能，长大以后才能修身、齐家、治国、平天下。在小学的基础上，他还主张对学子进行高深的教育，即大学。

（二）重视教学与读书方法

其一，朱熹注重学习目的，认为一个人要求学，必须先"立志"，"立志不定，如何读书"。

● 朱熹画像

其二，朱熹注重穷理与笃行。穷理就是从理论上认真研究学问；笃行就是"自修身以至处事接物"的实践功夫。穷理与笃行并提，就是知行结合。

其三，朱熹首倡循序渐进与熟读精思，还明确提出老师的任务是指引学生读书。

其四，朱熹主张严格要求，明细规定，多从积极方面教导，少从消极方面制止。

七、韩愈的教育思想

（一）要善于识别人才、培养人才

● 韩愈画像

韩愈指出："世有伯乐，然后有千里马。千里马常有，而伯乐不常有。"这句话的意思是：世上有了伯乐，然后才会有千里马。千里马是经常有的，可是伯乐却不经常有。更深层的意思是，能人异士、治国良臣很多，但有眼力能够赏识他们的人却很少。因此，韩愈认为能识别人才的人，比人才更难得、更可贵。他倡导识别人才、培养人才。

（二）提倡勤奋刻苦、独立思考

"业精于勤，荒于嬉；行成于思，毁于惰。"韩愈要求学生在业务方面要"精"，在德行方面要"成"，而达到精和成的唯一方法，就是"勤"和"思"；反之，如果整日嬉游，不勤奋用功，那么学业就会荒废，如果随随便便，不认真思考，那么德行就会败坏。这是他治学多年的宝贵经验，也是他对前人治学经验教训的总结。

（三）教学方法生动活泼

"讲评孜孜，以磨诸生，恐不完美，游以恢笑啸歌，使皆醉义忘明。"他认为教学是一种感情艺术，"抗颜为师""以师自任"。

（四）重视师道和学无常师

韩愈提出老师的任务是传道、授业、解惑。传道是老师的首要任务，传道是目的、是方向，授业、解惑是传道的过程和手段。

韩愈提出了老师既应忠于理想，传播真理，又要学有专长，认真授业；还提出了既要老师起主导作用，又要学生以能者为师，提倡教学相长。

综上所述，中国古代教育家由于所处的历史时代不同，所处的社会环境、社会地位不同，所持的教育见解也有很多不同，需要今天的读者梳理继承，发扬光大。

知识窗

朱子读书法

朱子读书法是宋代理学家朱熹的学生汇集朱熹的训导，概括归纳的古代十分有影响的读书方法论，是我国古代系统的读书法，集古代读书法之大成，共6条：循序渐进、熟读精思、虚心涵泳、切己体察、着紧用力、居敬持志。6条均反映了读书学习的基本规律和要求，具有深刻的借鉴价值。

循序渐进，包括3层意思：一是读书应该按照一定次序，前后不要颠倒；二是"量力所至而谨守之"，应根据自己的实际情况和能力，安排读书计划，并切实遵守它，即量力性原则；三是读书要扎扎实实打好基础，不可囫囵吞枣，急于求成。

熟读精思包含读书的巩固性原则，指既要熟读成诵，又能精于思考，要做到从无疑到有疑再到解疑，即从发现问题到解决问题。

虚心涵泳包含读书的客观性原则。所谓"虚心"，是指读书时要虚怀若谷，精心思虑，仔细体会书中的意思，不要先入为主，牵强附会；所谓"涵泳"，是指读书时要反复咀嚼，细心玩味。

切己体察包含读书的结合实际原则。朱熹强调读书不能仅停留在书本上、口头上，而必须见之于自己的实际行动，要身体力行。

着紧用力包含读书的积极性原则，包括两方面的含义：其一，必须抓紧时间，发愤忘食，反对悠悠然；其二，必须抖擞精神，勇猛奋发，反对松松垮垮。

居敬持志既是朱熹道德修养的重要方法，也是他最重要的读书法之一。所谓"居敬"，就是读书时必须精神专一，注意力高度集中。所谓"持志"，就是要树立远大的志向、高尚的目标，并要以顽强的毅力长期坚持，要坚定志向。

互动交流

1. 说说儒家主要有哪些教育思想。
2. 选择本书列举的任意一种教育观点，结合生活实例进行3分钟主题演讲。

第三节　中国古代科举制度

● 状元及第木匾

科举制度是中国古代最为重要的一种选官制度，是指朝廷允许普通士人向官府报名，经过分科考试，依照成绩从中选取人才和授给官职的一种制度。为了选拔真正的人才，同时避免权贵阶层把持朝政，封建统治者避免了选官过程中家世背景的因素影响，采用了公平公开的手段选拔人才，为普通士人，特别是无权势背景的社会中下层知识分子开辟了入仕通道。

一、古代科举制度的演变与发展

科举制度的发展经历了隋唐时期的初创、宋元时期的发展、明清时期的顶峰，直至晚清时期的废止4个阶段，在历史上持续了1000多年之久。

（一）隋唐时期产生

隋代成立后，因为庞大的行政管理机构急需大量的官员，所以，隋文帝开始采取"分科举人"的选官政策。隋炀帝执政时期曾数次颁布分科取士的政策，但没有建立起固定的选拔机制。进士科由隋炀帝所创，它是先由州郡推荐，然后由朝廷试策，根据试策成绩决定是否录用人才。除了进士科，隋代还有考试要求更高的秀才科和注重德行兼考试的孝廉科。

唐代基本沿袭了隋代的制度，唐太宗李世民特别重视选拔人才，设立御史府，每年都取进士补充国家的人才库。一次李世民私自去视察御史府，看到许多新考取的进士鱼贯而出，便得意地说："天下英雄入吾彀中矣！"

唐代的科举制度包括常科与制科两种。常科是一年一次，每年定期进行的考试；制科则是根据统治者的需求不定期开展的一种专项考试。与常科相比，通过制科选出的官员更加显达，但当时人们却认为由此科入仕不是正途。因此在唐代，制科的地位相对较低。常科下面又细分为12大科，包括进士科、秀才科、明经科、童子科等。秀才科在唐代初期占有极高的地位，但因为当时这一科有严苛的规定，所以，整个唐代秀才科的人寥寥无几。此外，唐代统治者对进士科较为重视，因此，这一科中举的人通常仕途都比较顺利，进士科也成为当时大热的考试科目。明经科的热度位于进士科之后，其考试难度较小，招录名额较多。

（二）宋元时期发展

宋代的科举制度基本上是延续隋唐的制度，分设常科和制科及在此之下的一系列科目。常科之下以进士科为主。由于当时社会普遍认为考中进士科的人才有真才实学，加之以宋代官员的增补也主要来源于进士科，因而时人对于其他学科并不重视，将当时进士科以外的其他科目统称为"诸科"。而进士科作为北宋时期最重要

● 科举殿试模拟图

的科目，录取的人数极为众多，几乎是唐代的十多倍。造成这种现象的原因是宋代统治者出于稳定社会秩序的考虑，决定"凡与殿试者始免黜落"，同时广招屡试不第的考生，给予其考试机会甚至直接赐予进士。北宋统治者高度重视科举考试的公平性和公正性，采用了诸多方法杜绝豪权垄断考试，徇私舞弊。其中最重要的便是建立了糊名和誊录制度，有力保证了考试结果的公平性。

除了进士科以外，宋代另一科比较重要的考试是制科。此时制科虽不如唐代盛行，但其地位已经有了很大提高。然而王安石变法之后，进士科考试的内容发生很大变动，考试的诗赋内容被变更为考试经义、策论。这样，进士科考试实际与制科考试的内容相差无几。因此，制科在北宋逐渐被废除。到了南宋时期，制科恢复，但也只设一科，录取人数很少。

科举制度发展到元代曾经一度衰落，因为元代统治者在官员的选拔和任命上倾向保护蒙古贵族的利益和特权。科举制度在元代数经废除，最终元代统治者迫于人才匮乏的现状恢复了科举制度。元代的科举制度显著的特点是强调蒙古人、色目人的特权，对其要求较

宽松。在科举的各级考试中，蒙古人和色目人与汉人和南人分开，考试场数和科目不同，录取名次也有明显的区别。元代科举不常举行，录取名额也很少，因此通过科举做官的汉人儒生很少。加之以蒙古统治者重武轻文，读书人地位甚至近乎乞丐，因而科举制度明显衰落。

（三）明清的继承与衰落

明代皇帝非常重视科举制，为巩固政权，把四书五经纳入科举考试，并将八股文作为固定考试格式。这让科举制度进一步成型，也提高了这一制度的地位。相对于唐宋元时期，明代科举制度更为完善，对应考者的层次划分更加细化。当时科考包括乡试、会试、殿试3种等级。乡试由秀才参考，但此时的秀才与之前的秀才科存在明显的区别。乡试与会试均是根据不同地区确定相应的录取名额，再分地招录，殿试考查结果通常是"只分等第而不落选"，殿试三甲都称为进士。清代科举制中的常科基本承袭了明代的形式，但考试录用与结果都区别了满汉，并专为满蒙人设立了翻译科，以维护满蒙人的利益。

（四）晚清时期的废除

晚清时期相继发生了洋务运动、戊戌变法、清末新政等改革运动，原本与封建社会相契合的科举制度也日渐暴露出不切实用等弊端。魏源、李贽、龚自珍及一些洋务派人士、维新派人士都纷纷反对实行科举制度。

起初，清政府只是废除了八股取士，对考试的内容进行一定的变更，这在本质上是换汤不换药。后来，随着新式学堂的建立，科举取士的名额逐渐缩减，科举制度对于清政府选拔官员的作用日益递减。各界舆论四起，要求废除科举制的呼声日益强烈。在列强的重压下，清政府的统治危机日益加剧。清政府迫于内忧外患，于是，1905年9月，在直隶总督袁世凯和湖广总督张之洞等人的联合奏请下，光绪皇帝正式下诏，准许废除科举制度。至此，在中国历史上持续了1300多年的科举制度终于寿终正寝。

二、明清科举制度的考试类型

在明代以来，我国科举制考试形成了完备的制度，明清两代科举的基本制度和考试程序大体是一致的，其中以进士科考试最为重要。科举考试共分4个级别：院试、乡试、会试和殿试。不过，在院试之前，还要经过县试和府试，可以将之看作科举前的预备性考试。

（一）预备性考试

读书人在参加正式的科举考试之前，首先要接受由本县知县主持的考试，俗称县试。县试通过后，再接受由知府主持的府试。府试及格的称作"童生"。取得童生身份后，才有资格参加正式的科举考试。由于有的人多年参加县试，或者有的童生多次参加科举的院试都没能通过，所以童生的年龄不一定都小，甚至有白发老人。

（二）院试

院试是国家科举考试的最初一级，在府城或直属省的州治所举行。主持考试的长官是学政，又可以称学台、宗师。学政由皇帝任命进士出身的翰林院、六部等官员到各省任职，任期为3年。

院试包括岁试和科试两种考试。

岁试的基本任务是：第一，从童生中考选出秀才；第二，对原有的秀才进行甄别考试，按照成绩优劣分别给予奖惩。童生通过岁试，就算是"进学"了，即成为国家的学生，称为生员,俗称秀才、相公,其中成绩好的享受国家的廪膳补助,称为廪生。

做了秀才,地位就比普通人高出一等,见了知县可以不必下跪,官府也不能随便对他们动用刑罚,由此可见他们的地位已不同于一般人。所以《儒林外史》第3回写到范进中了秀才以后,他的丈人胡屠户教训他道:"你如今既中了相公,凡事要立起个体统来,若是家门口这些做田的、扒粪的,不过是平头百姓,你若同他拱手作揖,平起平坐,这就是坏了学校的规矩,连我脸上都无光了。"这表明,中了秀才就脱离了平民阶层,走上了仕途的起点。

秀才被分别安排在府学(属于府一级的国家学校)或县学(属于县一级的国家学校)内,虽然他们不一定真的到那里读书,但是他们在名义上属于这些学校的学生。由于学宫中有半椭圆形的水池,所以考取的生员又称入泮。

岁试成绩优良的生员,方可参加科试。科试通过了,才准许参加更高一级的乡试,叫作"录科"。

(三)乡试

乡试在京城及各省省城举行,3年考试1次,考期多在秋季8月,所以又称"秋闱"(闱指考场)。乡试的正、副主考官一般由皇帝任命在京的翰林及进士出身的部院官充任。此外还有同考官,又称房官或房师,担负分房阅卷的任务。因为评阅试卷须在考场的内帘(后堂)进行,所以又把同考官称为帘官,而担任同考官叫作"入帘"。同考官一般是从各省内调用进士出身的官员充当。此外还有负责监考、巡察及做各种事务的官员,他们不得与帘官接触,称为外帘官。

乡试有正规的考场,叫作贡院,一般建在城内东南隅。贡院内建有明远楼,供考试时监试、巡察等官登临眺望,防察考生、役吏的作弊举动。由于荆棘遍置贡院围墙上,所以又有人把贡院称为"棘闱"。贡院内建有一排排的号房,为考生住宿、答题之所。

每一排号房以某字为编,约有百余间,都面向南成一条长巷。巷宽仅四尺,巷口有栅门,楣墙上大书某字号并置号灯及水缸。炊煮茶饭则在房外南墙檐下,由考生自行料理。巷尾有厕所,以至近厕所的号房臭气熏天。考生经搜身后,携带笔墨、卧具、餐食进入号房,凡坐卧、写作、饮食都在这一小天地之内。

明清的科举考试也都采取弥封、糊名、誊录等做法来防范舞弊。

乡试发榜在9月,正值桂花开放,所以又称乡试榜为"桂榜"。乡试取中的称举人,第一名叫解元。乡试中举称"乙榜",也叫乙科。发榜后要举行宴会,宴请内外帘诸考官及新科举人。

考中了举人,可以参加全国性的会试,若会试未能取中,也具备了做官的资格。

● 贡院

● 科举考试模拟图

在清代，除了按照常制举行的乡试外，每逢皇帝万寿（生日）、登基等庆典时还额外有加科乡试，叫作恩科，属于变通例外之举。

（四）会试和殿试

会试和殿试是最高一级的考试，其中会试是带有决定性的考试，而殿试只定名次，不存在被黜落的问题。

会试由礼部主办，在京城的贡院举行。会试一般在乡试的第2年，考期多在春季的2、3月，故此会试又称"礼闱""春闱"。参加会试的是全国举人，录取名额少则几十人，多则400余人。会试被录取的人称为贡士，第一名叫作会元。会试发榜时，往往正值杏花盛放，所以又称为"杏榜"。

会试的主考官在明代多以翰林官充当，明末又多以内阁大学士担任。清代称主考官为大总裁，由内阁大学士或六部尚书充任；又有副总裁3人，由六部侍郎或内阁学士充任；另外还有18名同考官，以翰林官及进士出身的京官为之，称作十八房考官。

殿试是科举考试最后阶段，在4月举行，名义上由皇帝亲自主持。此外还要任命阅卷大臣、读卷大臣，协助皇帝评阅试卷。参加殿试的是贡士，取中后统称为进士。

● 金榜题名

明清两代的殿试都只考策问一场。出榜分为三甲：一甲为赐进士及第，只有前三名，为状元、榜眼、探花，合称三鼎甲；二甲为赐进士出身若干人，第一名称传胪；三甲为赐同进士出身若干人。在一、二、三甲的都泛称进士。

殿试考中称为"甲榜"。进士榜用黄纸书写，故叫黄甲，也称金榜，中进士称金榜题名。在揭榜时，要在殿前举行一次唱名典礼，叫作传胪。凡是通过乙榜中举人，再通过甲榜中进士而做官的人，叫作"两榜出身"。一身兼有解元、会元、状元的，叫作"连中三元"。明清两代都有数人是连中三元。

殿试中试的进士，一甲可直接授翰林院官职，二、三甲可考翰林院庶吉士，叫作"馆选"。考中后入院读书，取得来年高爵资格，不中者另授其他官职。

表3-1为明清科举考试流程。

表3-1　明清科举考试流程

次序	预备性考试		一考	二考	三考	四考
考试类型	县试	府试	院试	乡试	会试	殿试
考试地点	县	府	州	京城或各省省城	礼部	皇宫
主考官	知县	知府	学政	中央特派官员	内阁大学士、六部尚书等	皇帝（委命大臣）
参考条件		县试通过者	童生	秀才	举人	贡士
通过后的身份		童生	秀才（生员、相公）	举人	贡士	进士　一甲：赐进士及第　二甲：赐进士出身　三甲：赐同进士出身

续表

次序	预备性考试		一考	二考	三考	四考
第一名称号	县案首	府案首	院案首	解元	会元	一甲第一名：状元 第二名：榜眼 第三名：探花 二甲第一名：传胪
考试时间	3年2次			子、卯、午、酉年8月（3年1次）	乡试次年2、3月	会试同年4月
又称				秋闱	春闱	
榜名				桂榜	杏榜	金榜（甲榜）

知识窗

江南贡院

江南贡院位于南京市秦淮区夫子庙学宫东侧，又称南京贡院、建康贡院，是中国历史上规模最大、影响最广的科举考场，中国南方地区开科取士之地，也是夫子庙地区三大古建筑群之一，夫子庙秦淮风光带重要组成部分。其规模之大、占地之广居中国各省贡院之冠，创中国古代科举考场之最，仅明清时期全国就有半数以上官员出自江南贡院，被誉为"中国古代官员的摇篮"。

江南贡院始建于南宋乾道四年（1168年），经历代修缮扩建，明清时期达到鼎盛，清代同治年间，仅考试号房就有20 644间，可接纳2万多名考生同时考试，加上附属建筑数百间，占地超过30余万平方米。

清代光绪三十一年(1905年)袁世凯、张之洞奏请清廷立停科举，以便推广学堂，咸趋实学，从此江南贡院便结束历史使命。江南贡院从建成至晚清废除科举制度期间为国家输送800余名状元、10万余名进士、上百万名举人，明清两代名人唐伯虎、郑板桥、吴敬梓、施耐庵、翁同龢、张謇、陈独秀等皆出自此，金陵文化之昌盛可以想见。

进士

进士是中国科举考试制度中功名的最高等级，类似现代教育制度中的博士学位。在中国古代科举制度中，通过最后一级中央政府朝廷考试者，称为进士，是古代科举殿试及第者之称。此称始见于《礼记·王制》。隋炀帝大业年间始置进士科目。唐亦设此科，凡应试者谓之举进士，中试者皆称进士。唐代时以进士和明经两科最为主要，后来诗赋成为进士科的主要考试内容。元、明、清时，贡士经殿试后，及第者皆赐出身，称进士，且分为三甲：一甲3人，赐进士及第；二、三甲，分赐进士出身、同进士出身。

互动交流

1. 说一说秀才、举人、进士的区别。
2. 谈一谈中国古代科举制度的利与弊。

第四章

中国传统文学

　　在每一个历史时期，中华民族都留下了不朽作品。从诗经、楚辞、汉赋，到唐诗、宋词、元曲、明清小说等，共同铸就了灿烂的中国文艺历史星河。中华民族文艺创造力是如此强大、创造的成就是如此辉煌，中华民族素有文化自信的气度，我们应该为此感到无比自豪，也应该为此感到无比自信。

第一节　中国古代文学发展历程

学习任务

1. 了解中国古代文学的发展历程。
2. 熟悉每个文学发展阶段的代表性作家、作品及流派。
3. 提高思想、文化修养，提高审美情趣，增强民族自信心和自豪感。

中国是一个文学艺术大国，江山代有才人出，各民族广泛参与文学创作，涌现出灿若繁星的文学家，留下了数不胜数的文学瑰宝，正如王国维在《宋元戏曲考》序中所说："凡一代有一代之文学，楚之骚，汉之赋，六代之骈语，唐之诗，宋之词，元之曲，皆所谓一代之文学，而后世莫能继焉者也。"中华民族在文学艺术上的非凡创造力，使得中国传统文化内涵更显丰厚，璀璨夺目。

一、文学的萌芽时期——先秦文学

源远流长的中国文学，始于辉煌灿烂的先秦文学。先秦文学，是指从上古到秦始皇统一这一漫长历史时期的文学。这一历史时期，包括原始氏族社会、奴隶社会和初期封建社会3个社会阶段，产生了原始歌谣、神话传说、《诗经》、《楚辞》、历史散文、诸子散文、先秦寓言等，它们是中国文学的滥觞。

（一）原始歌谣和神话传说

原始歌谣是在人类集体劳动中产生的，它以劳动为主题，带有一定程度的原始宗教意识，形式是歌、舞、乐三者结合。例如《弹歌》："断竹，续竹，飞土，逐宍（肉）"，描述了当时的劳动人民砍竹、接竹、制造弓箭、射猎禽兽的全过程，歌唱原始打猎的英武。该歌谣简短、朴素，有很强的概括力。神话传说是原始人类对周围世界的自然现象和社会生活的原始解释，它用虚幻的想象来反映人民战胜自然的愿望。如"女娲补天""后羿射日"，反映了人民渴求征服洪水和干旱的强烈愿望，并对万物的起源和干旱的原因做出了幼稚的解释。原始歌谣和神话传说揭开了中国文学史辉煌灿烂的第一页，神话诡奇虚幻的创作方法，成为后世积极浪漫主义文学创作的源头。

（二）诗歌

《诗经》和《楚辞》分别是古代诗歌现实主义和浪漫主义的源头。《诗经》是我国最早的一部诗歌总集，收集了西周初年至春秋中叶近500年的诗歌，共305篇。它在先秦时代被称为"诗"或"诗三百"，西汉初，被奉为经典，称为《诗经》。《诗经》按照音乐关系分为"风、雅、颂"3类，其内容十分广泛，用"赋、比、兴"的手法，反映了殷周时期，尤其是西周初至春秋中叶社会生活的各个方面。当时的政治、经济、军事、文化及世态人情、民俗风习等，在其中都有形象的表现。

风骚

"风骚"是《诗经·国风》和《楚辞·离骚》的并称。《诗经》和《楚辞》分别是先秦时期北方中原文化和南方楚文化的辉煌结晶，是中国诗歌史上现实主义和浪漫主义的两大源头。风骚并立，代表着中国古代文学现实主义和浪漫主义的两大高峰，垂范后世，光耀诗坛。

战国时期，以屈原为代表的楚国诗人，在楚民歌的基础上，创造了具有楚文化独特光彩的新诗体——楚辞。楚辞诗句长短参差，灵活多变，多用语气词"兮"字，诗歌充满着神奇瑰丽的想象，洋溢着楚地特有的浪漫文化气息。

（三）散文

先秦时期的散文主要包括历史散文和诸子散文。

凡记述历史事件和人物的属于历史散文，主要是由各诸侯国的史官对当时重大历史事件和著名人物的重要言论加以记录整理而成的，属国别体的有《国语》《战国策》，属编年体的有《春秋》《左传》等。其中，代表先秦历史散文最高成就的是《左传》，相传是鲁国史官左丘明所作。《左传》描写战争气势宏大，刻画人物栩栩如生，对后世的演义小说影响很大。

诸子散文记录春秋战国诸子百家的言论，反映了不同学派的政治主张和哲学观点，以说理为主，主要有儒、法、道、墨等家。《论语》是儒家经典著作，《孟子》是儒家的另一部重要著作。《庄子》风格浪漫、词语华美，在生动传神、汪洋恣肆的句式中讲述玄奥的道家哲学。此外，《墨子》朴实严谨，富有逻辑性；《荀子》淳厚富赡，富有学术性；《韩非子》峻峭透辟，富有政治性。

● 庄周梦蝶

（四）寓言

先秦寓言是指春秋战国时期产生和发展的寓言文学。其最初产生于民间口头创作，与广大人民的生活和生产密切相关，如"愚公移山""棘刺母猴""刻舟求剑""画蛇添足"等。春秋战国时期，列国各自立史，大量的历史典籍中积累了丰富的带有哲理意味的历史故事，如"鲁侯养鸟"（《庄子》）、"扁鹊见蔡桓公"、"唇亡齿寒"（《韩非子》）、"千金市骨"（《战国策》）等。战国时期，诸子蜂起，百家争鸣，寓言文学得到了迅猛发展。这个时期的寓言作品众多，题材广泛，内容丰富，构思巧妙，寓意深刻，不同作家形成了不同的特点和风格。

先秦时期文学是中国古代文学的萌芽时期，为整个中国古代文学的发展奠定了坚实的基础。

二、文学的发展时期——两汉文学

两汉文学是两汉社会现实生活的反映，内容上有新的开拓，形式上有新的发展和创造，其中最富于特色的是汉赋，其次是司马迁的史传散文及乐府诗歌。

（一）汉赋

汉赋是汉代最盛行的文体，王国维称它是汉代的"一代之文学"（《宋元戏曲考》）。汉赋是汉代文人吸取了荀况赋和楚辞的体制而形成、完善起来的，包括骚体赋、散体大赋和抒情小赋。散体大赋是汉赋的代表，最富于创造性，其基本特征是结构宏伟、气势磅礴，又往往寄寓讽谏意图。司马相如、扬雄、班固、张衡等是代表赋家。

（二）散文

汉代散文中取得杰出成就的是史传散文，其最高成就是西汉司马迁的《史记》。《史记》是我国第一部纪传体通史，全书 52 万余字，记载了从黄帝到汉武帝时期长达 3000 多年的历史，鲁迅评价它是"史家之绝唱，无韵之离骚"，标志着中国历史散文全面成熟并取得了辉煌成就。继司马迁后，东汉班固作了《汉书》——中国第一部纪传体的断代史，也是比较优秀的史传文学作品。

（三）诗歌

汉代的诗歌有骚体诗、乐府诗和文人五言诗等形式，其中最有价值的是乐府诗中的民歌。这些民歌以"感于哀乐，缘事而发"的现实主义精神，深刻反映了两汉社会生活的各个方面。另外，民歌在形式上与《诗经》相比也有创造性。《诗经》的诗句以四言为主，一般两个音节为一拍；汉乐府民歌则多三节拍的五言句式，并出现了整齐的五言诗，标志着四言体诗的衰微和五言体诗的兴起。作为汉乐府民歌代表作品的《陌上桑》和《孔雀东南飞》，都是思想性和艺术性极高的五言诗。东汉末期，文人创作的《古诗十九首》，标志着五言诗在艺术上的成熟。汉乐府民歌和汉末文人五言诗，为魏晋以后五言诗的发展奠定了基础。

音频：《孔雀东南飞》朗诵

总之，汉代文学在内容上有新开拓，在形式上有新创造，在艺术技巧上有新探索，取得了新成就，丰富了中国古代文学，对后世文学的发展起到了推动作用。

三、文学的自觉时期——魏晋南北朝

社会动荡不安的魏晋南北朝，在文学上却迎来了从自发到自觉的时代。这一时期的文学在诗歌、小说、散文和文学理论等方面，都有了突破性的发展，尤其是诗歌。小说更是取得了显著成就，为辉煌的唐宋文学奠定了基础。

（一）诗歌

1. 建安文学

建安文学是这一时期文学的开端，由于儒学衰微，文学摆脱了经学的附庸地位而获得独立。曹丕在《典论·论文》中把文学的地位提高到"经国之大业"的高度，强调了文学创作的特殊性，明确指出文学成就决定于作家的才气和个性。这种新的文学观，标志着文学的发展已经进入自觉时代。

诗歌在这一时期出现了以"三曹"（曹操、曹丕、曹植）、"建安七子"为代表的邺下文人团，成就了"建安文学"的辉煌。建安文人多亲身经历了汉末丧乱，对人民的苦难

知识链接

建安七子

建安七子，是汉代建安年间7位文学家的合称，包括孔融、陈琳、王粲、徐干、阮瑀、应玚、刘祯。他们与"三曹"共同创造了建安文学的辉煌。

有深切同情。他们继承《诗经》《楚辞》的优良传统，向民歌学习，并吸收汉赋的写作技巧，创作出了大量风格清新明快，有强烈现实性和浓厚抒情性的诗篇。这些诗篇文情并茂，时代色彩很浓，个性鲜明。如《文心雕龙·时序》所说："观其时文，雅好慷慨，良由世积乱离，风衰俗怨，并志深而笔长，故梗概而多气也。"这种独特风格被称为"建安风骨"，尤以曹操的诗歌为代表。其诗歌沉雄悲凉，反映了动乱的社会现实，表露了诗人渴望建功立业、一统天下的雄心壮志。《蒿里行》《短歌行》《步出夏门行》等，都是曹操较为成功的篇章。

2．田园山水诗歌

陶渊明、谢灵运等诗人的出现，是建安以后"文学自觉化"进程的新硕果，其诗歌不仅取代了玄言诗的地位，而且开拓出田园、山水两个新的诗歌领域。陶渊明平淡自然、返璞归真的诗风，谢灵运"极貌写物""穷力追新"的艺术技巧，都对后世诗人产生了深远的影响。陶渊明的《归园田居》《饮酒》是其田园诗的代表作，对后世影响很大，尤其对唐代的山水田园诗派有直接影响。

3．乐府诗歌

南北朝的乐府民歌与汉乐府诗前后辉映。南朝吴歌、西曲明丽柔婉，北朝少数民族歌曲多刚健豪放，风格各异但都情真意切，代表作有南朝的《西洲曲》和北朝的《木兰诗》。《木兰诗》和汉乐府的《孔雀东南飞》被称作中国文学史上的"乐府双璧"。

（二）小说

魏晋南北朝是中国小说的兴盛时代。这一时期社会动乱，人民生活艰苦。由于宗教迷信传播，产生了大量的"志怪""志人"小说。前者多取材于神仙鬼怪，代表作有干宝的《搜神记》；后者主要记录名人的轶闻琐事，代表作为刘义庆的《世说新语》。"志怪""志人"小说开创了笔记体小说的先河，直接影响了明清的志人小说如《儒林外史》、志怪小说如《聊斋志异》等。

四、文学的高峰时期——唐代文学

（一）诗歌

唐代社会是我国封建社会的鼎盛期，唐代文学在这一社会背景下进入全面繁荣的新阶段，诗歌尤其突出，达到了我国诗歌发展的高峰。

1．初唐诗歌

初唐诗人以王勃、杨炯、卢照邻、骆宾王为代表，号称"初唐四杰"。他们一方面扩大了七言古诗的题材内容，另一方面使五言律诗渐趋成律而初步定型。杜甫在《戏为六绝句》中称"王杨卢骆当时体""不废江河万古流"，既看到了他们还未摆脱藻绘余习，又指出他们的历史地位。

张若虚的《春江花月夜》被誉为"孤篇横绝"之作。陈子昂主张"反齐梁，复汉魏"，主张文学创作应具有鲜明饱满的感情和质朴有力的语言，文学家要关心现实，抒发真情实感。其代表作《登幽州台歌》深刻表现了诗人怀才不遇、寂寞无聊的情绪，其语言苍劲奔放，富有感染力，成为千古传诵的名篇。

● 陈子昂登幽州台

2. 盛唐诗歌

唐玄宗开元、天宝年间，史称盛唐，唐诗也进入了全面繁荣期。以王维、孟浩然等人为代表的山水田园诗派，格调高雅、意境幽远。以高适、岑参、王昌龄等人为代表的边塞诗，诗风刚健、韵味深远。两者从不同角度吟唱出了盛唐之音。

但最能代表盛唐气象的，当属被后世誉为"诗仙""诗圣"的李白和杜甫。李白是继屈原后最伟大的浪漫主义诗人，他的诗歌豪放飘逸，史称"诗仙"。《将进酒》《行路难》《蜀道难》等诗篇，显示了李白独特的情感色调和艺术个性，杜甫称赞李白是"笔落惊风雨，诗成泣鬼神"。杜甫则以现实主义的表现手法为唐代诗歌建起了另一座高峰，史称"诗圣"。他生活在唐代由盛而衰的转折期，更为深刻地体会了社会的黑暗和人民的疾苦。他的诗歌风格沉郁顿挫，充满了强烈的忧患意识和批判精神，被称为"诗史"。"三吏""三别"等作品是杜甫的代表作，生动记录了唐代由盛转衰的重大事件。

3. 中晚唐诗歌

安史之乱后，唐代进入中晚唐时期，这一时期最有影响力的诗人当属白居易和李商隐。以白居易、元稹为代表的元白诗派，继承了杜甫关注现实、抨击黑暗的现实主义精神，以"文章合为时而著，歌诗合为事而作"为创作纲领，倡导了"新乐府运动"，成了现实主义诗歌创作的又一高峰。白居易的代表作有《长恨歌》《卖炭翁》《琵琶行》等。李商隐的诗歌多为以"无题"为题目的七言律诗，构思新奇、多用典故、风格浓艳，尤其是其爱情诗和无题诗，缠绵悱恻，优美动人，被广为传诵。中晚唐时期，还有元稹、李贺、杜牧等诗人，其作品风格或雄浑壮丽，或峭拔幽深。

（二）散文

唐代以韩愈、柳宗元为代表的散文大家，倡导了"古文运动"，旨在扫除初唐以来骈文的浮艳之风，强调文道合一及反映现实，提出"不平则鸣"的观点，主张写文章要言之有物、感情真切，反对因袭陈规，强调创新，对中国散文的发展起到了巨大的指导和推动作用。韩愈、柳宗元是"唐宋八大家"成员，特别是韩愈，被苏轼赞为"文起八代之衰"。

（三）小说

唐代小说最具代表性的是唐传奇。"传奇"一词始见于元稹的《莺莺传》。"传奇"即唐代短篇文言小说，其文学渊源就是南北朝时期的"志怪""志人"小说。唐代传奇小说成就最高的，是关于爱情婚姻题材的《枕中记》等。

五、文学的成熟时期——宋代文学

宋代文学取得了辉煌的成就，古代文学发展到宋代已经走向全面成熟。

（一）散文

宋代散文沿着唐代散文的道路而发展，最终超过了唐代散文。"唐宋八大家"中，有6人出于宋代。欧阳修、王安石、"三苏"、曾巩的散文各具特色，他们的作品富有时代精神，文风平易自然，对后世散文具有很大影响。欧阳修的《五代史伶官传序》、王安石的《答司马谏议书》、苏轼的《石钟山记》、苏洵的《六国论》等，都是传世佳作。而且北宋的王禹偁（chēng）、范仲淹、晁补之、李格非、李廌（zhì），南宋的胡铨、陆游、吕祖谦、朱熹、陈亮等人，也都堪称散文名家。

（二）诗歌

1．宋诗

仰望唐诗，宋代诗人所能做的，是在唐人开采过的矿井里继续向深处挖掘。宋诗在题材上向日常生活倾斜，选材角度趋向世俗化，比如苏轼的诗曾咏水车、秧马等农具，黄庭坚多咏茶之诗，这使得宋诗虽然缺乏唐诗的那种浪漫精神，但具有了平易近人的优点。宋代许多诗的风格特征，相对于唐诗而言，是有所区别的。比如梅尧臣的平淡、王安石的精致、苏轼的畅达、黄庭坚的瘦硬、陈师道的朴拙、杨万里的活泼，都可视为对唐诗风格的陌生化的结果。总而言之，宋代诗坛整体性的风格追求，就是以平淡为美，苏轼和黄庭坚的作品一向被看作宋诗的典型代表。

2．宋词

宋代文学之胜是宋词。在词史上，宋词占有无与伦比的地位。词，萌芽于南朝，是隋唐时兴起的一种新的文学样式，最初被称为"曲词"或"曲子词"，是配合宴乐乐曲而填写的诗歌。到了宋代，词进入全盛时期。宋词按风格可分为豪放派和婉约派两大流派，前者的代表词人有苏轼、辛弃疾等，后者的代表词人有柳永、李清照、晏殊、周邦彦等。

六、文学的转型时期——元明清文学

元明清时期是中国古代文学的转型时期，也是总结时期。城市经济的发展促进了市民阶层的形成，以诗词歌赋为主要形式的士大夫文学，已经无法适应市民的兴趣爱好和生活节奏，戏曲、小说等通俗文学逐渐兴盛。

明清小说最具代表性的是被后人称为"四大名著"的4部古典长篇小说。

知识链接

表 4-1 为四大名著相关内容。

表 4-1　四大名著

书名	作者及朝代	类别	主要人物及故事情节
《三国演义》	罗贯中（元末明初）	第一部长篇章回体小说	刘备、关羽、张飞：桃园三结义
			关羽：千里走单骑
《水浒传》	施耐庵（明代）	第一部白话长篇章回体小说	武松：武松打虎
			鲁智深：倒拔垂杨柳、拳打镇关西
			林冲：风雪山神庙
《西游记》	吴承恩（明代）	长篇章回体神话小说	孙悟空：大闹天宫、三打白骨精、三借芭蕉扇
《红楼梦》	曹雪芹（清代）	长篇章回体小说	林黛玉：黛玉葬花
			薛宝钗：宝钗扑蝶
			刘姥姥：三进大观园

除长篇小说外，短篇小说也颇有建树。冯梦龙的"三言"和凌濛初的"二拍"是中国古典短篇白话小说的巅峰之作，反映了市民生活的方方面面。其中《杜十娘怒沉百宝箱》《蒋兴哥重会珍珠衫》《卖油郎独占花魁》等作品，至今仍在地方戏曲中广为流传。文言文短篇小说的创作以蒲松龄的《聊斋志异》为代表，小说继承了魏晋南北朝的"志怪"小说风格，借助神狐鬼怪写市井奇闻和人间真情，寓意深远。

元代称得上是中国戏剧文学的黄金时期，元代戏剧文学包括元散曲和元杂剧。散曲在元代被称为"乐府"或"今乐府"，是继诗、词之后兴起的新诗体。散曲的体制主要有小令、套数及介于两者之间的带过曲等。代表作有马致远的《天净沙·秋思》、张养浩的《山坡羊·潼关怀古》。

元杂剧，又称北杂剧，是元代用北曲演唱的传统戏曲形式，形成于宋末，繁盛于元大德年间（1297—1307 年）。元杂剧按题材可分为 3 类：一是爱情题材，代表作有王实甫的《西厢记》和白朴的《墙头马上》；二是公案题材，代表作有关汉卿的《窦娥冤》；三是宫廷题材，代表作有马致远的《汉宫秋》和纪君祥的《赵氏孤儿》。《赵氏孤儿》后来被法国大文豪伏尔泰改编成话剧《中国孤儿》，这也是第一部被传到国外的中国戏曲作品。

知识链接

"三言二拍"

冯梦龙的"三言"：《喻世明言》《警世通言》《醒世恒言》。

凌濛初的"二拍"：《初刻拍案惊奇》《二刻拍案惊奇》。

明代最著名的戏剧是汤显祖的《牡丹亭》。该剧主要描写了官家小姐杜丽娘在梦中与书生柳梦梅相恋，醒来后伤情而死，死后化为魂魄追寻现实中的爱人，人鬼相恋，最后起死回生，与柳梦梅终成眷属的故事。剧作具有鲜明的浪漫主义色彩，标志着明代传奇发展的最高峰。《牡丹亭》《西厢记》《桃花扇》《长生殿》被后世称为中国四大古典戏剧。

山东历史上的四大文学家

山东历史悠久，人文荟萃，在我国历史上涌现出了一大批有影响力的文学家，其中辛弃疾、蒲松龄、李清照、孔尚任是其中的优秀代表。

● 辛弃疾

辛弃疾（1140—1207年），原字坦夫，后改字幼安，号稼轩居士，齐州历城（今山东济南）人。与一般文士不同的是，辛弃疾还是一位颇有武略的英雄。在宋代词坛上，辛弃疾与苏轼同为豪放派的代表作家，并称为"苏辛"，与李清照并称"济南二安"。辛弃疾留下了大量脍炙人口的作品。

蒲松龄（1640—1715年），字留仙，一字剑臣，别号柳泉居士，世称聊斋先生，自称异史氏，山东淄博人。蒲松龄是我国著名小说家、文学家，著有文言文短篇小说集《聊斋志异》——中国成就最高的文言文短篇小说集。鲁迅先生在《中国小说史略》中评价《聊斋志异》是"专集之最有名者"。

● 蒲松龄采风图

● 李清照塑像

李清照（1084—约1155年），号易安居士，齐州济南（今山东省济南市章丘区）人，宋代女词人，婉约派代表，有"千古第一才女"之称。李清照工诗善文，更擅长词。李清照的词，人称"易安词""漱玉词"。

孔尚任（1648—1718年），字聘之，又字季重，号东塘，别号岸堂，自称云亭山人，山东曲阜人，孔子64代孙，清初诗人、戏曲作家。孔尚任著有《孔尚任诗文集》《桃花扇》。

● 孔尚任隐居处

互动交流

1. 根据本节内容，梳理制作一份古代文学发展脉络思维导图，并在小组内互相交流。

2. 组织一场"经典咏流传"诗词朗诵会，要求每位同学从古代文学中任选一首名篇，配乐并有感情地朗诵。

第二节　中国古代神话

学习任务

1. 了解中国古代神话的起源。
2. 熟悉并能讲述中国古代神话的主要内容及代表性神话故事。
3. 熟悉并能熟练讲述与山东有关的神话故事。

神话是原始先民在社会实践中创造出来的，它的内容涉及自然环境和社会生活的各个方面，既包括世界的起源，又包括人类的命运。神话在后世仍然具有文学魅力，同时也启发了后世的文学创作。

一、中国古代神话的起源

原始社会生产力水平十分低下，人类的认识能力和知识水平都很有限。面对难以捉摸和控制的自然界，人们不由自主地会产生一种好奇和敬畏的心理，而对地震、洪水等一些特殊的灾害性自然现象，以及人类本身的生老病死等，尤其感到惊奇和恐慌。人们由此幻想出世界上存在着种种超自然的神灵和魔力，并对之加以膜拜，神话由此产生。所以说，神话是以故事的形式表现了远古人民对自然、社会现象的认识和愿望，是"通过人民的幻想用一种不自觉的艺术方式加工过的自然和社会形式本身"。

二、古代神话的主要内容及代表性故事

　　中国古代文献中，除了《山海经》等书记载神话比较集中之外，其余则散见于经、史、子、集等各类书中。先秦时期的《诗经》《楚辞》《左传》《国语》《吕氏春秋》等书中，就有很多神话故事的记载；《庄子》《孟子》《墨子》《韩非子》等书中也保留了一些神话材料；汉代及三国时期的《淮南子》及魏晋南北朝时期的《搜神记》等书，也有很多神话故事的记载。尤其是《淮南子》一书，对神话的搜罗相当丰富，中国古代著名的四大神话——女娲补天、共工触山、后羿射日和嫦娥奔月，就是保留在《淮南子》中的。

　　神话的内容丰富而复杂，可简要分类如下。

（一）创世神话

　　创世神话是讲述人类原始时期对天地诞生的想象的神话。中国古代的创世神话，以盘古开天辟地最为著名。

盘古开天辟地

　　天地浑沌如鸡子，盘古生其中。万八千岁，天地开辟，阳清为天，阴浊为地。盘古在其中，一日九变，神于天，圣于地。天日高一丈，地日厚一丈，盘古日长一丈，如此万八千岁。天数极高，地数极深，盘古极长。后乃有三皇。

——徐整《三五历纪》

● 盘古开天辟地

　　【译文】世界开辟以前，天和地混混沌沌地成一团，像个鸡蛋，盘古就生在这当中。过了 18 000 年，天地分开了，轻而清的阳气上升为天，重而浊的阴气下沉为地。盘古在天地中间，一天中有多次的变化，他的智慧比天还要高超，他的能力比地还要强大。天每日升高一丈，地每日增厚一丈，盘古也每日长高一丈。这样又过了 18 000 年，天升得非常高，地变得非常厚，盘古也长得非常高大。天地开辟了以后，才出现了世间的三皇。

（二）始祖神话

　　先民对人类自身的起源也极感兴趣。有关人类起源的神话，首推女娲的故事。

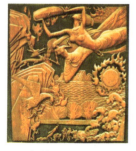

● 女娲补天

女娲补天

　　往古之时，四极废，九州裂。天不兼覆，地不周载。火爁焱而不灭，水浩洋而不息，猛兽食颛民，鸷鸟攫老弱。于是女娲炼五色石以补苍天，断鳌足以立四极，杀黑龙以济冀州，积芦灰以止淫水。苍天补，四极正；淫水涸，冀州平；狡虫死，颛民生。

——《淮南子·览冥训》

【译文】在远古的时候，支撑天的 4 根柱子毁坏了，大地因此陷入四分五裂的境地；天不能完全覆盖大地，地也不能承载万物；大火燃烧而不能熄灭，洪水汹涌而不能停止；凶猛的野兽吃掉善良的百姓，凶猛的禽鸟抓取老人孩童。在这时，女娲冶炼五色石来修补苍天，砍断海中大鳌的脚来做撑起四边天空的栋梁，杀死水怪来救济冀州，收集芦灰来堵塞洪水。天空得到了修补，支撑天的 4 根柱子摆正了，洪水得到了控制，冀州得到了平定。恶禽猛兽都死了，善良的百姓活下来了。

女娲经过辛勤的劳动与拼搏，重整世界，为人类的生存创造了必要的自然条件。传说中，女娲不仅有开辟之功，还能创造人类。

女娲抟土造人

俗说天地开辟，未有人民，女娲抟黄土作人。剧务，力不暇供，乃引绳于泥中，举以为人。故富贵者，黄土人也；贫贱凡庸者，引绳人也。

——《太平御览》卷七十八引《风俗通》

【译文】民间传说，天地开辟之初，大地上并没有人类，是女娲把黄土捏成团造了人。她又忙又累，竭尽全力干还赶不上供应。于是她就将绳子投入泥浆中，举起绳子一甩，泥浆洒落在地上，就变成了一个个人。后人说，富贵的人是女娲亲手抟黄土造的，而贫贱的人只是女娲用绳沾泥浆，把泥浆洒落在地上变成的。

（三）洪水神话

以洪水为主题或背景的神话，在世界各地普遍存在。这大概是因为洪水灾害给人类造成了惨烈的不可磨灭的印记。这种印记成为一种集体表象，伴随着一代代人流传下来，提醒人们对自然灾害保持敬畏的态度。

中国古代文献中的洪水神话，主要把洪水看作一种自然灾害，所揭示的是与洪水抗争、拯救生民的积极意义，看重人类的智慧及斗争精神。在这些洪水神话中，不得不提鲧禹父子。

大禹治水

洪水滔天。鲧窃帝之息壤以堙洪水，不待帝命。帝令祝融杀鲧于羽郊。鲧复生禹，帝乃命禹卒布土以定九州。

——《山海经·海内经》

【译文】大地上四处都是洪水，鲧没有经过天帝同意，偷了天帝的息壤来堵塞洪水。天帝派祝融把鲧杀死在羽山的郊野。鲧死之后，从他腹中诞生了禹。天帝于是命令禹治理洪水，禹最终以土工扼制了洪水，并划定了九州。

● 大禹治水

（四）战争神话

黄帝和炎帝是活跃在古中原的两大部落的首领，分别兴起于相距不远的姬水和姜水，他们在向东发展的过程中发生了严重冲突。他们之间的战争最后以黄帝的胜利而告终，融合了炎黄两大部族，由此形成了华夏民族，并发展成为中华民族的主要成分。

阪泉之战

炎帝欲侵陵诸侯，诸侯咸归轩辕。轩辕乃修德振兵，治五气，蓺五种，抚万民，度四方，教熊、罴、貔、貅、貙、虎，以与炎帝战于阪泉之野。三战，然后得其志。

——《史记·五帝本纪》

● 阪泉之战

【译文】炎帝想进攻欺压诸侯，诸侯都来归顺轩辕。于是轩辕修行德业，整顿军旅，研究五行之气，种植五谷，安抚民众，丈量四方的土地，训练熊、罴、貔（pí）、貅、貙（chū）、虎等猛兽，跟炎帝在阪泉的郊野交战。先后打了几仗，才征服炎帝，如愿得胜。

炎黄之战后，另一次著名的大战发生在黄帝和蚩尤之间。

涿鹿之战

黄帝与蚩尤战于涿鹿之野。蚩尤作大雾弥三日，军人皆惑。黄帝乃令风后法斗机作指南车，以别四方，遂擒蚩尤。

——《太平御览》卷十五引《志林》

● 涿鹿之战

【译文】黄帝和蚩尤在涿鹿的原野上会战。蚩尤变化出大雾，连续3天笼罩着战场，迷惑了黄帝军队里的将士。黄帝于是命令风后仿照斗机制造出能够辨别方向的战车，以在大雾弥漫之中区分战略位置，这样才擒住了蚩尤。

（五）发明创造神话

黄帝之后，古代神话进入了一个描绘英雄的时代。人们把自身发展过程中所积累的各类重大事件，以及对各种自然、社会障碍的克服经历，都加在一个个神话英雄身上，并把他们看作本部族理想的象征。如燧人氏、有巢氏、神农氏、仓颉、后稷等。

有巢氏和燧人氏的传说

上古之世，人民少而禽兽众，人民不胜禽兽虫蛇。有圣人作，构木为巢以避群害，而民说之，使王天下，号之曰有巢氏。民食果蓏蚌蛤腥臊恶臭而伤害脾胃，民多疾病。有圣人作，钻燧取火以化腥臊，而民说之，使王天下，号之曰燧人氏。

——《韩非子·五蠹》

【译文】上古时代，人民少，可是禽兽却很多，人类受不了禽兽虫蛇的侵害。有位圣人出现了，在树上架木做巢居住来避免兽群入侵，人民很爱戴他，便推举他做帝王，称他为有巢氏。当时人民吃野生植物的果实和蚌肉蛤蜊，有腥臊难闻的气味，伤害肠胃，人民疾病很多。有位圣人出现了，钻木取火来消除食物的腥臊，人民很爱戴他，便推举他做帝王，称他为燧人氏。

三、中国古代神话对文学的影响

（一）中国古代神话为后世文学创作提供了丰富的素材

中国古代神话是中国文学史的开端，是以远古人类的想象来反映自然和社会生活的故事。它通过幻想的形式，反映了那个时代人类的生活和理想，为后世的文学创作提供了丰富的素材。曹植的《洛神赋》就是采用了洛水女神宓妃的形象；唐代李超威的小说《柳毅传》，创造了一个优美的爱情神话；尤其以《西游记》为代表的明清神魔小说，从孙悟空身上不难看到"石中生人"的夏启、"铜头铁额"的蚩尤、"与帝争位"的刑天及淮涡水怪无支祁的影响。此外，《聊斋志异》《镜花缘》《封神演义》《红楼梦》中也有不少发人深省的神话情节。

（二）中国古代神话在思维方式、表现手法、文学效果等方面都为文学创作开辟了广阔空间

中国古代神话富于幻想的浪漫主义手法，为中国文学叙事抒情的传统奠定了坚实的基础。它独特的幻想、生动的情节、夸张的手法，都对后世作家产生了深刻影响。庄子的《逍遥游》等作品，想象力丰富，充满了浪漫主义色彩。屈原的《离骚》，全诗运用美人及香草的比喻、大量的神话传说、丰富的想象，成为中国文学浪漫主义的源头。唐代李白的诗歌，借鉴神话中的浪漫手法，运用夸张、比喻、象征等方式，在内容与形式上达到高度的统一。

（三）中国古代神话弘扬民族正气的精神影响了后世的文学创作

中国古代神话中，无论是开天辟地的盘古、补天造人的女娲，还是忧国忧民、治理国家的尧舜禹，以及后羿、夸父等无数英雄，在中华民族的发展壮大过程中，都起到了积极的推动作用。

此外，古代神话表现出的英雄主义、乐观主义精神，要求改变现实、追求美好生活的强烈愿望，对后世作家进步的世界观的形成也产生了积极影响，为后世文学指示了方向。

知识窗

与山东有关的传说与神话

1. 泰山的传说

泰山位于山东省泰安市中部，素有"五岳之首"之称，1982年，泰山被列入第一批国家级风景名胜区。1987年，泰山被联合国教科文组织列为中国第一个世界文化与自然双重遗产。泰山承载着丰厚的地理历史文化内涵，被古人视为"直通帝座"的天堂，成为百姓崇拜、帝王告祭的神山，有"泰山安，四海皆安"的说法。历代帝王君主多在泰山进行封禅和祭祀，自秦始皇开始到清代，先后有13代帝王亲登泰山封禅或祭祀，另外有24代帝王遣官祭祀72次。泰山山体上有寺庙、宫、观等古建筑群29处，古遗址128处，有大小碑碣、摩崖石刻2000余处。此外，各朝文人雅士亦喜好来此游历，并留下许多诗文佳作。

● 泰山

天下名山无数，历代帝王和芸芸众生何以独尊东岳泰山呢？这还要从盘古开天辟地说起。传说，在很早很早以前，世界初成，天地刚分，有一个叫盘古的人生长在天地之间，天空每日升高一丈，大地每日厚一丈，盘古也每日长高一丈。如此日复一日，年复一年，他就这样顶天立地生活着。经过了漫长的 18 000 年，天极高，地极厚，盘古也长得极高，他呼吸的气化作了风，他呼吸的声音化作了雷鸣；他的眼睛一眨一眨，闪出道道蓝光，这就是闪电；他高兴时天空就变得艳阳晴和，他生气时天空就变得阴雨连绵。后来盘古慢慢地衰老了，最后溘然长逝。刹那间巨人倒地，他的头变成了东岳，腹变成了中岳，左臂变成了南岳，右臂变成了北岳，两脚变成了西岳，眼睛变成了日月，毛发变成了草木，脂膏变成了江河。

因为盘古开天辟地造就了世界，后人尊其为人类的祖先。而他的头部变成了泰山，所以泰山就被称为至高无上的"天下第一山"，成了五岳之首。

2. 趵突泉的传说

济南是世界著名的泉城，有"泉水甲天下"的美称。在众多的泉群中，趵突泉已有3500多年的文字记载，被称为"天下第一泉"。

相传，从前济南有一个年轻的樵夫，名叫鲍全，他每天用斧头砍柴，但仍然无法养活年迈的父母。突然，他的父母得了重病，没有钱去看医生。鲍全不得不看着他的父母接连死去。从那时起，他从一个和尚那里学习医学，并在几年内拯救了许多老百姓。当时，在干旱的年份，济南没有泉水，甚至没有煎药的水。所以鲍全每天很早起床，为那些买不起药的穷人挑水煎药。

一天，鲍全在提水的路上救了一位老人，并拜这位老人为干爹。干爹看到整天为穷人治病的鲍全忙得连饭都顾不上吃，他说："泰山上有一个黑龙潭，池子里的水是专门用来治瘟疫的。如果能挑一担池水回来，往每个病人的鼻子里滴一滴就能帮助他们摆脱所有疾病。"鲍全便拿着干爹的拐杖，历尽艰辛来到泰山黑龙潭，却发现那是龙宫，原来干爹是龙王的哥哥。

鲍全挑选了一个白玉壶，里面的水永远不会被喝完。鲍全回到城里后，为很多人治好了病。州官听说后，就派人去抢壶。鲍全把白玉壶埋在院子里，公差虽在院子里挖到白玉壶，却搬不动。他们一起努力，只听"噗通"一声，平地上突然涌出一股水来。溅起的水花遍布全城，水滴落下的地方就出现一眼泉水，从此济南成了著名的泉城。为了纪念鲍全，人们把这个泉叫作宝泉。随着时间的推移，人们根据泉水向外汩汩流淌的样子把它叫作"趵突泉"。

● 趵突泉

趵突泉的水温常年比较稳定，一般在18摄氏度左右。冬天气温零下10摄氏度的时候，外面下着雪，泉水却飘着薄纱般的雾气，泉水中的水藻依然翠绿如新。夏天，泉水清凉。如此美妙的泉景为历代文人墨客所称道，如曾巩、元好问、赵孟頫、王守仁、王士禛、蒲松龄等。相传乾隆下江南时，封趵突泉为"天下第一泉"。

互动交流

1. 有很多中国古代神话传说演变为成语故事，列举 2～3 个由神话传说演变而来的成语故事，并制作成图文并茂的课件，在课堂上分享。

2. 分小组任选一位中国古代神话中的人物，通过查阅相关资料，分析总结其身上体现出的中华民族美德和精神，并制作成图文并茂的课件，在课堂上分享。

第三节　中国古代诗词

学习任务

1. 基本理解并熟读本节出现的诗词，背诵其中的名句、名段、名篇。
2. 初步掌握通过诗词的意象分析诗词意境的方法，并能简单评析诗词的艺术特色和手法。
3. 激发学习古诗词的兴趣，增强对中华民族传统文化的感情。

一、《诗经》和《楚辞》

蒹葭

蒹葭苍苍，白露为霜。所谓伊人，在水一方。溯洄从之，道阻且长。溯游从之，宛在水中央。
蒹葭萋萋，白露未晞。所谓伊人，在水之湄。溯洄从之，道阻且跻。溯游从之，宛在水中坻。
蒹葭采采，白露未已。所谓伊人，在水之涘。溯洄从之，道阻且右。溯游从之，宛在水中沚。

——《诗经·秦风》

【译文】河边芦苇青苍苍，秋深露水结成霜。意中之人在何处？就在河水那一方。逆着流水去找她，道路险阻又太长。顺着流水去找她，仿佛在那水中央。河边芦苇密又繁，清晨露水未曾干。意中之人在何处？就在河岸那一边。逆着流水去找她，道路险阻攀登难。

● 蒹葭

顺着流水去找她，仿佛就在水中滩。河边芦苇密稠稠，早晨露水未全收。意中之人在何处？就在水边那一头。逆着流水去找她，道路险阻曲难求。顺着流水去找她，仿佛就在水中洲。

【赏析】诗歌以赋法写成。全诗意在抒情，却无一"情"字，而是采用了以景衬情和叙事言情的手法，达到了动人的抒情效果，同时也创造出了凄婉而朦胧的意境。全诗共3章，采用重章叠唱的结构，句数相等，字数相同，给人以整齐的形式美感。3章的诗意大致相同，但也有所变化，就是一些字词的变换，这样不仅避免了单调呆板，也形成了回环往复、一唱三叹的艺术效果，逐层深化了情感的内蕴。

桃之夭夭，灼灼其华。之子于归，宜其室家。

——《诗经·周南·桃夭》（部分）

【译文】翠绿繁茂的桃树啊，花儿开得红灿灿。这个姑娘嫁过门，夫妻和顺又美满。
【赏析】这句诗以桃花的鲜艳茂盛来比喻新娘年轻美丽的风韵。语言质朴，清新自然。

昔我往矣，杨柳依依。今我来思，雨雪霏霏。

——《诗经·小雅·采薇》（部分）

【译文】回想当初出征时，杨柳依依随风吹。如今回来路途中，大雪纷纷满天飞。
【赏析】这句诗写主人公在"今"与"昔"、"来"与"往"、"杨柳依依"与"雨雪霏霏"的情景变化中，深切体验到了生活的虚耗、生命的流逝和战争对生活的影响。

长太息以掩涕兮，哀民生之多艰；……亦余心之所善兮，虽九死其犹未悔。
路漫漫其修远兮，吾将上下而求索。

——屈原《离骚》（部分）

【译文】我揩着眼泪啊声声长叹，可怜人生道路多么艰难。这是我心中所追求的东西，就是多次死亡也不后悔。

在追寻真理（真知）方面，前方的道路还很漫长，但我将百折不挠，不遗余力地（上天下地）去追求和探索。

【赏析】《离骚》是屈原的代表作。诗人通过描写为崇高理想而奋斗终生，强烈地抒发了他遭谗言被害的苦闷和矛盾的心情，表达了他为国献身的精神，以及与国家同休戚共存亡的真挚的爱国主义和同情人民的感情，表现了他勇于追求真理和光明、坚持正义和理想的不屈不挠的斗争精神；同时深刻地揭露了以楚君为首的楚国贵族集团腐朽黑暗的本质，抨击他们颠倒是非、结党营私、谗害贤能、邪恶误国的罪行。

二、汉代诗歌

头上倭堕髻，耳中明月珠。缃绮为下裙，紫绮为上襦。行者见罗敷，下担捋髭须。
少年见罗敷，脱帽著帩头。耕者忘其犁，锄者忘其锄。来归相怨怒，但坐观罗敷。

——汉乐府《陌上桑》（部分）

● 《陌上桑》之罗敷

【译文】头上梳着倭堕髻，耳朵上戴着宝珠做的耳环；浅黄色有花纹的丝绸做成下裙，紫色的绫子做成上身短袄。行人看见罗敷，放下担子捋着胡子（注视她）。年轻人看见罗敷，脱掉帽子整理仪容。耕地的人忘记了自己在犁地，锄地的人忘记了自己在锄地；回来后互相埋怨生气，只因为贪看罗敷。

【赏析】这是汉乐府中的名篇，属《相和歌辞》，最早著录于《宋书·乐志》，题名《艳歌罗敷行》，在《玉台新咏》中题为《日出东南隅行》。不过早在晋人崔豹的《古今注》中，已经提到这首诗，称之为《陌上桑》。宋人郭茂倩《乐府诗集》沿用了《古今注》的题名，以后便成为习惯。"陌上桑"，意为路边的桑林，这是故事发生的场所。因为女主人公是在路边采桑，才引起一连串的戏剧性情节。

三、唐诗

弃我去者，昨日之日不可留；
乱我心者，今日之日多烦忧。
长风万里送秋雁，对此可以酣高楼。
蓬莱文章建安骨，中间小谢又清发。
俱怀逸兴壮思飞，欲上青天揽明月。
抽刀断水水更流，举杯消愁愁更愁。
人生在世不称意，明朝散发弄扁舟。

——〔唐〕李白《宣州谢朓楼饯别校书叔云》

【译文】弃我而去的昨日，早已不可挽留。乱我心思的今日，令人烦忧多多。万里长风，送走行行秋雁。面对美景，正可登高楼酣饮。先生的文章颇具建安风骨，又不时流露出小谢诗风的清秀。你我满怀豪情逸致，想上青天揽住明月。抽刀切断水流，水却更加汹涌奔流；举杯想要消愁，愁思更加浓烈。人生在世，无法称心如意，不如披头散发，登上长江一叶扁舟。

【赏析】诗中，诗人感怀万端，既满怀豪情逸兴，又时时掩饰不住郁闷与不平，感情一波三折，表达了自己遗世高蹈的豪迈情怀。

> 细草微风岸，危樯独夜舟。
> 星垂平野阔，月涌大江流。
> 名岂文章著，官应老病休。
> 飘飘何所似，天地一沙鸥。
>
> ——〔唐〕杜甫《旅夜书怀》

【译文】微风吹拂着江岸的细草，那立着高高桅杆的小船在夜里孤独地停泊着。星星垂在天边，平野显得宽阔；月光随波涌动，大江滚滚东流。我难道是因为文章而著名？年老病多也应该休官了。自己到处漂泊像什么呢？就像天地间的一只孤零零的沙鸥。

【赏析】全诗情景交融，景中有情。整首诗意境雄浑，气象万千。诗人用景物之间的对比，烘托出一个独立于天地之间的飘零形象，使全诗弥漫着深沉凝重的孤独感。这正是诗人身世际遇的写照。

四、宋词

> 莫听穿林打叶声，何妨吟啸且徐行。竹杖芒鞋轻胜马，谁怕？一蓑烟雨任平生。
> 料峭春风吹酒醒，微冷，山头斜照却相迎。回首向来萧瑟处，归去，也无风雨也无晴。
>
> ——〔宋〕苏轼《定风波》（部分）

【译文】莫要听那穿林打叶的雨声，何妨低吟长啸缓步徐行。竹杖草鞋轻松胜过骑马，风狂雨骤有何可怕，一件蓑衣迎烟雨度过此生。

料峭春风把醉意吹醒，略略感到有些冷，山头的斜阳却应时相迎。回头望一眼走过来的风雨萧瑟的地方，我信步归去，既无所谓风雨，也无所谓天晴。

【赏析】本篇为醉归遇雨抒怀之作。词人借雨中潇洒徐行之举动，表现出虽处逆境屡遭挫折而不畏惧、不颓丧的倔强性格和旷达乐观的情怀。

> 伫倚危楼风细细。望极春愁，黯黯生天际。草色烟光残照里。无言谁会凭阑意。
> 拟把疏狂图一醉。对酒当歌，强乐还无味。衣带渐宽终不悔。为伊消得人憔悴。
>
> ——〔宋〕柳永《蝶恋花》

【译文】我长时间倚靠在高楼的栏杆上，细细微风拂面，望不尽的春日离愁，沮丧忧愁从遥远无边的天际升起。碧绿的草色、飘忽缭绕的云霭雾气掩映在落日余晖里，谁理解我默默靠在栏杆上的心情？

本想尽情放纵喝个一醉方休，举杯高歌，勉强欢笑反而觉得毫无意味。我日渐消瘦下去却始终不感到懊悔，宁愿为她消瘦得精神萎靡、神色憔悴。

【赏析】这是一首怀人之作。词人把漂泊异乡的落魄感受，与怀念意中人的缠绵情思结合在一起，采用"曲径通幽"的表现方式，抒情写景，感情真挚。

知识窗

济南"二安"的词

1. 李清照（号易安居士）的词

李清照，今山东济南章丘人。宋代女词人，婉约派代表，有"千古第一才女"之称。

如梦令

常记溪亭日暮，沉醉不知归路。兴尽晚回舟，误入藕花深处。

争渡，争渡，惊起一滩鸥鹭。

【译文】时常记起溪边亭中游玩至日色已暮，沉迷在优美的景色中忘记了回家的路。尽了酒宴兴致才乘舟返回，不小心进入藕花深处。奋力把船划出去呀！奋力把船划出去！划船声惊起了一群鸥鹭。

【赏析】李清照这首脍炙人口的《如梦令》中的"溪亭日暮"之景，就在今天济南珍珠泉东仅隔数米的一方池。雕花池岸，山石重叠，恰似一角园林。泉取名"溪亭"，源于古时溪流潺潺、亭阁卓然之景。李清照在词中忆其少时，于泉溪之上，日暮泛舟溪亭、沉醉不归之趣事，所谓"少年不识愁滋味"，何等肆意洒脱，娱心悦目。时过境迁，千年前女词人争渡的溪亭已难再见，唯"溪亭"一名沿承至今，且其作为泉名，在明、清文献中均有收录。

● 珍珠泉公园

● 位于珍珠泉之东的溪亭泉

一剪梅

红藕香残玉簟秋，轻解罗裳，独上兰舟。云中谁寄锦书来？雁字回时，月满西楼。

花自飘零水自流，一种相思，两处闲愁。此情无计可消除，才下眉头，却上心头。

【译文】荷已残，香已消，冷滑如玉的竹席，透出深深的凉秋。轻轻脱换下薄纱罗裙，独自泛一叶兰舟。仰头凝望远天，那白云舒卷处，谁会将锦书寄来？正是雁群排成"人"字，一行行南归的时候。月光皎洁浸人，洒满这西边独倚的亭楼。

花，自顾地飘零，水，自顾地漂流。一种离别的相思，牵动起两处的闲愁。啊，无法排除的是——这相思，这离愁，刚从微蹙的眉间消失，又隐隐缠绕上了心头。

【赏析】这是一首倾诉相思、别愁之苦的词。这首词在黄昇《花庵词选》中题作"别愁"，是李清照写给新婚未久即离家外出的丈夫赵明诚的，她诉说了自己独居生活的孤独寂寞、急盼丈夫早日归来的心情。作者在词中以女性特有的敏感捕捉稍纵即逝的真切感受，将抽象而不易捉摸的思想感情，以素淡的语言表现出具体可感、为人理解、耐人寻味的东西。

总之，《一剪梅》笔调清新，风格细腻，给景物以情感，景语即情语，景物体现了她的心情，显示着她的形象特征。词人移情入景，借景抒情，情景交融，耐人寻味。

● 济南章丘百脉泉公园内的漱玉泉，是李清照早晚洗漱的地方

2. 辛弃疾（字幼安）的词

辛弃疾，齐州历城（今山东济南）人，是中国文坛豪放派的代表，平生以气节自负，以功业自诩，人称"词中之龙"。他擅长以文为词，其词艺术风格多样，雄伟豪迈又不乏细腻柔美之处。他的作品题材广阔又善用典故，既能抒写爱国热情，倾诉壮志难酬，也能吟咏祖国河山。任何风格他都信手拈来，在词史上与苏东坡齐名。

破阵子·为陈同甫赋壮词以寄之

醉里挑灯看剑，梦回吹角连营。八百里分麾下炙，五十弦翻塞外声。沙场秋点兵。

马作的卢飞快，弓如霹雳弦惊。了却君王天下事，赢得生前身后名。可怜白发生。

【译文】醉梦里挑亮油灯观看宝剑，梦中回到了当年的各个营垒，接连响起号角声。把烤牛肉分给部下，乐队演奏北疆歌曲。这是秋天在战场上阅兵。战马像的卢马一样跑得飞快，弓箭像惊雷一样震耳离弦。（我）一心想替君主完成收复国家失地的大业，取得世代相传的美名。可怜已成了白发人！

【赏析】全词从意义上看，前9句是一段，十分生动地描绘出一位披肝沥胆、忠一不二、勇往直前的将军形象，从而表现了词人的远大抱负。最后1句是一段，以沉痛的慨叹，抒发了"壮志难酬"的悲愤。壮和悲，理想和现实，形成强烈的反差。从这反差中，能够想到当时南宋朝廷的无能，想到人民的水深火热，想到所有爱国志士报国无门的苦闷。由此可见，极其豪放的词，同时也能够写得极其含蓄，只不过与婉约派的含蓄不同罢了。

● 辛弃疾塑像

青玉案·元夕

东风夜放花千树，更吹落、星如雨。宝马雕车香满路。

凤箫声动，玉壶光转，一夜鱼龙舞。

蛾儿雪柳黄金缕，笑语盈盈暗香去。众里寻他千百度。

蓦然回首，那人却在，灯火阑珊处。

【译文】像东风吹散千树繁花一样，又吹得烟火纷纷，乱落如雨。豪华的马车满路芳香。悠扬的凤箫声四处回荡，玉壶般的明月渐渐西斜，一夜鱼龙灯飞舞、笑语喧哗。

美人头上都戴着亮丽的饰物，笑语盈盈地随人群走过，身上香气飘洒。我在人群中寻找她千百回，猛然一回头，不经意间却在灯火零落之处发现了她。

【赏析】这首词的上阕写正月十五的晚上，满城灯火、尽情狂欢的景象。下阕仍然在写"元夕"的欢乐，以及一对意中人在大街巧遇的场景。同时，还有一种说法认为：站在灯火阑珊处的那个人，是对诗人自己的一种写照。作为一首婉约词，这首《青玉案》与北宋婉约派大家晏殊和柳永相比，在艺术成就上毫不逊色。从词调来讲，《青玉案》十分别致，它原是双调，上下阕相同，只是上阕第二句变成三字一断的

● 位于山东济南大明湖南岸的辛弃疾纪念祠

叠句，跌宕生姿。下阕则无此断叠，一片三个七字排句，可排比，可变幻，随词人的心意，但排句之势是一气呵成的，等到排比完了，才逼出警策句。古代词人写上元灯节的词，不计其数，辛弃疾的这一首，却没有人认为可有可无，因此其也可以称作"词中豪杰"了。

互动交流

1. 分小组，选取 1～2 首与自己家乡有关的古诗词，并制作成课件，在课堂上分享。
2. 观看中央电视台《经典咏流传》节目，任选一首根据古诗词改编的歌曲学唱，分小组各推选 1～2 名代表，以班级为单位组织"古诗词演唱会"。

第四节　中国古代散文、小说、戏剧

学习任务

1. 学读一定数量的中国古代散文、小说、戏剧优秀作品，初步掌握欣赏方法。
2. 了解并熟悉代表作品里的典型人物，并能进行简单的人物赏析。
3. 了解古代散文、小说、戏剧的相关文化知识，丰富传统文化积累。

一、古代散文

夫仁者，己欲立而立人，己欲达而达人。能近取譬，可谓仁之方也已。

——《论语·雍也》

【译文】所谓"仁"就是：自己想立足时也帮助别人立足；自己想发达时也帮助别人发达。能够就眼下的事实脚踏实地一步步去做，可以说是实践仁道的方法。

【赏析】孔子的一生都在颠沛流离，之所以如此，并不是他不喜欢有好的生活环境，而是为了向各国统治者推行自己"仁"的思想，实践自己提出的"仁"。仁德的起源和推广都要从自己做起，自己做好了，再推己及人，彰显仁德。

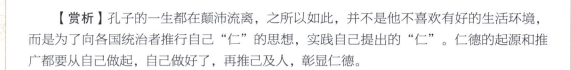

知识链接

历史散文和诸子散文

记述历史事件和人物的属于历史散文，主要是由各诸侯国的史官对当时重大历史事件和著名人物的重要言论加以记录整理而成的。代表作有：《国语》《战国策》《春秋》《左传》等。其中，代表先秦历史散文最高成就的是《左传》。

诸子散文记录春秋战国诸子百家的言论，反映不同学派的政治主张和哲学观点，以说理为主。

发展的3个阶段：①以《论语》《墨子》为代表的语录体散文；②以《孟子》《庄子》为代表的论辩体散文；③以《荀子》《韩非子》为代表，为先秦议论文的最高阶段。

君子欲讷于言而敏于行。
　　　　　　　　　　　　　　　　　　　　　　　　　　——《论语·里仁》

【译文】君子说话要迟钝些，而做事要敏捷些。

【赏析】所谓言多必失，一个人要想在道德上有所建树，就不能不谨慎地对待自己的言行。少说多做甚至不说多做，这样才能在多方面都有建树，成为一个实干家。

不患人之不己知，患不知人也。
　　　　　　　　　　　　　　　　　　　　　　　　　　——《论语·学而》

【译文】不忧愁别人不了解自己，担心的是自己不了解别人。

【赏析】一个人只要道德高尚、品德美善，何愁没有知己？因此，他没有必要为别人不了解自己而担心。他要做的是从自身做起，看自己是否能了解别人、体悟到别人的方方面面。严于解剖自己，发扬自己的美德，如此才能高朋满座，知交遍天下。这样的话，即使你身处陋巷，居于茅屋，也不忧虑没有志同道合的朋友了。

老吾老，以及人之老；幼吾幼，以及人之幼。
　　　　　　　　　　　　　　　　　　　　　　——《孟子·梁惠王上》

【译文】孝敬自己家中的长辈，并推广到孝敬别人家的长辈；爱护自己的子女，并推广到爱护别人家的子女。

【赏析】孟子提倡孝敬老人、爱护子女，实践的方法就是推己及人，先从孝敬、爱护自己的家庭成员做起，然后推及别人的家庭乃至整个社会，体现了和谐社会的理想。

日出而作，日入而息，逍遥于天地之间，而心意自得。
　　　　　　　　　　　　　　　　　　　——《庄子·杂篇·让王》

【译文】太阳升起时就下地干活，太阳下山时就回家休息，无拘无束地生活在天地之间，心中的快乐只有自己能够领受到。

【赏析】庄子为我们描述了一个农夫每天从早到晚辛勤在田间劳作、愉快而悠然自得的心境，体现了在农耕文化中普通劳动者热爱劳动、勤恳踏实的本色。

万物必有盛衰，万事必有弛张。
　　　　　　　　　　　　　　　　　　　　　　　　　　——《韩非子·解老》

【译文】世上的一切事物，都有兴盛和衰亡。做任何事都必须劳逸结合，有张有弛。

【赏析】一切事物必定有兴盛和衰落，各种事情的进程必定有松弛也有紧张，一个国家必须配置文武百官，官吏对社会的治理必须有赏有罚。这句话指出盛衰、弛张、百官、赏罚是事物发展变化和社会组织与治理的必然常规。

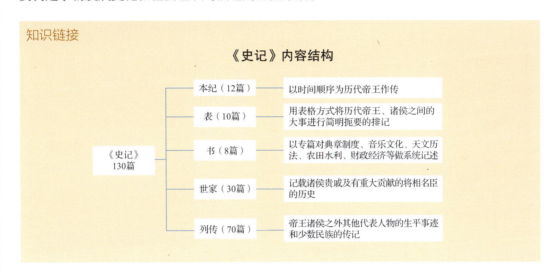

知识链接

《史记》内容结构

《史记》130篇	本纪（12篇）	以时间顺序为历代帝王作传
	表（10篇）	用表格方式将历代帝王、诸侯之间的大事进行简明扼要的排记
	书（8篇）	以专篇对典章制度、音乐文化、天文历法、农田水利、财政经济等做系统记述
	世家（30篇）	记载诸侯贵戚及有重大贡献的将相名臣的历史
	列传（70篇）	帝王诸侯之外其他代表人物的生平事迹和少数民族的传记

二、古代小说

郑屠右手拿刀，左手便来要揪鲁达，被这鲁提辖就势按住左手，赶将入去，望小腹上只一脚，腾地踢倒了在当街上。鲁达再入一步，踏住胸脯，提起那醋钵儿大小拳头，看着这郑屠道："洒家始投老种经略相公，做到关西五路廉访使，也不枉了叫做镇关西！你是个卖肉的操刀屠户，狗一般的人，也叫做镇关西！你如何强骗了金翠莲？"扑的只一拳，正打在鼻子上，打得鲜血迸流，鼻子歪在半边，却便似开了个油酱铺，咸的、酸的、辣的，一发都滚出来。郑屠挣不起来，那把尖刀也丢在一边，口里只叫："打得好！"鲁达骂道："直娘贼！还敢应口！"提起拳头来就眼眶际眉梢只一拳，打得眼棱缝裂，乌珠迸出，也似开了个彩帛铺，红的、黑的、绛的，都滚将出来。

——节选自《水浒传》第3回

【赏析】"鲁提辖拳打镇关西"，是《水浒传》中脍炙人口的精彩篇章之一。它充分利用中国小说的民族特色艺术表现手法，极为传神地写出了鲁智深的智勇性格，生动地展现出鲁智深刚爽豪迈、疾恶如仇、扶危济困的好汉形象。

三、古代戏剧

【正宫】【端正好】碧云天，黄花地，西风紧，北雁南飞。晓来谁染霜林醉？总是离人泪。

——节选自元杂剧《西厢记》第4本第3折

【赏析】这是王实甫《西厢记》里的名句。前几句化用范仲淹《苏遮幕》，借秋日的萧瑟景调写别情的凄苦。"泪染霜林"，文辞优美，意象耐人寻味。

原来姹紫嫣红开遍，似这般都付与断井颓垣。良辰美景奈何天，赏心乐事谁家院。

——节选自明传奇《牡丹亭》

【赏析】这是明代戏曲家汤显祖的代表作《牡丹亭》中的一首曲子，是女主人公杜丽娘在第十出《惊梦》的一段唱词。这也是一首脍炙人口、经久传唱的名曲。此曲描写贵族小姐杜丽娘游览自己家的后花园，发现万紫千红与破井断墙相伴，无人欣赏，良辰美景空自流逝，感到惊异和惋惜，抒发了对美好青春被禁锢、被扼杀的叹息。全曲语言精美，以词的手法写曲，抒情、写景及刻画人物的心理活动，无不细腻生动，真切感人，流动着优雅的韵律之美。

知识窗

《老残游记》中的济南老城风情

一提起"家家泉水、户户垂杨"，无人不知说的是山东济南，而这正是刘鹗的《老残游记》中的名句，风景如画的济南老城区因刘鹗的精彩笔触而家喻户晓。

● 佛山倒影

《老残游记》以一位走方郎中"老残"的经历为主线，谐谑描绘特定环境下的社会众生相，借书中人物揭露了当时的社会矛盾，由于描绘水准一流而被公认为晚清四大谴责小说之首。

小说描写济南风光是以老残的游览路线展开的，老残以"慢生活式"游览，三天逛老城济南。一到济南府，老残就在小布政司街的"高升店"客栈住下。清代的济南府就是今天的老城区，城区中心是山东巡抚衙门，也就是明代德王府旧址。小布政司街地处城西北，距离大明湖较近。老残选择靠近大明湖的小布政司街歇脚，应该是便于游览大明湖的风光。

第二天午后，老残便开始了第一天的游览。他步行至鹊华桥边，雇船往北到了历下亭。鹊华桥在大明湖南门东侧、百花洲的北侧，是进入大明湖的通道之一。老残所见的历下亭是康熙三十二年（1693 年）所建，坐北朝南，规模宏大。随后老残经历下亭下船向西来到了铁公祠畔。在这里，老残欣赏了"佛山倒影"，接着进大门到铁公祠堂，朝东看到了荷花池。这里有个"古水仙祠"，还有一副对联"一盏寒泉荐秋菊，三更画船穿藕花"。过了水仙祠，老残仍旧上船，荡到了历下亭后面，经过鹊华桥返回了小布政司街的客栈。

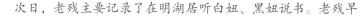
● 黑妞说书

次日，老残主要记录了在明湖居听白妞、黑妞说书。老残早上先到南门内看舜井，然后出南门到历山脚下看了相传大舜昔日耕田的地方。午饭后便去明湖居听了一下午的说书。历山也就是千佛山。明湖居是清初济南的曲艺场，原址在大明湖以南、鹊华桥以西，老残就是在这里听说书。

第三天中午，老残出西门先到趵突泉喝茶，喝完茶出趵突泉后门，往东转到金泉书院。进二门是投辖井，往西过重门是蝴蝶厅，西北角上就是金线泉了。金泉书院也就是济南的尚志书院，现在趵突泉内仍有旧址。老残出了书院后，顺着西城南行，过城角一路向东，沿路看到了南门城外的护城河，到了黑虎泉，并有茶房告知黑虎泉即这茶馆窗台上朝外看便是了。在黑虎泉喝完茶，老残便缓步进南门，回到小布政司街上的客栈了。

● 大明湖

三天的游览历程，老残游遍济南老城。这些地名，济南人至今都备感熟悉，大多数景区到现在还真实存在。老残所游历的济南，是历史上真实存在过的济南。

——转引自搜狐网

【注】《老残游记》是清末中篇小说，刘鹗的代表作，流传甚广，翻译成多国文字，在国内外影响巨大，被联合国教科文组织认定为世界文学名著。小说以一位走方郎中老残的游历为主线，对社会矛盾挖掘很深，尤其是他在书中敢于直斥清官误国、清官害民，指出有时清官的昏庸并不比贪官好多少。这一点对清廷官场的批判是切中时弊、独具慧眼的。

互动交流

1. 任选《水浒传》中你喜欢的一位梁山好汉，制作课件，向同学们说明你喜欢的理由。
2. 分小组，调查了解山东省内有哪些戏曲种类，并制作课件，向同学们介绍它们。

第五章

中国古代科学技术

　　五千年的中华文明，创造了辉煌灿烂的中国传统文化，它不但体现在哲学、宗教、文学、艺术及教育等人文科学方面，也体现在自然科学方面。古代中国在自然科学方面同样取得了巨大成就，做出了重大贡献。

　　纵观历史，我们的祖先在数学、天文、地理、生物、医学、农业等学科，以及建筑、冶金、纺织、造船、航海、印刷、制陶等技术领域都取得了令世人瞩目的成就。同时，中国古代科技的方方面面都渗透着传统文化的基因。

　　中国古代能有辉煌的科技成就，并非偶然。中国传统文化的世界观和方法论给中国古代科技提供了充足的养分，促进了天文、农业、数学三大传统科学体系的形成和以"四大发明"为标志的技术成就的产生，由此使中国古代科技在数千年的农业文明中居于世界前列。

第一节　中国古代农学

学习任务

1. 了解中国先民在农学方面的主要成就。
2. 了解先民的智慧，树立民族自尊心和自豪感。

中国是世界农学的重要起源地之一。中国古代社会历来是农业社会，历朝历代对农业都高度重视，认为农业是立国之本、筑邦之基。数千年来，我们的祖先积累了丰富的农业生产技术和经验，产生了诸多关于农业生产的基本理论，发明了众多的农业生产工具和养殖、栽培、耕作技术，涌现出了一批农业科学家和发明家，也因此产生了一门独特的学科——农学。

中国农业历史悠久，随着社会的发展，中国古人掌握了精湛的农学文化，为中国古代农业的发展做出了巨大贡献。

一、中国古代农学思想与原则

我国先民依据古代自然哲学宇宙系统思想，在数千年农牧业实践的基础上，概括出独特的"天地人"相统一的农学思想与经营理念，是我国古代文化的宝贵财富之一。

（一）"天地人"相统一的思想

始见于《周易》的"三才"，是讲天、地、人的变化与关系的，是战国时期比较流行的哲学观点之一，后被人们运用于经济生活、政治活动和军事作战等各个方面。中国古代农业也运用了天地人"三才"这一理论。中国古代农学家一开始就重视天时地宜的考察，重视人的农业活动与天文地理的关系，提出了天时、地宜、人力三者相统一的理论思想。这种贯穿于古代农学发展过程的天地人相统一的思想，构成了中国古代农学的主导思想。

《吕氏春秋·审时》："夫稼，为之者人也，生之者地也，养之者天也。"[1] 这段话阐明了农业生产的三大要素是人、地、天，而且把人的因素列为首要地位。到汉代，人、地、天演变为力、地、时。晁错说："粟米布帛生于地，长于时，聚于力，非可一日成也。"[2] 这里的"力"，即人力，具有重视人工劳动的含义，增添了改造自然的意味。这些都指出了我国古代农业生产是十分重视天时、地宜、人力相统一的。

> **知识链接**
>
> [1]翻译：庄稼，播种它的是人，令它成活的是土地，滋养它的是上天。
>
> [2]翻译：粟米和布帛的原料生在地里，在一定的季节里成长，收获需要人力，并非短时间内可以成事。

> **知识链接**
>
> **三宜**
>
> 三宜——时宜、地宜和物宜，即农业生产必须根据天时、地利的变化和农业生物生长发育的规律，采取相应的措施。

（二）"三宜"原则

在古代农业文明中，中国农业能够长期领先于世界其他文明古国，一个重要的原因就是我们的先民认识到人是大自然的组成部分，强调人与自然的和谐相处，主张因时制宜、因地制宜和因物制宜，提出"三宜"原则，按自然规律开展各种农事活动。

三宜原则出现于春秋战国时期，明代农学家马一龙对之做了较为全面、科学的说明："合天时、地脉、物性之宜，而无所差失，则事半而功倍。"

天地人相统一的农学思想和三宜原则运用在中国的农业生产中，为精耕细作的优良传统奠定了理论基础，对农业生产的发展产生了巨大的作用和影响。

二、特色浓厚的经营理念

（一）"精耕细作"的经营理念

战国初年，李悝在魏国为相时，作"尽地力"之教，是最早的集约耕作思想的表现。"治田勤谨，则亩益三升"，就是加强劳动强度、实行精耕细作、挖掘土地潜力、提高产量之意。汉代，通过推广隔年轮换的"代田法"和小面积试验的"区田法"等方式，把精耕细作推向一个新的高度，这是我国古代劳动人民改造土壤环境以提高产量的重要创造。

> **知识链接**
>
> ### 代田法
>
> 代田法是西汉赵过推行的一种适应北方旱作地区的耕作方法。具体是指在同一地块上作物种植的田垄隔年更换，所以称为代田法。代田法的推行取得显著的成效，产量提高，对汉武帝晚年以后社会经济的恢复起了重要作用。
>
> ### 区田法
>
> 区田的技术要点是集中施用水、肥，保证作物能够生长良好，获得丰产。但技术要求高，需耗费大量人力物力，只作为小面积丰产试验特例存在。汉代《氾胜之书》第一次记述了区田法，以后历代都有试种者，尤其到明、清盛极一时，先后有20处以上试验田。

● 贾思勰：北魏农学家

（二）"量力而行"的经营理念

晋代傅玄提出："不务多其顷亩，但务修其功力。"即主张提高农业产量，不要靠扩大耕地面积，而应重视在一定单位面积上多投入劳动。这就是"量力而行"的思想。

北魏农学家贾思勰进一步提出："凡人家营田，须量己力。"意思是说，经营农田的规模，需要度自己的力量，与物力、劳力等相称，既不要超过自己的力量盲目扩大经营规模，也不要缩小经营规模而使自己的力量不能充分发挥。

三、变化多样的种植制度

我国先民在长达数千年的劳动实践中，为了更好地利用季节、合理使用土地，实现生物互利作用最大化和生物互害作用最小化，寻求多样生物之间的最佳生态关系，在有限的耕地上实现最大的产出，发明创造了轮作复种、间作套种、多熟种植等多种多样的农业生产种植制度，有些甚至延续至今，被当代农民继续使用。

知识链接

"全球减贫案例征集活动"的最佳案例

内蒙古敖汉旱地农业系统是以小米为主要农作物，兼顾糜黍、荞麦、高粱、黑瓜子、杂豆等杂粮旱地作物，实行条播、轮作倒茬、间作套种等传统耕作方式的典型代表。这种耕种方式，在2020年11月入选"全球减贫案例征集活动"的最佳案例，为世界减贫贡献了中国人的农耕智慧。

夏商周时期，农人从事耕作的土地面积较大，当年种植的仅是其中的一部分。由于当时还没有实行人工施肥等措施，土地种植一年后地力大减，因而采用撂荒休耕制度。

春秋战国时期，随着农业生产力的发展，我国农业种植制度又发生了新的变化。原来普遍实行的撂荒休耕制度逐渐被土地连作制度取代，伴随土地连作的实行，农业生产也从原来的粗放经营向精耕农业转变。这一时期还开创了轮作复种制度，逐渐形成灵活多样的轮作倒茬和间作套种耕作方法。到东汉时期，中国的先民还发明了稻鱼鸭共生模式。

魏晋南北朝时已在桑间种植绿豆、小豆等。此后，间作套种制度已有较大发展。

隋、唐、宋、元时期，中国的经济重心南移，南方的水稻与麦类等水旱轮作复种制度也进入一个新的发展时期。双季稻栽培和麦稻轮作复种都有较大发展。

明清时期，随着玉米、甘薯、花生、烟草等新作物的引入，轮作复种和间作套种形式更为丰富，从而使多熟种植制度不断发展完善，还出现了建立在综合利用土地资源基础上的生态农业形式。

农业生产种植制度的形式与发展过程，世界各地不尽相同，地区间和地区内的发展都很不平衡。中国古代农作物种植制度的沿革，不仅反映了生产力的发展和科技进步，也表现了中国农耕文化的逐渐发展和完善。

四、丰富的科学技术实践成果

中国古代农业科技在实践方面的成果是十分丰富的，在培养农作物及家畜家禽良种、改良农具、兴修水利工程等诸多方面，都取得了领先于世界的成就。

（一）农作物及果蔬的选种培育

中国为世界栽培植物的重要起源地之一。起源于中国的农作物有粟、稷（黍子）、水稻、荞麦，豆类有大豆、毛黄豆，蔬菜有白菜、萝卜，果树有桃、李、柑橘、橙、龙眼、荔枝、银杏、猕猴桃等。

当远古人们把野生植物加以驯化栽培时，需有所选择，这就是农作物出现的开始。所以，选种的历史和农业发生的历史同样悠久。中国的农作物种类很多，品种更多，现今水稻品种有4万多个、粟品种有15 000多个；在蔬菜种植方面，蔬菜品种有100多个。中国还会合理利用土地种植，发明了加温培育法。汉代就有了温室种菜技术，还有了食用菌人工栽培技术。唐代普遍栽培木耳和冬菇。中国也是最早发现茶树和制作茶叶的国家，唐代陆羽的《茶经》是世界上第一部茶叶专著。这都是经过世代的农民广泛采用存优汰劣的留种和选种技术创造出来的成果。

（二）家畜家禽的育种成就

中国各地的优良家畜家禽种类之多，品种资源之丰富，过去及今天都受到世界其他国家的重视。马、牛、羊、鸡、犬、豕"六畜"，中国在 5000 多年前就已全部饲养了。中国是最早饲养猪、鸡、鸭、马的国家之一，也是最早用杂交方法培育骡的国家。

（三）蚕桑方面的贡献

中国是世界上养蚕、种桑、缫丝最早的国家。相传黄帝之妻嫘祖发明了养蚕与织丝；著名纺织家黄道婆传播了棉纺技术，改进了弹花技术，提高了织布技术。中国的丝绸享誉世界。

中国最早的农具

五、不断创新改进农具

中国在原始农业时期就非常重视农器问题，将农器视为农民生死之要、民富之具。

农具的产生和改进是与农业的产生和发展同步进行并互相促进的。中国在各个历史时期都有新农具的创新与改进，不仅提高了生产率，体现了农业科技的进步，也推动了社会的进步。

（一）原始农业时期农具

在原始农业时期，农业生产粗放，农具的材料以石、骨、蚌、木为主。最原始的农具是木质的耒耜，耒是最古老的挖土工具，属于农耕类用具。原始农具的种类可分为农耕类、收割类和加工类 3 类。农耕类大体有铲、耒、锄等，收割类包括刀、镰等，加工类最普遍的是石磨盘和石磨棒。此外，还有用鹿角制成的农具。陶器的发明和应用很早，主要用以汲水、贮物和烧煮食物。

● 原始农具：木质耒耜

（二）夏、商、西周时期农具

夏、商、西周时期，农具有所改进，但所用材料还是以木、石、骨等为主。当时已有青铜生产，到西周末年，用青铜制作的仅有一些中耕农具和收割农具。

（三）春秋战国时期农具

春秋战国时期冶铁业的兴起，使中国农具史上出现了一大变革时期。铁制农具代替了木、石材料农具，出现了铁犁铧、铁锄等，从而使农业生产力开始了质的飞跃。自春秋战国起，农业生

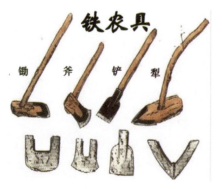

● 春秋战国铁农具

产工具被称为"田器""农器""农具"。铁农具的使用是农业生产上的一个转折点，它能清除大片森林，使之变为耕地、牧场，也使大面积的田野耕作成为可能，甚至使农业生产关系、土地耕作制度和作物栽培技术等也发生一系列的变化。

（四）秦、汉、隋、唐时期农具

秦统一中国以后，特别是两汉以来，由于冶铁业的大发展，铁制农具更加普及，成为"民之大用"。随着农业生产发展的需要，农具的种类增加，质量也大为提高。魏晋南北朝时期创造了人字耙、水碾等。隋唐时期出现曲辕犁、筒车、立井水车等。

● 曲辕犁

（五）宋、元时期农具

宋、元时期，中国农具的发展无论在动力的利用、器具的改进、种类的增加、使用的范围等方面，都超过了前代。

（六）明、清时期农具

明、清时期，农具较之元代无多大变化，发展缓慢，但某些农具仍有改进。如明末曾出现绳索牵引的代耕架和风力水车等。这期间中国北方出现了露锄，南方则出现了塍铲、虫梳和除虫滑车等，还有用鹿角制成的农具。这反映了传统的农业精耕细作程度愈来愈高。此外，由于钢铁冶铸技术的发展，农具部件的创造改进方面也有较大进步。

在中华民族悠久的历史长河中，勤劳又聪慧的中国古人发明了形式多样的农耕工具，种类丰富。不少农具的发明早于世界其他地区，对世界产生了深远影响。除用人力、畜力外，中国古人还注意利用风力和水力作为动力。这些伟大的发明，陪伴着农民在田间尽情挥洒汗水，见证着农民的辛勤劳动和丰收成果，代表了我国农业发展的脚步。

六、著名的水利工程

中国是一个农业大国，水利是农业生产的命脉，历代统治者都非常重视水利工程的建设。勤劳、勇敢、智慧的中国人民同江河湖海进行了长期艰苦卓绝的斗争，修建了无数大大小小的水利工程，有力地促进了农业生产，取得了突出的成就。同时，水文知识也得到了相应的发展。

远古时代，人类改变自然环境的能力弱，只能逐水草而居，择丘陵而处，长江、黄河流域就是我国先民最早的聚族而居、繁衍生息的地方，靠渔猎、采集和游牧为生，对自然的水更多地采取趋利避害，消极适应。传说尧舜时洪水泛滥，禹率众疏导江河，开挖沟渠，足迹遍及河、济、江、淮流域，终于把

● 大禹治水

洪水平息了。这是中国远古时代人民长期治水的缩影。用沟洫灌溉农田和把田野积水排泄到江河湖沼中去，以利农耕，是大禹治水的重要成就。商周修建农田沟洫是这一工作的继续。这一时期，黄河流域农田水利的重点在防洪排涝，小型的农田灌溉也已出现。

春秋战国是中国水利事业初步发展的时期。最早记载的灌溉工程是楚庄王时孙叔敖在今安徽寿县修建的芍陂塘堰工程，是我国最早的大型水库。战国时魏国的西门豹主持修建了漳水十二渠工程，沟通黄河、淮河和长江三大水系，既利于通航，又利于灌溉。秦国蜀郡太守李冰父子率众修建了著名的都江堰水利工程，解除了岷江水患，灌农田万顷，使蜀地成为沃野千里的"天府之国"。秦国用韩国水工郑国设计和主持修建了郑国渠，灌田 18 万公顷，使关中成为沃野。它们被称为春秋战国时期的四大水利工程。

秦汉时期，水利以黄河流域为主，防洪治河依然是主要任务。秦始皇时开凿了灵渠，汉武帝时创造了开凿地下水渠的井渠法。东汉王景以疏浚和修堤的方法治黄河，兴建了引水灌溉工程，都取得了很好的效果。

魏晋南北朝时期，北方战乱，大量人口南移，水利工程逐渐向江淮发展，建有许多塘堰和湖泊。东汉时已有鉴湖，西晋末年修建了练湖，六朝时修建了赤山湖等。北方农田水利走向衰落，在政局较稳定时，也修复了一些旧渠，并有所新建。如北魏修建的位于今宁夏的艾山渠，引黄河水灌田 4 万顷等。

隋唐北宋 500 余年间，是中国水利发展的鼎盛时期。社会稳定、经济繁荣，水利建设遍及全国各地，技术水平也有提高。北方水利经历了由复兴至衰落的过程，南方水利则获得了持续的大发展。隋代投入巨大人力，隋炀帝时开通济渠与永济渠，又疏通邗沟、汴渠等，建成了沟通长江和黄河流域的大运河，成为当时全国重要的交通干线，对政治、经济、文化的发展产生了深远影响，也是世界水利史上一项巨大的工程。唐代国泰民安，除了大力维护运河畅通、保证粮食北运外，还在北方和南方大兴农田水利，包括关中的三白渠、浙江的它山堰等较大的工程共 250 多处。塘堰灌溉遍布，并已有提水灌溉，灌溉面积扩大，作物单产和总产大大提高。唐末以后，北方屡遭战乱，人口大量南移，使南方的农田水利迅速发展。

从元明到清中期，中国水利又经历了 600 余年的发展。元代建都北京，郭守敬主持疏通了京杭大运河山东境内的会通河，开凿通惠河，延伸了京杭大运河的长度，通畅了京城水上交通，成为以后南北交通的大动脉。京杭大运河也是世界上最长的运河。黄河自南宋时期夺淮改道以来，河患频繁。明代大力治黄，采用"束水攻沙"，固定黄河流路，修建高家堰，形成洪泽湖水库，"蓄清御黄"保证漕运。从明清开始，长江的水患日益突出，荆江、岳阳、武昌、九江都是重点的防洪地段。

清末民国时期，内忧外患频繁，国家无力兴修水利，以致河防失修、灌区萎缩、京杭大运河中断，水利处于衰落时期。中国水利事业的发展已趋缓慢。但是海禁渐开，西方的一些科学技术传入中国，成立了河海工程专门学校等水利院校，培养水利技术人才。

在漫长的农业文明时期，防洪治水、农田灌溉和舟楫航运的进步与创新，始终是经济发展的重要因素。

七、中国古代的农学著作

中国是一个古老而传统的农耕文明大国，中国先民一直在关注和研究土地与植物之间的关系，具有浓重的农耕思想，积累了丰富的耕作经验。几千年来，历代统治者都以"农"为天下根本，促进了我国古代农业的发展。因此，我国传统农学无论在理论、技术还是思想等方面都曾居于世界先进水平，诞生了很多优秀的农学家，留下了丰富的中国农学著作。

在我国古代文化典籍中，专门的农书有 300 余种。主要的农学著作有西汉氾胜之所写的《氾胜之书》、北魏贾思勰写作的《齐民要术》、唐末五代人韩鄂编写的《四时纂要》、两宋之交陈旉完成的《陈旉农书》、元代官修农书《农桑辑要》及王祯编写的《农书》、明代徐光启撰写的《农政全书》、明代宋应星所著的《天工开物》和清代张履祥撰写的《补农书》等。

其中，《氾胜之书》《齐民要术》《陈旉农书》《农政全书》被称为中国古代四大农书。四大农书基本反映了中国古代各个时期农耕社会的发展状况，代表了中国古代农业科技所达到的水平。

（一）《氾胜之书》——我国最早的农业科学著作

《氾胜之书》是西汉晚期的一部重要农学著作，一般认为是中国最早的一部农书，但原书已佚。氾胜之在汉成帝时官拜议郎，曾在整个关中平原地区推广农业，教导种植小麦，关中地区的农业因此获得了丰收。他在总结农业生产经验的基础上，写成了农书 18 篇，这就是《氾胜之书》。本书总结了我国北方地区主要是关中地区的耕作经验，提出了农业生产六环节理论，即及时耕作、改良和利用地力、施肥、灌溉、及时除草和及时收获 6 个环节，并对每一个环节都做了具体的说明。《氾胜之书》发展了战国以来的农业科学，在中国古代农学史上具有很高的地位并产生了深远影响。

（二）《齐民要术》——我国现存第一部完整的农书

《齐民要术》是北魏时期中国杰出的农学家贾思勰所著的一部综合性农书，是中国现存最早、最完整的农书，也是世界农学史上最早最系统的农学著作。

《齐民要术》建立了较为完整的农学体系，并以实用为特点对农学类目做出了合理的划分。全书共 10 卷，92 篇，11 万多字，记述了 6 世纪以前黄河流域下游地区，即今山西东南部、河北中南部、河南东北部和山东中北部劳动人民的农牧业生产经验、食品的加工与贮藏、野生植物的利用，以及治荒的方法，详细介绍了季节、气候和不同土壤与不同农作物的关系，概述了农、林、牧、渔、副等部门的生产技术知识，被誉为"中国古代农业百科全书"。

作为一部农学百科全书，《齐民要术》不仅奠定了我国农学发展的基础，而且在世界农业科学发展史中也占有重要地位。

（三）《农书》——中国最早的图文并茂的农具史料

王祯撰写的《农书》，继承了前人在农学研究中所取得的成果，总结了元代以前的农业生产经验，兼论中国北方农业技术和中国南方农业技术，全面系统地解释了农业生产所涉及的范围、内容和必须掌握的生产技术，提出中国农学的传统体系，在中国农学史上占有极其重要的地位。

全书共 37 卷，约 13 万字，内容包括 3 个部分。①《农桑通诀》6 卷，作为农业总论，体现了作者的农学思想体系。②《百谷谱》11 卷，为作物栽培各论，分述粮食作物、蔬菜、水果等的栽种技术。③《农器图谱》20 卷，占全书 80% 的篇幅，几乎包括了传统的所有农具和主要设施，共收有 257 种农机具，绘制图谱 306 幅，图后又附文字说明，介绍各种农机具的构造、演变过程、使用方法和功效等，有的还赋诗，可以吟咏。《农书》是一本很有价值的书，堪称中国最早的图文并茂的农具史料，后代农书中所述农具大多以此书为范本。

（四）《农政全书》——中国近代科学先驱

明清时期，农学与其他学科一样进入了总结时期，出现了徐光启这样的农学大师。他广泛涉猎科学技术的许多领域，如天文、历算和军事等，其中以农田水利之学成就最大。

● 徐光启像

徐光启编撰的《农政全书》是一部集前人农业科学之大成的著作，内容丰富，基本上囊括了中国古代农业生产和人民生活的各个方面。全书共 60 卷，50 余万字，分 12 目：农本、田制、农事、水利、农器、树艺、蚕桑（木棉、苎麻等）、蚕桑广类、种植、牧养、制造及荒政。全书既大量考证收录前代有关农业的文献，又有自己在农业和水利方面的科研成果，还引进介绍了西方自然科学的译述，提出了许多新的思想，受到同代和近代学者的较高评价，超越了以往的纯技术性的农业书籍，集中表达了徐光启以农治国的农业生态观，展现了经济、技术与农业生产部门相统一的"大农业"系统观。《农政全书》被誉为"中国近代科学先驱"。

《农政全书》中蕴含的"农政"思想在当下以工业化为主导的现代社会仍然具有启示意义。农政思想所体现的中国传统的人与自然相互依存的关系，不仅有助于反思和探讨当今世界西方资本主义主导的大工业生产范式给人类社会带来的资源危机、气候危机，也启示我们应尊重自然、保护生态，走与自然和谐相处的可持续发展道路。

在数千年的农耕活动中，华夏子孙在"天人合一"的思想指导下，"顺天时，量地利"，植五谷，养六畜，农桑并举，耕织结合，逐渐形成了土地精耕细作、生活勤俭节约、经济富国足民、天地人和的优良传统，创造了灿烂辉煌的农耕文明，

> **知识链接**
>
> **《农政全书》为世界带去中国农业技术**
>
> 据 WorldCat 的数据统计，美、英、澳、德等 40 多家海外图书馆收藏了《农政全书》的历代刻本和现代版本。
>
> 欧洲积极翻译中国农书，引进中国先进农业技术，不仅改变了 18 世纪欧洲农业生产落后的局面，也间接推动了西方的工业革命和科学技术革命。

留下了弥足珍贵的农业文化遗产。这些农业文化遗产中蕴藏的农耕智慧，为中国农业的发展乃至世界农业的发展都做出了巨大贡献。

农家文化中的农学思想、集约经营思想及重农思想对当前贯彻科学发展观、建设社会主义新农村及构建和谐社会等仍具有重要启示意义。农家的治学目的、治学方法及民生关怀精神对当前的学术研究和学风建设具有一定的启示作用。

 知识窗

古代历史上的3位山东农学家

在我国漫长的历史长河中，农学家与史学家相比，数量寥若晨星。正因其人少，其成就愈显珍贵。

中国古代著名的四大农学家，有3位出自山东，即西汉末年撰写《氾胜之书》的氾胜之、北魏写作《齐民要术》的贾思勰和元代编写《农书》的王祯。

1. 西汉氾胜之

氾胜之，西汉农学家，氾水（今山东曹县北）人。

他草根出身，农民家庭，从小就对农作物的生长和栽培很感兴趣，喜欢研究农业技术，注重搜集、总结家乡农民的生产经验，大力推广种子穗选法，积累了丰富的农业知识。即使他步入仕途之后，也从未改变对农学的痴迷，心里总惦着百姓的温饱。他常常微服出访，走遍了关中平原，虚心向种田好手请教，把群众的种田经验同自己的研究成果结合起来。

有一回，氾胜之听说有一位农民是种瓠子的行家里手，就登门拜访，同这位农民交上了朋友。他不仅仔细观察研究这位农民的种瓠过程，自己还亲手反复做种植试验，终于总结出了一套瓠子种植高产技术，即"种瓠法"。用这个新技术栽种的瓠子，个儿长得特别大，一个可抵过去的10个大。正是他这种谦卑学习的态度，使他受到了广大农民的尊敬和爱戴。

后来他总结编纂的《氾胜之书》是我国最早的一部农书专著，至今已2000多年历史。该书总结了我国古代黄河流域劳动人民的农业生产经验，记述了耕作原则和作物栽培技术，对促进我国农业生产的发展产生了深远影响。

2. 北魏贾思勰

贾思勰，中国古代杰出农学家，青州益都（今山东寿光市）人。

贾思勰出身书香门第，其祖上很喜欢读书、学习，尤其重视农业生产技术知识的学习和研究，对贾思勰的一生有很大影响。据史料记载，因北魏由经济繁荣、社会安定走向经济衰落，贾思勰就开始致力于农学研究。成年以后，他走上仕途，曾经做过高阳郡（今属山东临淄）太守等官职，到过山东、河北、河南等地。每到一地，他都非常认真地考察和研究当地的农业生产技术，向一些具有丰富经验的老农请教，获得了不少农业方面的生产知识。中年以后，他回到故乡，开始经营农牧业活动，掌握

● 贾思勰像

了多种农业生产技术。

相传在北魏年间，青州高阳郡中不知从哪儿跑出来200多只羊，而赶着羊群去放牧的就是高阳郡的太守——贾思勰。在不少人眼里，放羊人是身份很卑微的，太守放羊更是闻所未闻。一时间，青州百姓议论纷纷。后来有一天，有朋友来拜访，他一看贾思勰养了很多羊就非常生气："你这不是有辱斯文吗？你文人的风骨去哪里了？"没想到贾思勰抬手呵呵一笑，说："圣人不耻身之贱也，而愧道之不行也；不忧命之长短，而忧百姓之穷。"他用《淮南子》中的话表明了自己的志向。圣人不以出身贫穷为羞耻，是怕大道得不到推行；圣人也不担忧生命短暂，而是忧虑百姓的生活过得穷苦。当时，战乱导致许多耕作技术失传，农业技术落后。贾思勰目睹百姓的贫苦，决定放下读书人的身段，深入田间地头，收集整理农业生产经验。

十多年里，贾思勰笔耕不辍，总结农牧业生产规律，终于完成了一部包罗万象的农业著作——《齐民要术》，这是我国现存的第一部最完整的、最系统的古代农书巨著，被誉为"中国古代农业百科全书"，也是确立中国农业大国地位的"第一农书"，在我国乃至世界农业科学技术史上有极其重要的地位。贾思勰也因此被后人尊称为"农圣"。

3. 元代王祯

王祯（1271—1368年）是中国古代著名的四大农学家之一。他是元代东平（今山东东平）人，与汉代的氾胜之、北魏的贾思勰、明代的徐光启齐名。

王祯的家乡，在元初已是文人荟萃的地方。早在窝阔台时代，万户严实就曾经在东平"兴学养士"，当时的名士，如李昶、王磐、徐士隆、李谦等都曾在东平先后设帐授徒，培养了一批为封建王朝服务的人才，著名的有徐琰、申屠致远、孟祺等。其中孟祺在元世祖至元七年（1270年）曾任山东西道劝农副使，参与编写了《农桑辑要》一书。王祯可能受其影响而开始接触农学，他在《农书》中曾引用《农桑辑要》的许多资料。

● 王祯像

关于王祯的生平活动，有据可查的史料很少，史书有记载的是他做过两任县尹。一是元成宗元贞元年（1295年），任宣州旌德县（今安徽旌德）县尹，在职6年；二是元成宗大德四年（1300年），调任信州永丰县（今江西广丰）县尹。王祯恪尽职守，公正无私，勤勉务实，为民办事。他在旌德县县尹任内，为老百姓办过许多好事。据《旌德县志》记载，他生活俭朴，经常将薪俸捐给地方兴办学校、修建桥梁、整修道路、施舍医药、教农民种植、树艺。时人颇有好评，称赞他"惠民有为"。旌德县多山，耕地大部分是山地。有一年碰上旱灾，眼看禾苗都要旱死，农民心急如焚。王祯看到旌德县许多河流溪涧有水，想起从家乡东平来旌德县的时候，在路上看到一种水转翻车，可以把水提灌到山地里。王祯立即开动脑筋，画出图样，又召集木工、铁匠赶制，组织农民抗旱，就这样，水转翻车使旌德县几万亩山地的禾苗得救。

王祯继承了传统的"农本"思想，认为国家从中央到地方政府的首要政事就是抓农业生产。无论是在旌德县还是永丰县任职，王祯的劝农工作都政绩斐然。他根据自己长期的调研与实践，以其对农业的精通钻研，写成了一部《农书》。《农书》在中国农学史上占有极其重要的地位。它继承了前人在农学研究上所取得的成果，总结了元代以前农业生产实践的丰富经验，全面系统地解释了广义农业生产所包括的内容和范围，对中国南北方农业技术的相互学习、交流与发展，产生了积极而深远的影响。

互动交流

1. 中国古代有哪些重要的农学家和农业著作？

2. 上网搜索或者参观博物馆，观赏陈列的中国古代农具，并将你对中国古代农具的直观感受写下来。

第二节　中国古代天文学

中国是世界上天文学发展最早的国家之一。由于生产和生活的需要，人们从远古时期就对天文现象进行观察，经过世代连续不断的努力，积累了越来越多的天文学知识，并逐渐形成了内容丰富且具有独特风格的天文学体系。中国古代天文学在许多领域曾长期在世界上处于领先地位，在世界天文学史和中华民族文化史上都写下了光辉的篇章。

一、星象的知识

（一）星象的基本概念

1. 七政、五纬

古人把日月和金木水火土五星合称为七政，也叫七曜，其中金木水火土五星合起来又称五纬。金星古称明星，又名太白，金星黎明见于东方叫"启明"，黄昏见于西方叫"长庚"；木星古称岁星；水星古称辰星；火星古称荧惑；土星古称镇星或填星。

2. 星官

中国古代天文学中的星区划分使用的是星官系统，类似于西方的星座。我国古代为了便于认星和观测，把若干颗恒星组成一组，每组用地上的一种事物命名，这一组就称为一个星官，简称一官，唐宋后也有称之为一座的。三国陈卓把石氏、甘氏、巫咸三家星官合并组成一个283官、共1464颗星的星官系统，史称"陈卓定纪"，为后代天文学家所沿用。

3. 二十八宿、四象

中国古代星官系统把天空分为"三垣二十八宿"及其他星官。再将"二十八宿"分为四大星区，分别用"朱雀""玄武""青龙""白虎"四灵兽命名，即所说的"四象"，又称为"四陆"。可以理解为，"朱雀""玄武""青龙""白虎"是4个大规模的星座。

古代常见的观测二十八宿的方法有4种：第一种是在黄昏日落后的夜幕初降之时，观测东方地平线上升起的星宿，称为"昏见"；第二种是子时观测南中天上的星宿，称为"昏中"；第三种是在黎明前，夜幕将落之时，观测东方地平线上升起的星宿，称为"晨见"或"朝觌"；第四种是在黎明前，夜幕将落时观测南中天上的星宿，称为"旦中"。

古时人们为了方便观测日、月和五大行星（金、木、水、火、土）的运转，便将黄道、赤道附近的星座选出28个作为标志，合称"二十八宿"或"二十八星"。角、亢、氐、房、心、尾、箕，这7个星宿组成一个龙的形象，春分时节在东部的天空，故称东方青龙七宿；斗、牛、女、虚、危、室、壁，这7个星宿形成一组龟蛇互缠的形象，春分时节在北部的天空，故称北方玄武七宿；奎、娄、胃、昴、毕、觜、参，这7个星宿形成一个虎的形象，春分时节在西部的天空，故称西方白虎七宿；井、鬼、柳、星、张、翼、轸，这7个星宿又形成一个鸟的形象，春分时节在南部天空，故称南方朱雀七宿。

由以上7个星宿组成的4个动物的形象，合称为四象。古代人民用这四象和二十八宿中每象每宿的出没和到达中天的时刻来判定季节。古人面向南方看方向节气，所以才有左东方青龙、右西方白虎、后北方玄武、前南方朱雀的说法。

4．北斗七星

"北斗"一词的本义是指北方夜空中接近北极点的一个星组（星官），其形状如舀水的斗勺，故名。它与位于低纬度（就赤道坐标系而言）的"南斗"星相对应。"斗"是专用的舀水器具，与水的关系极为密切。而五行之水，正好位配北方。因此，北斗的命名，很可能与五行观念和理论的出现在同一时期。北斗的斗柄能指示季节：北斗斗柄东指，天下皆春；北斗斗柄南指，天下皆夏；北斗斗柄西指，天下皆秋；北斗斗柄北指，天下皆冬。

北斗七星在古代天文也占有重要地位。我国对北斗七星的观察早有记录，但七星之名最完整的记载始见于汉代纬书《春秋运斗枢》，其中记载到"第一天枢，第二璇，第三玑，第四权，第五衡，第六开阳，第七摇光。一至四为魁，五至七为杓，合为斗。"

5．分野

古人是把天上的星宿和地上的州域联系起来看的。在春秋战国时代，人们根据地上的区域来划分天上的星宿，把天上的星宿分别指配于地上的州图，使它们相互对应，认为某星是某国的分星，某某星宿是某某州国的分野。

古人建立分野的目的在于观察天象，以占卜地上所配州国的吉凶。《论衡》中谈到荧惑守心时就说："荧惑，天罚也；心，宋分野也。"如王勃《滕王阁序》的"星分翼轸"，李白《蜀道难》的"扪参历井"，指的就是所描绘的地方的星宿分野。

（二）星象的作用

1．测定岁时季节

上古时代，人们认为初昏时参宿在南方就是春季正月，心宿在正南方就是夏季5月。

2．判断人事的吉凶

古人认为，日食是上天对当政者的警告，彗星的出现象征兵灾。岁星正常运行到某某星宿，则地上与之相配的州国就会五谷丰登，荧惑运行到某某星宿，这个地区就会有灾祸等。古人还认为，一些天象的变化是水旱、饥馑、疾疫、盗贼泛滥等自然、社会现象的预兆。

二、宇宙结构学说——论天三家

我们的祖先经过对天象的长期观测和研究，到汉代，已先后出现了3种关于天体运动

中国传统文化教程（微课版）

和宇宙结构的学说，即所谓"论天三家"——盖天说、浑天说、宣夜说。

（一）盖天说

盖天说，是我国最古老的宇宙说之一。"天似穹庐，笼盖四野。天苍苍，野茫茫，风吹草低见牛羊。"当你来到茫茫原野，举目四望，只见天空从四面八方将你包围，有如巨大的半球形天盖笼罩在大地之上，而无垠的大地在远处似与天相接，挡住了你的视线，使一切景色都消失在天地相接的地方。这一景象无疑会使人们产生天在上、地在下，天盖地的宇宙结构观念。盖天说正是以此作为其基本观点。盖天说的出现大约可以追溯到商周之际，到了汉代，盖天说形成了较为成熟的理论，《周髀算经》是盖天说的代表作，认为"天象盖笠，地法覆槃"，即天地都是圆拱形状，互相平行。

（二）浑天说

浑天说是古代的一种宇宙学说。浑天说最初认为，地球不是孤零零地悬在空中，而是浮在水上；后来又认为地球浮在气中，因此有可能回旋浮动，这就是"地有四游"的朴素地动说的先河。浑天说认为全天恒星都布于一个"天球"上，而日月与五星则附于天球上运行，这与现代天文学的天球概念十分接近。

浑天说的代表作《张衡浑仪注》中说："浑天如鸡子。天体圆如弹丸，地如鸡子中黄，孤居于天内，天大而地小。天表里有水，天之包地，犹壳之裹黄。天地各乘气而立，载水而浮。周天三百六十五度又四分度之一，又中分之，则半一百八十二度八分度之五覆地上，半绕地下，故二十八宿半见半隐。其两端谓之南北极。北极乃天之中也，在正北，出地上三十六度。然则北极上规径七十二度，常见不隐。南极天地之中也，在正南，入地三十六度。南规七十二度常伏不见。两极相去一百八十二度强半。天转如车毂之运也，周旋无端，其形浑浑，故曰浑天。"可见浑天说比盖天说进了一步，它认为天不是一个半球形，而是一整个圆球，地球在其中，就如鸡蛋黄在鸡蛋内部一样。

（三）宣夜说

宣夜说的历史渊源，可以上溯至战国时代的《庄子》。《庄子·逍遥游》中的"天之苍苍，其正色邪？其远而无所至极邪？"就用提问的方式表述了对宇宙的猜测。

宣夜说认为，天是无形无体、无色无质、无边无际的广袤空间，人目所见的浑圆的蓝天，仅是视觉上的错觉，这与"旁望远道之黄山而皆青，俯察千仞之谷而窈黑"是一个道理。宣夜说还认为，天体在广阔无垠的空间中的分布与运动是随其自然发生的，并不受想象中的天壳的约束，它们各具特性，并在气的作用下悬浮不动或运动不息。宣夜说既否定了天壳的存在，又描绘了一幅天体在物质的无限空间自然分布与运动的图景，较盖天说和浑天说都更接近事物的本来面目。

三、历法的演变

历法，简单说就是根据天象变化的自然规律，计量较长的时间间隔，判断气候的变化，预示季节来临的法则。中国古代天文学史，在一定意义上来说，就是一部历法改革史。中国古代历法经历了起源、奠基、成熟、完善、高峰、没落，最终融入近现代天文学的漫长演变过程。

（一）西周以前天文历法的起源

1. 远古时代天文历法的起源

传说尧在任时，历法含糊不清，农业生产受到损害，各方工作拖拉无序。他便命令羲氏、和氏观察天象的变化、日月星辰的运行位置，制定一年四季的历法，以教导人们按时令节气从事农业生产和各项工作。

2. 夏代历法的成就——《夏小正》

《夏小正》是一篇按月份记载物候、气象、天文、农事、田猎等活动的文献，原为《大戴礼记》中的一篇。现存的《夏小正》，分经文和传文两部分。

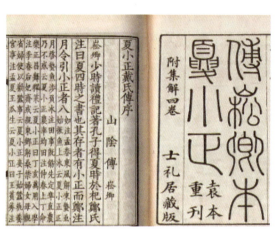

● 《夏小正》节选

在中国古代历法中，甲、乙、丙、丁、戊、己、庚、辛、壬、癸被称为"十天干"；子、丑、寅、卯、辰、巳、午、未、申、酉、戌、亥叫作"十二地支"。两者按固定的顺序互相组合，组成了天干地支相配的纪年法，简称"干支纪法"，标志着中国历法的产生。

史书记载：夏正建寅，殷正建丑，周正建子。夏代历法符合人们的活动规律，被后世所采用，产生了深远影响。商代的历法把十天干和十二地支相组合，组成六十干支，用来纪日。

（二）春秋战国时期天文历法体系的奠基

这一时期涌现了许多天文学家。《史记》载："齐，甘公；楚，唐昧；赵，尹皋；魏，石申"，这4位就是中国最早的四大天文学家。其中以甘公和石申两位最为出名，他们两人各自著有天文著作，后来被合并为《甘石星经》。据史书记载，《甘石星经》一书主要记录了五星各种运行的状态，还细致地描述了五星的出没情况和规律。据悉，书中所记录的恒星名称便有数百个，还分别划分了各个恒星的星官，自成体系。这种体系在天文学发展的路程中影响巨大，后世的天文学研究都受其影响。

1. 阴阳合历的成熟

我国古代不仅定出回归年长为365日，还发现了19年设置7个闰月的方法，制定出了具有历史意义的科学历法——四分历。在欧洲，罗马人在公元前46年采用的儒略历中，也用365日这个数据。

我国自秦、汉至清代末年，仅名家历法就有100余种，它们都属于阴阳合历。

2．二十四节气形成

二十四节气的形成是一个渐进的过程。春秋时期，五经之一的《尚书》记载了"四仲中星"的典故，确立夏至、冬至、春分和秋分等节气。在《管子·轻重已》中，又增加了"春始"、"夏始"、"秋始"和"冬始"等节气。时至战国，《吕氏春秋》将节气增加到 22 个，节气初具雏形。到了汉初，《淮南子·天文训》增补了小满和大雪 2 个节气，形成了完整的节气系统。西晋哲学家杨泉在《物理论》中记载："畴昔神农始治农功，正节气，审寒温，以为早晚之期，故立历日。"这番话说明设立节气的初衷就是"治农功"。节气以一年为基础，约 15 天为一节气，划分为 24 个不同的节气。

知识链接

二十四节气时间及节气歌

二十四节气时间如表 5-1 所示。

表 5-1　二十四节气时间

季节	节气时间		
春季	立春 2 月 4 日或 5 日	雨水 2 月 19 日或 20 日	惊蛰 3 月 5 日或 6 日
	春分 3 月 20 日或 21 日	清明 4 月 4 日或 5 日	谷雨 4 月 20 日或 21 日
夏季	立夏 5 月 5 日或 6 日	小满 5 月 21 日或 22 日	芒种 6 月 5 日或 6 日
	夏至 6 月 21 日或 22 日	小暑 7 月 7 日或 8 日	大暑 7 月 23 日或 24 日
秋季	立秋 8 月 7 日或 8 日	处暑 8 月 23 日或 24 日	白露 9 月 7 日或 8 日
	秋分 9 月 23 日或 24 日	寒露 10 月 8 日或 9 日	霜降 10 月 23 日或 24 日
冬季	立冬 11 月 7 日或 8 日	小雪 11 月 22 日或 23 日	大雪 12 月 7 日或 8 日
	冬至 12 月 21 日或 22 日	小寒 1 月 5 日或 6 日	大寒 1 月 20 日或 21 日

二十四节气歌

春雨惊春清谷天，夏满芒夏暑相连。秋处露秋寒霜降，冬雪雪冬小大寒。

每月两节不变更，最多相差一两天。上半年来六廿一，下半年是八廿三。

（三）秦汉魏晋时期天文历法体系的成熟

西汉初年，沿用秦代的《颛顼历》，但《颛顼历》有一定的误差。元封六年（公元前 105 年），经司马迁等人提议，汉武帝下令改定历法。公元前 104 年，天文学家落下闳、邓平等人制定了《太初历》。

《太初历》不仅是我国第一部有完整文字记载的历法，也是当时世界上最先进的历法，它问世以后，一共用了 189 年。《太初历》将行星的会合周期测得很准，并推算出 135 个月有 23 次交食周期。《太初历》经西汉末年天文学家刘歆改造成为《三统历》。

（四）南北朝隋唐五代时期天文历法体系的完善

1．祖冲之及其《大明历》

祖冲之，字文远，是南北朝时期杰出的科学家。他撰成的《大

● 祖冲之

明历》，是我国古代最为著名的历法之一。他首次将东晋虞喜发现的岁差引用到《大明历》中，定一个回归年为 365.242 8 日（今测为 365.242 2 日），这是我国古代所用的最佳值之一。祖冲之测定的交点月长为 27.212 23 日，与今测值仅差十万分之一。祖冲之还很好地选定了十分准确的新闰周——391 年 144 闰，这是我国古代得到的最佳闰周之一。

对于五星会合周期，祖冲之也进行了重新测量，得出了更精确的数据，其中水星和木星的会合周期接近现代测量数据。

2．一行及其《大衍历》

一行（683—727 年），中国唐代著名的天文学家和佛学家，本名张遂。张遂自幼刻苦学习历象和阴阳五行之学，青年时代即以学识渊博闻名于长安。为避开武则天的拉拢，张遂剃度为僧，取名一行。张遂曾翻译过多种印度佛经，后成为佛教一派——密宗的领袖。开元九年（721 年），据李淳风的《麟德历》几次预报日食不准，玄宗命张遂主持修编新历。张遂一生中最主要的成就是编制《大衍历》，他在制造天文仪器、观测天象和主持天文大地测量方面也有颇多贡献。

●一行

张遂为编《大衍历》，进行了大量的天文实测，并对中外历法系统进行了深入的研究，在继承传统的基础上，颇多创新。张遂为了制定《大衍历》做了很多准备工作：制造观测仪器（黄道游仪等）、主持天文大地测量等。从开元十三年（725 年）起，张遂开始编历。经过两年时间，写成草稿，定名为《大衍历》。经过检验，《大衍历》比唐代已有的其他历法都更精密。开元二十一年《大衍历》传入日本，使用近百年。《大衍历》以其革新号称"唐历之冠"，又以其条理清楚而成为后代历法的典范。

徐昂制定的《宣明历》颁发实行于长庆二年（822 年），是继《大衍历》之后，唐代的又一部优良历法，它给出的近点月及交点月日数分别为 27.554 55 日（今测值 27.554 550 3 日）和 27.212 2 日（今测值 27.212 220 6 日）。

（五）宋元时期天文历法体系发展的高峰

1．精确的《统天历》

宋代在 300 余年内出现了 23 种历法，其中以南宋杨忠辅制定的《统天历》最优。《统天历》取回归年长为 365.242 5 日，是当时世界上最精密的数值，欧洲著名的《格里高利历》，即当今世界通行的公历，其回归年长亦取 365.242 5 日（1582 年颁行），但比《统天历》晚了 383 年。《统天历》还指出了回归年的长度在逐渐变化，其数值是古大今小。

2．郭守敬与《授时历》

郭守敬（1231—1316 年），字若思，顺德邢台（今河北邢台）人，是元代著名的科学家。他在天文仪器制造、天文观测和水利工程等科学技术领域中成绩卓著，与王恂、许衡等人共同编制的《授时历》则是我国古代历法发展到巅峰状态的标志。

●郭守敬

元代初年天文历法沿用《大明历》。几十年以来，误差积累日渐显著，发生过好几次预推与实际现象不符的情况。再一次重新修改是迫切需要的事了。于是，元政府下令在新的京城里组织历局，调动了全国各地的天文学者，另修新历。郭守敬等人接受了编制新历法的任务。

郭守敬、王恂等人在制定《授时历》过程中，既总结、借鉴前人的经验，博采众家之长，又研制大批观天仪器；在此基础上，郭守敬主持并参加了全国规模的天文观测。

1279 年左右，郭守敬向政府建议，为编制新历法，组织一次全国范围的大规模的天文观测。元世祖接受了建议，派 14 名天文学家，到国内 27 个地点进行了几项重要的天文观测，历史上把这项活动称为"四海测验"，为编制新历提供了较为精确的数据。至元十七年（1280 年）春天，新历法完成。元世祖按照"敬授民时"的古语，取名为《授时历》。《授时历》一直沿用到明亡（1644 年），足见《授时历》的精密。它作为我国古代传统历法发展的高峰，载入史册。

（六）明清时期传统天文历法的没落和中西天文学的融合

明清时期，传统天文历法虽然在个别领域仍有所发展，在个别时期也曾有复兴的苗头，但从整体上看，它经历了长期停滞，渐趋衰落，并融入世界天文学发展的总潮流中的历史过程。

自明初开始，到明万历年间的约 200 年中，除了对异常天象的观测仍在继续，以及个别实用天文学（如航海天文学）有所进展外，天文历法的研究完全陷于停滞的状态，历法在民间几成绝学。到明万历年间（1573—1620 年），国初的禁令已松弛，间有朱载堉、邢云路等人起而对《授时历》进行较深入的研究。万历三十六年（1608 年）邢云路算得回归年长度值为 365.242 190 日的新值，与理论值之差仅约 2.3 秒，是我国古代，亦为当时世界上的最佳值。明末，随着传教士的东来，西方传统的天文学知识开始传入中国。从此开始了两种不同体系的天文历法相互交锋，又彼此融汇的复杂过程。明代末年，一批懂天文学的耶稣会传教士来华传教，中国学者向他们学习了欧洲天文学的计算方法。万历三十八年和崇祯二年五月乙酉朔日食，崇祯皇帝授权徐光启组织历局，修订历法。徐光启等人历经 5 年的努力，撰成 46 种 137 卷的《崇祯历书》，该历书引进了欧洲天文学知识、计算方法和度量单位等。徐光启编历，不仅是中国古代制历的一次大改革，也为中国天文学由古代向现代发展，奠定了一定的理论和思想基础。

清初，汤若望将《崇祯历书》删改为 103 卷，上呈清政府，得到颁发实行，更名为《西洋新法历书》。在其后相当长一段时间内，它一直成为当时天文学家学习和研究西方天文学的主要著作，对我国天文学的发展产生了很大影响。1723 年到 1840 年鸦片战争爆发的 100 余年中，天文学的发展变缓。1840 年以后，近代天文学知识第二次以全新的面貌传入，中国学者认识到自身的落后，开始翻译、学习新的天文学知识，踏上了追赶近现代天文学发展潮流的艰巨而漫长的道路。

（七）历法的作用

在古代，生产力相对低下，人们日出而作、日落而息，对时间的需求主要表现在农时的需求。为安排农时，需要准确的日历。

历法建立的本意是为农业服务，即说明季节及其他天时的变化，以便农民安排生产、生活。在原始的农业社会，人们主要靠农业生活，历法是相当重要的。随着历法重要性的提高，它的作用不再局限于为农业服务了。

随着统治者对"天"的神秘性的认识逐渐提高，特别是统治者为强化其统治的神圣性、正统性、合法性、稳定性等，历法的主要功能开始发生转移，除了客观上仍为农业提供时间安排外，更多偏向非农业，如开始为政治服务，最终为王权统治的建立和稳定服务。

古代有专门的钦天监等专职天象观测的机构，通过观测确定日历，但需要皇帝认定以后，才能以法律的形式颁布，皇帝的钦定即赋予了历法的国家属性，而诏令颁行则将历法直接赋予了国家法律的属性。中国绝大多数历法是由皇帝诏令天文机构和天学人员提出改进或改革方案，最后由皇帝钦定而下诏发布的，钦定形式是历法颁行的一个传统。

四、重大天文现象的记载和天文仪器的制作

（一）重大天文现象的记载

我国最早的天象观察，可以追溯到几千年以前。无论是对太阳、月亮、行星、彗星、新星等星体，还是对日食和月食、太阳黑子、日珥、流星雨等罕见天象，中国古代都有着悠久而丰富的记载，观察仔细、记录精确、描述详尽，水平之高达到使今人惊讶的程度，这些记载至今仍具有很高的科学价值。在我国河南安阳出土的殷墟甲骨文中，已有丰富的天文现象的记载。这表明远在公元前14世纪时，我们祖先的天文学已很发达了。举世公认，我国有世界上最早、最完整的天象记载。我国是欧洲文艺复兴以前天文现象最精确的观测者和记录的最好保存者。

古人勤奋观察日月星辰的位置及其变化，主要目的是掌握它们的规律性，用来确定四季，编制历法，为生产和生活服务。

1．彗星

世界天文史学界公认，我国对哈雷彗星观测记录久远、详尽，没有哪个国家可比。我国公元前613年的彗星记载，被认为是世界上最早的哈雷彗星记录。从公元前240年到1986年，哈雷彗星共回归了30次，我国都有记录。湖南长沙马王堆的一座汉代古墓内发现的一幅精致的彗星图是迄今发现的世界上最古老的彗星图。早在2000多年前的先秦时期，我们的祖先就已经对各种形态的彗星进行了认真的观测，不仅画出了三尾彗、四尾彗，还似乎窥视到今天用大望远镜也很难见到的彗核。

2．太阳黑子

公元前约140年成书的《淮南子》中说："日中有踆乌。"公元前165年的一次记载中说："日中有王字。"战国时期的一次记录描述为"日中有立人之像"。甲骨文字中有关太阳黑子的记载离现在已有3000多年。从公元前28年到明代末年的1600多年当中，我国共有100多次翔实可靠的太阳黑子记录，这些记录不仅有确切日期，而且对太阳黑子的形状、大小、位置乃至分裂、变化等，也都有很详细和认真的描述。这对研究太阳物理和太阳的活动规律，以及地球上的气候变迁等，是极为珍贵的历史资料，有着重要的参考价值。

3．流星雨

我国古代对著名的流星雨，如天琴座、英仙座、狮子座等流星雨，各有多次记录，光是天琴座流星雨至少就有10次，英仙座流星雨至少有12次。从902—1833年，我国及欧

中国传统文化教程（微课版）

洲和阿拉伯等国家，总共记录了 13 次狮子座流星雨，其中我国占 7 次。从公元前 7 世纪算起，我国古代有 180 次以上的这类流星雨纪事。

4．日食

我国有最早、最全面的日食记录。《尚书·胤征》记载的夏朝仲康王时代的一次日食，是世界上最早的日食记录。在《春秋》一书中日食记录有 37 次，经天文学家计算检验，正确的有 30 条。

（二）天文仪器的制作

精确的天文观测需要有精密的天文仪器，因此我国古代在创造天文仪器方面，也做出了杰出的贡献，创造性地设计和制造了许多种精巧的观察和测量仪器。我国最古老、最简单的天文仪器是土圭，也叫作圭表。它是用来度量日影长短的，由垂直的表（一般高八尺）和水平的圭组成。圭表的主要功能是测定冬至日，进而确定回归年长度，此外可通过观测表影的变化确定方向和节气。

● 张衡

浑仪是我国古代的一种天文观测仪器，西汉的落下闳改制了浑仪。此后它在历代都有改进。天体仪，古称"浑象"，是我国古代一种用于演示天象的仪器。我国古人很早就会制造这种仪器，它可以用来直观、形象地了解日、月、星、辰的相互位置和运动规律，可以说天体仪是现代天球仪的直接祖先。北京古观象台上安置的天体仪是我国现存最早的天体仪，制于清代康熙年间，重 3850 千克。东汉的张衡创造了世界上第一架利用水利作为动力的天体仪。后来，唐代的一行和梁令瓒、宋代的苏颂和韩公廉等人，把天体仪和自动报时装置结合起来，发展成为世界上最早的天文钟。张衡还发明了最早的地震仪，称为候风地动仪。它有 8 个方位，每个方位上均有一条口含铜珠的龙，在每条龙的下方都有一只蟾蜍与其对应。任何一方如有地震发生，该方向龙口所含铜珠即落入蟾蜍口中，由此便可测出发生地震的方向。当时利用这架仪器成功地测报了西部地区发生的一次地震，引起全国的重视。这比西方国家用仪器记录地震的历史早了 1000 多年。

唐代天文学家李淳风吸取了当时的科学技术成果，改进了浑天仪的结构，制造了功能更加完备的"浑天黄道仪"。

北宋时期苏颂、张思训等人又设计制造了水运仪象台，可以用来观测日月星辰的位置，自动跟踪天体运转，准确演示天象，并且能够按照时、刻、辰、更自动报时间。它的发明和使用，充分体现了我国天文学的发展水平及机械工程制造技术的卓越成就。

元代的郭守敬先后创制和改进了 10 多种天文仪器，如简仪、仰仪等。简仪在结构和使用上都比浑仪简单，而且除北极星附近以外，整个天空一览无余，故称为简仪。这是我国首先发明的赤道装置，要比欧洲人使用赤道装置早 500 年左右，也是当时世界上最先进的天文测量仪器。仰仪是一种天文观测仪器，其主体是一个直径约 3 米的铜质半球面，好像一口仰放着的大锅，因而得名。仰仪是采用直接投影方法的观测仪器，非常直观、方便。因此，仰仪很受古代天文工作者的喜爱。

1. 根据本节内容，梳理制作一份历法演变思维导图，并在小组内互相交流。
2. 通过学习天文知识观察天象，探索宇宙星空，关注地球生存空间。

第三节　中国古代工艺学

中国古代工艺是中国人民为满足自己的物质需要和精神需要，在不同的历史条件下，采用各种物质材料和工艺技术所创造的人工造物的总称。它是中华民族造型艺术的重要组成部分，既体现了工艺美术的一般特征，在内涵和形式上保持着实用性与审美性的统一，又显示了中华民族文化自身所具有的鲜明个性。中国古代工艺具有悠久的历史、别具一格的风范、高超精巧的技艺和丰富多样的形态，是整个人类的文化创造史上重要的组成部分。

一、中国古代工艺的发展历程

中国古代工艺的起源可追溯到远古先民创造的第一件劳动工具。凝聚在原始工具里的实用内涵和精神内涵既确立了中国古代工艺学的初始形态，也确立了工艺作为中华民族造型艺术先导的地位。

● 新石器时期陶器

（一）新石器时代

新石器时代的石玉、牙骨，以及编织、缝纫、制陶工艺，已鲜明地显示了中国古代工艺重视实用和审美相统一的造物思想和设计意图，显示了工匠把握材料性能和制作工艺的能力，以及对形式美的认识和运用。

● 战国龙凤虎纹绣罗

（二）商、周至秦汉时期

商、西周时期，中国古代工艺有了划时代的进步，工艺造物的实用内涵和精神内涵得到进一步丰富和加强。社会意识和宗教意识的渗入，使这一时期的工艺美术具有一种崇高的美学魅力。原始青瓷和漆器获得初步发展，而青铜器和玉器则取得了辉煌的成就。

春秋战国至秦汉时代的工艺，显示了中国封建社会早期经济实力和意识形态的发展。实用功利和现实人生的价值追求，与充满激情和浪漫色彩的形式有机统一，产生了轻盈活泼、跳脱奔放、雄健古拙的美学特征，在陶瓷、漆器和丝织品上得到了充分的表现。

（三）三国两晋南北朝时期

三国两晋南北朝在政治、经济、军事、文化和整个意识形态上的转折，造成工艺美术生产格局和价值追求的变化。生产中心逐渐由北方移向南方，工艺造物趋向内在人格和心性的显示。这一时期崇尚主体人格精神的造物倾向和空疏、清静、平淡的审美风范，深刻地影响了中国工艺美术的整体发展。青瓷、建筑物件和宗教工艺美术在这一时期取得了突出的成就。

（四）唐宋时期

中国古代工艺在初唐和盛唐获得全面的发展，呈现繁荣发达的景象。织锦、印染、陶瓷、金银器、漆器和木工等的技艺水平和生产规模都超越了前代。经济的发达、中外文化的交流及人的思想意识的解放，使隋唐工艺美术表现出舒展博大的气势、精巧圆婉的装饰特点和富丽丰满的形态特征。

● 唐代漆器首饰盒

中国古代工艺比较完整的范式和境界出现在宋代，并集中地表现于陶瓷上。发达的手工业和尚文重理的文化氛围，为保持造物与主体审美理想的和谐统一提供了极大的可能性，从而形成沉静典雅、平淡含蓄、心物化一的美学风范。宋代工艺美术充分地物化了中华民族的文化精神和审美意识，它体现和揭示的创造原则至今仍具有重大的现实指导意义。

（五）元明清时期

元代工艺美术有着一定的发展。染织工艺的织金锦、陶瓷工艺的青花和釉里红是这一时期的突出贡献。元代工艺美术风格趋向粗犷、豪放和刚劲。明代是中国历史上又一个强盛的时代。资本主义因素的萌发及与此相适应的新的文化和科学的产生，促使明代工艺美术跨入一个新阶段，织锦、棉纺、陶瓷、漆器、金工、家具和建筑装饰等门类都得到较全面的发展。

● 清代青花山水瓷瓶

明代工艺美术继承了宋以来的美学追求，并向程式化和完善化发展，具有端庄、简约、明快等审美特点。

中国古代工艺的各个门类在清代更加完善，其品种之繁多、技艺之精巧、手法之丰富，远远超过前代，呈现出集各历史时期之大成的局面。源于上层贵族审美趣味的以技艺取胜的造物观念，在清代工艺美术生产中进一步强化，以致清代艺术风格日趋矫饰雕琢、精致繁缛。1840 年之后，中国工艺美术的生产格局、产品结构、工艺思想和艺术风格都呈现着新的面貌。

● 宋代梅瓶

二、中国古代工艺的特征

（一）天人合一的哲学美

中国古代，由于科技的不发达，人们坚持形而上的哲学观念，尊重、敬畏自然，注重

内心的升华和净化，追求"天人合一""物我交融"的境界，通过对自然万物的尊重、包容、承认及协调和沟通，达到和谐统一、自然恬静的境界，这些哲学思想被充分地展现和运用在中国古代传统工艺中。比如宋代的屏风，能工巧匠充分利用了屏风的造型，合理布置雕刻样式，既大气磅礴，又十分精美，达到实用和审美的统一。

（二）典雅蕴藉的艺术美

中国传统文化具有刚柔并济、典雅蕴藉的风格。古人在制造工艺品时，有意识地将情感浓缩在美轮美奂的工艺品中，使作品含蓄蕴藉、韵味无穷。比如宋代的梅瓶是用来储酒的容器，工匠们便将其设计成小口、短颈和修长的瓶身，并在上面添上图案，既能扩大容量，又具有美感，使其整体看起来就像一个充满青春活力的少女，给人健康、积极的感觉。

（三）造境深远的文化美

中国古代文化源远流长、博大精深，其内涵涉及方方面面。中国传统工艺作为文化的一角，自然也具有十分深厚的文化底蕴，最突出的表现是在工艺品设计上的造境方面。古代传统工艺品除了具备实用价值外，也有一定的审美价值，工艺品的造型、图案、色彩等各个方面都是值得评赏的地方，这也是评价工艺品价值高低的标准。例如，扇子的设计就极为讲究图案，扇面上题什么诗和画什么画都是极讲究的事，好的扇子一定要有一个好的扇画和扇诗，诗与画能相互映衬，画面和诗句中蕴含的意境应十分深远。除了扇子的制造，屏风、茶器、花瓶等工艺品的制造都很重视造境的深远，意境的高低甚至能体现身份高低。所以中国古代工艺的美还体现为造境深远的文化美，这种文化美为工艺品的价值带来了巨大提升，使之更具美学价值。

三、中国古代工艺赏析

（一）青铜器

1. 越王勾践剑

越王勾践剑出土于湖北荆州的望山楚墓群中，剑上刻有 8 个字，"越王鸠浅（勾践）自作用剑"。专家通过解读，证明这把剑就是传说中的越王勾践剑，此剑历经千年而不锈，削铁如泥，并且还具备金属记忆功能。

● 越王勾践剑

2. 曾侯乙尊盘

曾侯乙尊盘是春秋战国时期最精美、最复杂的青铜器件之一，1978 年在湖北随州市擂鼓墩曾侯乙墓中出土。许多学者都认为曾侯乙尊盘制作的复杂细密程度已经达到极致，是青铜文化的巅峰。其如今收藏在湖北省博物馆。

3. 秦始皇帝陵铜车马

秦铜车马，1980 年从陕西省西安市临潼区秦陵西侧出土，现收藏于秦始皇兵马俑博物馆。铜车马最奇特之处在于伞柄，伞柄中间是空的，里面藏有利器。伞柄底下有很多机关，通过推拉组合，能灵活控制伞柄在十字底座上滑动，使得伞盖可以根据太阳不同的方向而调整方位。铜伞还可以自由取出，插入土中，为路边的主人遮阳避雨。如果有刺客袭击，伞盖可以化作盾牌，伞柄和里面暗藏的利器可以自卫反击，可谓巧夺天工。

4. 汉错金银博山炉

先在青铜器表面铸成凹槽图案，然后在凹槽内嵌入金银丝、片，再用错石（即磨石）错平磨光，利用两种金属的不同光泽使花纹显现，谓之错金银。

"汉错金银博山炉"为中山靖王刘胜墓代表性器物之一，出土于1968年。博山炉又叫博山香炉，是中国汉、晋时期常见的焚香所用器具，因像传说中的海上仙山——博山而得名。炉身似豆形，通体用金丝和金片错出舒展的云气纹。炉盘上部和炉盖铸出高低起伏的山峦。炉盖上因山势镂空，雕塑出生动的山间景色。炉身的盘和座是分铸后用铁钉铆合，通体错金，表现出当时手工业和工艺美术方面的高度发展水平，是一件举世闻名的珍宝。

● 曾侯乙尊盘

● 秦始皇帝陵铜车马

● 汉错金银博山炉

（二）瓷器

1. 唐三彩

唐三彩是一种低温铅釉的彩釉陶器，因为它经常采用黄、绿、褐等色，又在器皿上装饰花朵斑点或者几何纹等各种色彩斑斓的色釉元素，所以称为三彩。唐三彩是经过精炼的白黏土制胎，两次烧成的。它首次用上千摄氏度高温烧成陶胎，挂釉后再经过800摄氏度左右烧炼，因为它用料精细、制作规整，所以不变形、不裂缝、不脱釉。

唐三彩是唐代陶瓷史上划时代的里程碑，与六代隋代相比，唐代陶瓷已逐渐向实用性转变，仿生器形的变化由动物转向植物。造型风格由六代时的修长向浑圆发展。

● 唐三彩牵骆驼俑

唐三彩

唐代的三彩器物，是一种低温釉陶器，俗称"唐三彩"。它是唐代铅釉陶的统称，也是我国古代陶瓷艺术中的珍品。

所谓的三彩器，即多彩器，一般是指黄色、绿色、白色、黑色、蓝色、紫色、褐色等多种三彩。

唐三彩是在汉代铅釉陶的基础上发展起来的，始见于唐高宗时期，盛行于开元时期，多作为随葬的明器。

唐三彩的造型种类繁多，主要有日用器皿、人物、动物、建筑物等。其中日用器皿主要有杯、盘、壶、罐、盆、尊、炉、奁等。有些器物为单一的色釉，有些则是一件器物上同时施以黄、绿、白3种色釉，任凭釉色之间相互流动，相互交融，交错相间，斑驳动人，视觉效果极佳。

2. 景泰蓝

中国的著名特种金属工艺品类之一，到明代景泰年间这种工艺技术制作达到了巅峰，制作出的工艺品因最为精美而著名，故后人称这种金属器为"景泰蓝"。

景泰蓝，亦称"铜胎掐丝珐琅"，它是一种特种工艺品，是用细扁铜丝做线条，在铜制的胎上捏出各种图案花纹，再将五彩珐琅点填在花纹内，经烧制、磨平、镀金而成。景泰蓝外观晶莹润泽，鲜艳夺目。

● 唐三彩仕女俑

● 景泰蓝鼎式炉

● 景泰蓝茶盏

关于景泰蓝的起源，考古界没有统一的答案。一种观点认为景泰蓝诞生于唐代；另一种说法是元代忽必烈西征时，景泰蓝从西亚、阿拉伯一带传进中国，先在云南一带流行，后得到京城人士喜爱，才传入中原。因其在明代景泰年间盛行，制作技艺比较成熟，使用的珐琅釉多以蓝色为主，故而得名"景泰蓝"。

● 象牙套球

（三）象牙及玉器

1. 象牙套球

象牙镂雕多层套球，清晚期，高15.5厘米，球径5.2厘米。牙球分为7层，均可转动。每层镂雕14个圆孔。最外一层浮雕花、树、人物及亭台楼阁，内层均为星形及圆点状镂空装饰。底座硬木制，造型、颜色均与牙球十分和谐。

象牙套球又称"鬼工球"。广州牙雕艺人在牙球制作上多有创获，乾隆时已能制作十多层的套球，晚清时更达到数十层，玲珑剔透，巧夺天工。

2. 象牙席

据文献记载，象牙席制作于清代雍正、乾隆年间，是广东地方官员进献朝廷的贡品。象牙席的制作工序很复杂，最难、最烦琐的工序之一便是将象牙劈成大小一样的薄片，然后把象牙磨出洁白光泽，再劈

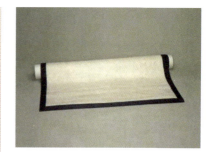
● 编织象牙席

成丝。据悉，这种象牙编织已经失传，如今仅存 3 件作品。编织象牙席被收藏于北京故宫博物院。

3．玉雕

玉雕是中国独有的技艺，具有悠久的发展历史和鲜明的时代特征。中国玉雕工艺有长达 7000 余年持续发展的悠久历史。玉雕工艺是一门相对复杂的手工技艺，每一件作品都有其特有的美感、情趣、风格、价值。玉雕的品种很多，主要有人物、器具、鸟兽、花卉等大件作品，也有别针、戒指、印章、饰物等小件作品。不同的朝代，玉雕有着不同的造型与特色。

（1）金缕玉衣（西汉文景时期）

玉衣是穿戴者身份等级的象征，皇帝及部分近臣的玉衣以金线缕结，称为"金缕玉衣"，其他贵族则使用银线、铜线编造，称为"银缕玉衣""铜缕玉衣"。金缕玉衣是汉代规格最高的丧葬殓服，大致出现在西汉文景时期。据《西京杂志》记载，汉代帝王下葬都用"珠襦玉匣"，形如铠甲，用金丝连接。这种玉匣就是人们日常说的金缕玉衣。当时人们十分迷信玉能够保持尸骨不朽，更把玉作为一种高贵的礼器和身份的象征。

● 金缕玉衣

全国共发现玉衣 20 余件，其中最具代表性的是河北满城一号墓出土的中山靖王刘胜的金缕玉衣。它用 1000 多克金丝连缀起 2498 块大小不等的玉片，由上百个工匠花了两年多的时间完成。整件玉衣设计精巧，做工细致。

（2）翠玉白菜（清代）

台北故宫博物院中知名度最高的文物之一是"翠玉白菜"。这件与真实白菜相似度几乎为百分之百的作品，是由翠玉所琢碾而成，菜身洁白，叶子翠绿，菜叶上停留的两只昆虫，是寓意多子多孙的螽斯和蝗虫。此件作品原置于紫禁城的永和宫。永和宫为光绪皇帝妃子瑾妃的寝宫，因此有人推测此器为瑾妃的嫁妆，象征其清白，并祈求多子多孙。

（3）碧玉山水人物花鸟纹圆屏（清代）

以碧玉为材，玉色深绿，圆形，两面均以浮雕技法琢刻，一面雕琢崇山峻岭，重山之中巧筑亭台楼阁，松虬盘缠，草木繁盛，山石嶙峋，云雾缭绕，山间小径蜿蜒直上，一高士挂杖前行，一童仆紧随其后。另一面雕刻老树梅花，自岩隙生出，旁寥寥萱草。两面均诗情画意，引人入胜。此类插屏是清代宫廷的重要陈设器。本品用料厚实，采用多层次雕琢，近景以高浮雕表现，景色越远，浮雕则越浅，层次分明。图案布局疏密

● 翠玉白菜

● 碧玉山水人物花鸟纹圆屏

得体，情景交融，其题材、布局、雕工均融以书画之意，观之如卷轴画般意趣盎然，正是乾隆帝倍加推崇的画意玉器。

（四）花丝工艺品

花丝工艺又称为细金工艺，最早始于商代，西汉后期金银制的小头饰开始盛行。在明清时期，花丝工艺被誉为燕京八绝之一。花丝工艺用料珍奇、工艺繁复，一向是皇家御用之物，属于宫廷艺术，同时也是我国传统奢侈品的传统工艺之一，现已被文化和旅游部列为国家级非物质文化遗产。

花丝工艺是将金、银、铜等抽成细丝，再通过推垒、掐丝、编织等工艺进行造型。它可以被焊接在金银方片上，制成底托，将珍珠、水晶、白玉、翡翠等珠宝，按照工匠设计的需要，以不同角度固定在金银首饰上；也可以独立造型，修饰出一个创意构图中的细节。

● 花丝工艺品

（五）点翠饰品

点翠作为古代首饰制作的一种工艺，历史之悠久，可以上溯至战国时期。点翠首先需要收集翠羽，也就是翠鸟的羽毛，然后才是承造翠活。

翠，即翠羽，翠鸟之羽。点翠是中国传统的金属工艺和羽毛工艺的结合，先用金或镏金的金属做成不同图案的底座，再把翠鸟背部亮丽的蓝色羽毛仔细地镶嵌在座上，以制成各种首饰器物。

（六）錾刻工艺品

錾刻传统工艺的历史比花丝工艺更为悠久，始于春秋晚期，盛行于战国时期。在金银器上錾刻纹饰的制作手法以錾刻、镂雕为主。

● 点翠嵌珠石金龙凤冠

● 点翠饰品

錾刻工艺品的造型，主要分为平面的片活和立体的圆活，片活一般平装在某些器物上或悬挂起来供人欣赏，圆活则多作为实用器皿使用。完成一件精美的錾刻作品需要十多道工艺程序，制作者除了要有良好的技术外，还要能根据加工对象的需要打制出得心应手的錾刻工具，打制工件的金属板材，调制固定工件的专用胶料、配制焊药、摹绘图案。

● 铜鎏金錾刻花纹碗　　　　　● 银鎏金錾刻杯盘

 知识窗

中国四大名玉

1. 和田玉

狭义的和田玉特指新疆和田地区出产的玉石，以和田"子料"为代表闻名于世；广义的和田玉指软玉（真玉）。和田玉在中国古玉器中地位显著，从新石器时代晚期开始到清代，和田玉一直是中国古玉器的主要玉材。和田玉依色彩分为白玉、黄玉、碧玉、墨玉、青玉、糖玉等，上等白玉纯洁无暇，称为羊脂玉。

2. 蓝田玉

蓝田玉以产地陕西省蓝田县命名，素有"玉种蓝田"之美称，是中国开发利用较早的玉种之一。蓝田玉颜色或艳美或素雅，光泽强，透明度较高，蛇纹石等矿物分布均匀，呈色为黄绿、翠绿、墨绿等。

3. 独山玉

独山玉由于产自河南省南阳市北郊的"独山"而闻名天下，又称为"独玉""南阳玉"，它是中国独有的玉种。独山玉的突出特点是质地坚韧致密、细腻柔润，色彩斑驳陆离，常常是由两种以上的颜色组成的多彩玉。

4. 岫岩玉

岫岩玉因其产于辽宁省岫岩县而得名。其主要成分是豆绿色纤维蛇皮纹石，性软而硬度较低。呈色多为淡绿、淡黄、果绿等半透明或不透明体，表面有脂肪般的光泽，是我国分布利用较早的玉材，因其产量大而为现今数量最多的玉材。

互动交流

1. 中国古代工艺具备哪些审美特征？
2. 举例说说中国古代有哪些著名的工艺品。

第六章

中国传统艺术

  中国作为世界四大文明古国之一，在漫长的历史长河中发展出了一套风格独特的艺术体系。而这样一套体系在世界文化交融汇合的今天，也仍深深地影响着现代中国人的审美及行为方式。中国传统艺术涉及书法、绘画、篆刻、建筑、园林、雕塑、音乐、舞蹈、戏曲等诸多门类，有着辉煌灿烂的艺术成就，成为中华优秀传统文化的重要组成部分。本章以中国古代书法艺术、中国古代绘画艺术、中国民族音乐艺术、中国民族舞蹈艺术、中国古代雕塑艺术、中国传统建筑艺术为代表，介绍中国传统艺术的风貌，揭示其内在的文化精神。

第一节　中国古代书法艺术

1. 了解中国古代书法的演变历程。
2. 品味中国书法艺术的文化内涵。

中国书法是汉字的书写艺术，也是视觉艺术。中国汉字起源于中国人民的生产劳动，从石刻、会意图绘，演变为大篆、小篆、隶书，至定型于东汉、魏、晋时期的草书、楷书、行书等，书法以其独特的方式传达着古朴的、散发着中国传统文化的艺术魅力。本节将从中国书法演变及发展、中国书法艺术的文化内涵两个方面介绍中国古代书法艺术。

一、中国书法演变及发展

汉字是书法的母体，书法是汉字的艺术表现形式。汉字起源于原始社会晚期，距今6000多年，现存最早的汉字体系是商代的甲骨文。经过历史的变迁，书法在不断地演变，从甲骨文到金文、石鼓文、篆、隶、楷、行、草的出现，形成了清晰可见的发展轨迹。

（一）先秦

文字的发展期，实用为主，以甲骨文、金文、石鼓文为主。

1. 甲骨文

距今6000—9000年时，在岩壁、陶器上刻画的符号和描绘物象的图画就具有文字的雏形，随后在漫长的发展中，产生了象形（图绘）文字。3000年前的殷商时代，在龟甲兽骨上刻画的文字称为"甲骨文"，在其中可以看到书法最早的面貌。此时文字笔画刚劲挺直，无顿挫轻重，具有对称、稳定的格局，已具备书法的3个要素：用笔、结字、章法。

● 甲骨文

2. 金文、石鼓文

商周时期，金文开始萌芽。金文即青铜器上的铭文，又叫钟鼎文，在周朝达到鼎盛。金文笔画渐趋整齐，结构圆转浑厚，字形变化丰富，参差不一。到了西周后期，汉字发展演变为大篆，逐渐离开了图画的原形，奠定了方块字的基础。春秋战国时期，由于诸侯割据，书体也出现了蝌蚪文、鸟书等。书写介质更加多样，出现了竹木简牍、帛书、石刻等，其中刻在石头上的石鼓文，笔画刚劲而凝重，整体略呈方形，风格典丽峻奇。

● 商代金文拓片（局部）

上述的甲骨文、金文、石鼓文，统称为大篆，是秦代的官方字体小篆的前身。

● 秦 李斯 《会稽刻石》

（二）秦

秦代以秦篆、隶书为主，书法代表人物：李斯。

1. 秦篆

公元前221年，秦始皇统一中国，也是字体发展演变的重要时期。秦灭六国后规定"书同文"，官方文字为秦篆（小篆）。秦篆由李斯等人改造，形体长方，用笔圆转、均匀，结构协调，字体端庄严谨、有实有虚、疏密得当、从容平和且劲健有力。有人评之为"画如铁石，千钧强弩"，具有很高的艺术性。秦篆在章法上行列整齐，规矩和谐。这种整齐划一的风格与秦代政治理想是一致的。

2. 隶书

秦代，秦篆（小篆）为官方文字，书写复杂，书写更加简便的隶书便在民间出现并流行起来。隶书由秦代程邈从秦篆简化而成，隶书将秦篆的圆变方，笔画更简便。隶书是在秦篆基础上，为适应书写便捷的需要产生的字体。隶书庄重，略微宽扁，横画长而直画短，讲究"蚕头燕尾""一波三折"。隶书的出现是古代文字与书法的一大变革。

（三）汉

这一时期，书写高度自由，以篆、隶书、草书为主。书法代表人物：张芝、蔡邕。

小篆、隶书为汉代通行文字，书写介质上，虽然东汉蔡伦发明了造纸术，但纸张尚未普及，最为流行的还是石头，即碑刻，以汉隶刻之，字形方正，蚕头燕尾，波磔分明。汉隶书法家代表蔡邕，发明了飞白书。

为了进一步提高书写效率，草书出现了。草书逐渐发展为有章法可循的章草，再进一步发展为不拘泥章法的今草。东汉张芝创今草，世称张芝为"草圣"。草书出现意味着人们的书写达到高度自由，可以通过笔墨随性地表达个性，抒发情感。

● 东汉 张芝 《冠军帖》

（四）三国两晋

这一时期是书法开创风格、树立典范的时期，以楷书、行书为主。书法代表人物：钟繇、王羲之。

三国时期，楷书逐渐从隶书演化出来，成为书法的又一主要字体。曹魏书法家钟繇的楷书古雅浑朴，圆润遒劲，古风醇厚，笔法精简，自然天成。两晋时期书法家辈出，王氏家族占据半壁江山，王羲之、王献之疏放妍妙的艺术品味迎合了士大夫们的要求。这一时期最流行行书（介于草书和楷书之间的书体）。代表作有王羲之的《兰亭序》，

● 东晋 王献之 《中秋帖》

被誉为天下第一行书，以及"三希"：《快雪时晴帖》《伯远帖》《中秋帖》。

从汉字书法的发展上看，魏晋是完成书体演变的承上启下的重要历史阶段，是篆隶真（楷）行草诸体俱臻完善的时代。汉隶确定了迄今为止的方块汉字的基本形态。隶书产生、发展、成熟的过程就孕育着楷书，而行草书几乎是在隶书产生的同时就已经萌芽了。至此，书法界的五大主流书体——篆书、隶书、草书、楷书、行书，都已经登上了历史舞台且都不乏良作。最重要的书写介质——纸张，已经普遍为人们使用。

（五）南北朝

这一时期，书法进入北碑南帖时代，上承汉隶、下启唐楷，以隶楷、行草为主。书法代表人物：羊欣、智永。

南北朝时期最为瞩目的属魏碑。魏碑，是北魏及与北魏书风相近的南北朝碑志石刻书法的泛称，是汉代隶书向唐代楷书发展的过渡时期书法。北朝书法以碑刻为主，尤以北魏、东魏最精，字体多为介于隶书和楷书之间的过渡体，代表作有《郑文公碑》《张猛龙碑》《敬使君碑》。唐初几位楷书大家如欧阳询、虞世南、褚遂良等，都是取法魏碑。

南朝书法继承东晋风气，上至帝王，下至士庶都非常喜好书法。南北朝书法家灿若群星，无名书法家为其

● 北魏 佚名 《张猛龙碑》

主流。他们继承了前代书法的优良传统，创造了无愧于前人的优秀作品，也为形成唐代书法百花争艳、群星争辉的鼎盛局面创造了必要的条件。行草是这个时期的主要字体，王献之的书风受到推崇，书写介质以尺牍为主，代表人物依然是王家人，如王献之之甥羊欣、王羲之七世孙智永。此外，还有一些优秀的匿名碑刻作品如《爨（cuàn）龙颜碑》《瘗（yì）鹤铭》。

（六）隋唐

这一时期楷书进入完全成熟期，楷书、草书成就最高。书法代表人物：欧阳询、颜真卿、柳公权、张旭、怀素等。

隋代统一南北后，书风摆脱前代的粗犷，逐渐趋向规范，至唐代，对前代既有继承又有革新。书法艺术在社会上广为普及，从帝王权贵、文人士大夫，到平民阶层，都不乏书法高手，楷书、草书的成就最为突出。唐代楷书的法度逐渐完备，出现了许多楷书大家。初唐书法家有虞世南、欧阳询、褚遂良、薛稷、陆柬之等，此后还有李邕、张旭、颜真卿、柳公权、释怀素、钟绍京、孙过庭。唐太宗李世民和诗人李白也是值得一提的大书法家。楷书、行书、草书发展到唐代跨入了一个新的境界，时代特点十分突出，对后代的影响巨大，甚至对日本等东亚国家也有深远影响。

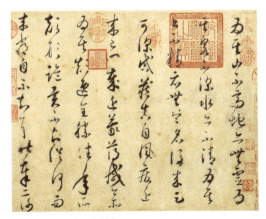

● 唐 怀素 《论书帖》

草书在唐代也出现了创新，张旭、怀素以颠狂醉态将草书的表现形式推向极致，两人被称为"颠张狂素"。

（七）五代两宋

这一时期书法承唐继晋、注重意趣，以行书、瘦金体为主。书法代表人物：蔡襄、苏轼、黄庭坚、米芾、赵佶。

五代时期，书法艺术虽承唐末之余续，但受兵火战乱的影响，形成了凋落衰败的总趋势。在书法上值得称道的，当推杨凝式，他的书法在书道衰微的五代，可谓中流砥柱。杨凝式之外，还有李煜、彦修等有成就的书法家。至此，唐代平正严谨的书风已告消歇，渐变入欹侧纵肆。

● 宋 苏轼 《寒食帖》

北宋初年至其后 300 多年，书法发展比较缓慢。宋太宗赵光义留意翰墨，购募古先帝王名臣墨迹，命侍书王著摹刻成丛帖，厘为十卷，这就是《淳化阁帖》。此后《绛帖》《潭帖》等，多从《淳化阁帖》翻刻。这种辗转传刻的帖，与原迹差别越来越大。所以同是宗王丛帖，宋人远逊唐人。这一时期，书法家的作品承继有余，革新不足，又受到帖学大行和以帝王的好恶、权臣的书体为转移的情势影响，限制了宋代书法的发展。宋代书法家为后世所推崇的有苏轼、黄庭坚、米芾和蔡襄四大家。四家之外，宋徽宗赵佶独树一帜，亦堪称道。

（八）元

这一时期的书法崇尚复古，注重结字的体态，以楷书、行书、草书为主。书法代表人物：赵孟頫、康里巎（náo）巎、鲜于枢、耶律楚材。

● 元 赵孟頫 《秋深帖》

元初经济文化发展不大，书法总的情况是崇尚复古，宗法晋、唐而少创新。文宗天历初建奎章阁，文宗常临奎章阁欣赏书法名画，书法一度出现兴盛局面。赵孟頫、鲜于枢等名家，是这一时期书法的代表。提出复古的便是元代艺坛领袖赵孟頫，为避免宋代书法家笔下呈现的纵肆的书风，力主宗学晋人的姿韵和唐人的法度。他所创立的楷书"赵体"与唐楷之欧体、颜体、柳体并称四体，成为后代临摹的主要书体。

纵观元代书法，其成就大者还在真行草书方面。至于篆隶，虽有几位名家，但并不怎么出色。这种以真、行、草书为主流的书法，发展到了清代才得到改变。

（九）明

这一时期的书法从台阁体向探寻个人风格发展，以楷书为主。书法代表人物：董其昌。明代书法在宋元帖学基础上发展，明初期台阁体盛行一时。书法里的台阁体就好比科举的八股文，是一种明代官场书体，科举时规定皆用楷书答试卷，字写得不好即使再有才也会落榜，导致读书人写字力求工整，虽然端正好看但阻碍了个性发展。明中期出现了吴门三家——祝允明、文徵明和王宠，彻底摆脱了台阁体的流弊，形成了独特的风格，影响甚广。

明晚期画家陈淳、徐渭的书风独具一格，个人风格突出。董其昌主张学习古人，但提倡师其意而不师其迹，建立了清雅疏秀的书风，对明末清初影响极大。

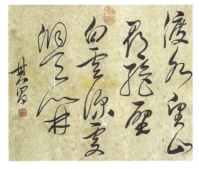

● 董其昌书法作品

另外，明代诸皇帝都很喜欢书法。明成祖定都北京以后，即着手文治，诏求四方善书之士，充实宫廷，缮写诏令文书等。明代帝王如仁宗、宣宗也极爱书法，尤其喜摹"兰亭"，神宗自幼工书，不离王献之的《鸭头丸帖》、虞世南临写的《乐毅传》和米芾的《文赋》。所以，朝野士大夫重视帖学，皆喜欢姿态雅丽的楷书、行书。明代也是帖学大盛的一代，法帖传刻十分活跃。其中著名的有刻于泉州的《泉帖》，董其昌刻的《戏鸿堂帖》，文徵明刻的《停云馆帖》，华东沙刻的《真赏斋帖》，陈继儒刻的《晚香堂苏帖》等。其中《真赏斋帖》可谓明代法帖的代表。《停云馆帖》收有从晋至明历代名家的墨宝，可谓从帖之大成。

明代近300年间，虽然也出现了一些有造诣的大家，但纵观整朝，书法没有重大的突破和创新。所以，近代丁文隽在《书法精论》中总结说："有明一代，操觚谈艺者，率皆剽窃摹拟，无何创制。"

（十）清

这一时期，是中国书法史上书道中兴的时期，以帖学、碑学为主。书法代表人物：王铎、傅山、邓石如、吴昌硕等。

在清代初年，统治阶级采取了一系列稳定政治、发展经济文化的措施，故书法得以弘扬。明末遗民有些出仕从清，有些遁迹山林，创造出各有特色的书法作品。清代帖学盛行。顺治喜临《黄庭》《遗教》二经；康熙推崇董其昌书，书风一时尽崇董书，这一时期，唯傅山和王铎能独标风格，另辟蹊径；乾隆时，尤重赵孟頫行楷书，《三希堂法帖》刻成，内府收藏的大量书迹珍品著录于《石渠宝笈》中，帖学至乾隆时期达到极盛，出现一批取法帖学的大家。

至清中期，古代的吉书、贞石、碑版大量出土，兴起了金石学。嘉庆、道光时期，帖学已入穷途，当时的集大成者有刘墉，邓石如开创了碑学之宗，阮元和包世臣总结了书坛创作的经验。咸丰后至清末，碑学尤为昌盛，前后有康有为、伊秉绶、吴熙载、何绍基、杨沂孙、张裕钊、赵之谦、吴昌硕等大家成功地完成了变革创新，至此碑学书派迅速发展，影响至当代。

纵观清代260余年，书法由继承、变革到创新，挽回了宋代以后江河日下的颓势，其成就可与汉唐并驾，各种字体都有一批造诣卓著的大家，可以说是书法的中兴时期。

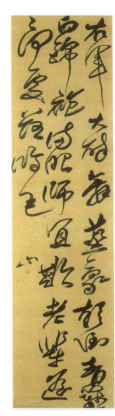

● 傅山草书作品

二、中国书法艺术的文化内涵

中国的书法艺术与京剧、武术、中医是国际社会公认的四大国粹。在华夏五千年文明的发展过程中，汉字的书写逐渐升华为一门艺术，这在世界各种文字的发展史上不能不说是一个奇迹。

（一）毛笔与宣纸是中国书法艺术的物质基础

汉字由点和线组合而成，中国的书法艺术，又被称作线条的艺术。这简单而抽象的线条如何会有如此大的艺术魅力呢？毛笔的使用是首要因素。毛笔的特性是软，"惟笔软则奇怪生焉"。当然，此"软"指弹性。随着遣毫之时的提、按、顿、挫、疾、徐、迅、缓，产生极尽变化的线条造型，分割出大小兼存的块面，营造出别有洞天的艺术世界。另外，中国书法所采用的书写载体，也是它能够具备艺术感染力的要素。汉字的书写载体历经甲骨、金石、简牍、缣帛等变迁，韧性强、质柔软的安徽宣州纸最终成为理想的书写载体，笔墨挥洒其上，交融渗化、黑白浓淡之间情趣并出。

（二）中国文化是中国书法艺术的精神内涵

中国文化的精神是天人合一、贵和尚中。这种强调整体和谐的思想，肯定事物是多样性的统一，主张以广阔的胸襟、海纳百川的气概，兼容并包，使社会达到"太和"的理想境界。书法的理想境界也是和谐，但这种和谐不是简单地用线条均衡分割，而是通过参差错落、救差补缺、调轻配重、浓淡相间等艺术手段的运用，达到的一种总体平衡，即"中""和"意义上的平衡。笔画间的映带之势、顾盼之姿，在注重个体存在的同时，兼顾补充其他的功用。如《兰亭序》的章法整体雅致均衡，也是通过对每一纵行的左偏右移、造险救险而实现的。可见，一点一画，互相牵制，互为生发，彼此衬托；一字一行，小大参错，彼此渲染。中国文化"和为贵"的价值观，通过书法艺术的中和之美得到了完美体现。

（三）中国哲学思想是中国书法艺术的神韵支撑

儒道互补、刚柔相济是中国传统文化的基本内容之一。儒家倡导刚健有为、自强不息，道家主张"致虚极，守静笃"。中国书法艺术对阳刚之美和阴柔之美的追求，毫无疑问受儒道两家追求理想人格的影响。晋代士人由于崇尚高迈俊逸的精神风格、洒脱清远的精神气度，其书法艺术总体上以阴柔为基调，含蓄蕴藉，寓俊宕之骨于清逸之气，柔中带刚。清代又由于汉民族在心理上有着抑郁愤懑之情结，特别是金石之学昌盛，书法家从中获取一种强劲的动力，以释抑郁之怀。康有为、梁启超的书法是这方面的典型代表，魄力雄强、气象浑穆，又有意态潇洒之奇逸，刚中带柔。

道家的虚无思想对中国传统文化影响深远。书法艺术中注重对空白的安排，强调在无墨处施展才华。"计白当黑"，正是这一观点的具体体现。在书法艺术中，一纸之上，着墨处为黑，无墨处为白；有墨处为实，无墨处为虚；有墨处为字，无墨处亦为字；有字处固要，无字处尤要。白为黑之凭，黑为白之藉，黑白之间，相辅相成；虚为实所参，实为虚所映，虚实之际，互为所系。老子的对立统一思想，被书法艺术中计白当黑之实践体现得淋漓尽致。

（四）书为心画是中国书法艺术的魅力所在

就个体而言，书法作品中的笔墨线条，是书者情感的倾诉、心性的抒发、思想的展示，如《兰亭序》可见王右军之飘逸，《祭侄稿》可睹颜鲁公之悲愤。就整体而言，自古至今的书法珍品，凭借着千姿百态的线条构建，陈述了中国文化、彰显了民族精神。拙朴的甲骨文和端严的金文，描绘了商周先民卜问上苍时的虔诚神态和郑重神情；中正均衡的秦刻石，表明了四海之内初统于一时，秦始皇经营帝国的良苦用心。

中国书法艺术对中国文化的诠释深刻而周详，对中华民族精神的体现博雅而细腻。从对中国书法文化的研究中，看到了中国文化中富有生机的精华，更看到了书法艺术中所蕴含的生生不息的民族精神。

知识窗

古代书法名家名作介绍

1. 李斯和《峄山碑》

李斯（？—公元前208年），战国末楚国上蔡（今河南上蔡西南）人。秦代著名政治家、文学家和书法家，在书法上，被后世称为"书法鼻祖"。少为郡吏，曾从荀卿学。秦始皇二十六年（公元前221年）统一全国后，李斯作为廷尉奉命与丞相王绾、御史大夫冯劫等议定"皇帝"之号，后任丞相，多次随始皇帝巡行。

《峄山碑》即《秦峄山碑》的简称，《秦峄山碑》者，始皇帝东巡，群臣颂德之辞，至二世时丞相李斯始以刻石。今峄山实无此碑，而人家多有传者，各有所自来。《峄山碑》原碑据说被曹操所毁，现已不见真迹。流传于世的是自古以

● 《峄山刻石》

来对它的临摹本，明代杨士奇《东里续集》称《峄山刻石》有7种翻刻本（今称有9种之多），即"长安本""绍兴本""浦江郑氏本""应天府学本""青社本""蜀本""邹县本"等。其中以南唐徐铉所书，郑文宝重刻的临摹本最具李斯风韵。其形式皆为四言韵文，字迹横平竖直、布白整齐，笔画挺匀刚健，风格端庄严谨、一丝不苟，字的结构上紧下松、垂脚拉长，有居高临下的俨然之态，似乎读者须仰视而观。在章法上行列整齐、规矩和谐，整齐划一、从容俨然、强健有力的艺术风范与当时秦王朝的时代精神是相统一的。这些刻文，对后世碑刻铭文书法都有一定的影响。

2. 王羲之和《兰亭序》

王羲之（303—361年，一作321—379年），字逸少，汉族，东晋时期著名书法家。琅琊（今山东临沂）人，后迁会稽山阴（今浙江绍兴）。王羲之历任秘书郎、宁远将军、江州刺史，后为右军将军、会稽内史。他出生于东晋时政治地位显赫的王氏家族，文学修养很高，早年曾向女书法家卫铄（世称卫夫人）学习书法，后又博览李斯、曹喜、梁鹄、蔡邕、钟繇等人的书迹，兼习众法，擅长隶、楷、行、草诸书体，创立了妍美流便的今体书风，被后代尊为"书圣"。

● 《兰亭序》

其书法兼隶、草、楷、行各体，精研体势、心摹手追、广采众长、备精诸体、冶于一炉，摆脱了汉魏笔风，自成一家，影响深远。而且，其书法风格平和自然，笔势委婉含蓄、道美健秀。王羲之代表作《兰亭序》被誉为"天下第一行书"。在书法史上，他与其子王献之合称为"二王"。

《兰亭序》记述的是王羲之和友人雅士会聚兰亭的盛游之事。全篇写得从容娴和，气盛神凝。《兰亭序》共计324个字，逸笔天成，而且变化结构、转换笔法，匠心独运而又毫无安排造作的痕迹。这样基于资质超群、功力深厚的作品，被评为"天下第一行书"，当之无愧。

3. 欧阳询和《九成宫醴泉铭》

欧阳询（557—641年），字信本，潭州临湘（今湖南长沙）人，唐代大臣、书法家。欧阳询精通书法，与虞世南、褚遂良、薛稷3位并称"初唐四大家"。因其子欧阳通善于书法，父子齐名，合称为"大小欧阳体"。其书法于平正中见险绝，号为"欧体"。

《九成宫醴泉铭》是唐贞观六年（632年）由魏徵撰文、书法家欧阳询书丹而成的楷书书法作品（碑刻者不可考），现存于陕西麟游县博物馆。《九成宫醴泉铭》叙述了"九成宫"的来历和其建筑的雄伟壮观，歌颂了唐太宗的武功文治和节俭精神，介绍了宫城内发现醴泉的经过，并刊引典籍说明醴泉的出现是"天子令德"所致，最后提出"居高思坠，持满戒溢"的谏诤之言。《九成宫醴泉铭》结体修长、中宫收紧、四边开张、左敛右纵、化险为夷。字形随势赋形，左右结构作相背之势，上下结构上窄下宽，间架开阔稳定、气象庄严。其布白匀整，字距、行距疏朗，为九宫最准者，全碑血脉畅通，气韵萧然。

4. 颜真卿和《颜勤礼碑》

颜真卿（709—785年），字清臣，别号应方，京兆万年（今陕西西安）人，祖籍琅琊（今山东临沂）。唐代宗时官至吏部尚书、太子太师，封鲁郡公，人称"颜鲁公"。死后追赠司徒，谥号"文忠"。

● 《颜勤礼碑》

颜真卿书法精妙，擅长行、楷。初学褚遂良，后师从张旭，得其笔法。其正楷端庄雄伟，行书气势遒劲，创"颜体"楷书，对后世影响很大。与赵孟頫、柳公权、欧阳询并称为"楷书四大家"，又与柳公权并称"颜柳"，被称为"颜筋柳骨"。

《颜勤礼碑》是颜真卿71岁时所作，是其书法成熟时期的佳作之一，全文结构端庄豁达、舒展开朗、动静结合、巧拙相生、雍容大方。用笔横细竖粗、藏头护尾、方圆并用、雄健有力。竖画取"相向"之势，捺画粗壮且雁尾分叉，钩如鸟嘴，点画间气势连贯。碑中的字，同样的点画有不同的变化，生动多姿、节奏感强。此碑重法度、重规矩，具有大唐盛世之气象，并与他高尚的人格契合，是书法美与人格美完美结合的典例。

5. 柳公权和《玄秘塔碑》

柳公权（778—865年），字诚悬，汉族，京兆华原（今陕西铜川）人。唐代中期著名书法家、诗人。

柳公权的书法以楷书著称，初学王羲之，后来遍观唐代名家书法，吸取了颜真卿、欧阳询之长，融汇新意，自创独树一帜的"柳体"，以骨力劲健见长，后世有"颜筋柳骨"的美誉。与颜真卿齐名，人称"颜柳"，又与欧阳询、颜真卿、赵孟頫并称"楷书四大家"。

● 《玄秘塔碑》

《玄秘塔碑》，全称《大达法师玄秘塔碑铭》，是唐会昌元年（841年）由时任宰相的裴休撰文，书法家柳公权书丹而成，为楷书书法作品，现今保存于西安碑林博物馆。《玄秘塔碑》共28行，每行54字。其结体紧密、笔法锐利、筋骨外露、阳刚十足，字迹如刀刻一般，且笔画粗细变化多端，风格特点显著。《玄秘塔碑》为柳公权书法创作生涯中的一座里程碑，标志着"柳体"书法的完全成熟，历来被作为初学书法者的正宗范本，对后世影响深远。

6. 赵孟頫《胆巴碑》

赵孟頫（1254—1322年），字子昂，汉族，号松雪道人，又号水晶宫道人，中年曾署孟俯，吴兴（今浙江湖州）人，原籍婺州兰溪，南宋晚期至元代初期官员、书法家、画家、诗人，宋太祖赵匡胤十一世孙、秦王赵德芳嫡派子孙。赵孟頫69岁时逝世，封魏国公，谥号"文敏"，故称"赵文敏"。著有《松雪斋文集》等。

赵孟頫书取法钟繇、"二王"、李邕、赵构等，篆、隶、楷、行、草诸体皆擅，尤以楷书、行书著称；其书风遒媚、秀逸，结体严整、笔法圆熟，创赵体书，与欧阳询、颜真卿、柳公权并称"楷书四大家"。

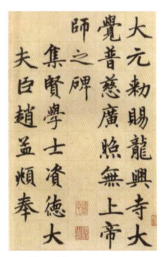
● 《胆巴碑》

《胆巴碑》又称《帝师胆巴碑》，为中国元代书画家赵孟頫的楷书墨迹。《胆巴碑》字形开张舒展，点画精到沉着、神完气足、萧散率真。其结体多取法李北海书庄重沉实之意态，醇和典雅，是一种纯粹的自由状态。书法点画顾盼有致，用笔遒美峻拔，为晚年碑书之笔。

互动交流

1. 你所了解到的古代山东籍的书法家有谁？请介绍一下他的书法代表作品及艺术特色。
2. 中国书法源远流长、博大精深，谈谈你对中国书法的认知。

第二节　中国古代绘画艺术

1. 了解中国古代绘画的发展历程。
2. 了解中国古代绘画的传统特点。
3. 品味中国古代绘画的哲学内涵。

中国历代绘画是中华优秀传统文化的瑰宝，它见证了中华文化强大的生命力。品鉴中国绘画是提高文化自信的有效途径。中国古代绘画是我国漫长文化发展过程中，人民描绘和记录我国古代社会生活的形式。从时间上来看，中国古代绘画一般指我国封建社会以前各个社会的绘画，包括原始社会、奴隶社会、封建社会等漫长的数千年文明进程遗留给我们的绘画遗迹。

中国画简称"国画"，原来泛指中国绘画，是为了区别于明末传入中国的西画而出现的概念。中国画强调"外师造化，中得心源"，要求以形写神、形神兼备，做到"意存笔先，画尽意在"。本节将从中国画的发展历程、中国画的传统特点、中国画的哲学内涵 3 个方面介绍中国绘画。

一、中国画的发展历程

从山东、甘肃、内蒙古、新疆及东北各地的原始岩画及 1986 年发现于甘肃秦安大地湾原始地画来看，中国画的历史不少于 5000 年。以汉族为主包括各少数民族在内的画家和匠师，创造了具有鲜明民族风格和丰富多彩的形式手法，形成了独具特色的中国传统绘画。

（一）远古时期：绘画萌芽

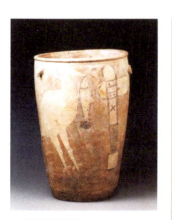

● 鹳鱼石斧彩陶缸

我们对远古时期绘画的了解是从出土的彩陶及遗存的岩画中得来的，这些作品的创作大多出于宗教和巫术的目的，并不是出于审美和欣赏的需要。石器时代是中国绘画的萌芽时期，伴随着石器制作方法的改进，工艺美术有了发展。在若干年以前，我们所掌握的中国绘画的实例还只是那些描画在陶瓷器皿上的新石器时代的纹饰。但在中国的许多省份发现了岩画，因此史学家们将中国绘画艺术的起源推前至旧石器时代。内蒙古阴山岩画就是最早的岩画之一。在那里，我们的先人们在长达一万年左右的时间内创作了许多这类图像，这些互相连接的图像把整个山体连成了一条东西长达 300 千米的画廊。据推测，是宗教或巫术的感召促使先人们不辞辛劳地创作了这些图像。类似的图像还可以在苏北的连云港将军崖岩画遗址中见到。

（二）先秦两汉时期：风格形成

在整个先秦时代中，伴随着社会分工的扩大，各种手工业得到了极大的发展，出现了所谓的"青铜文明"。统治阶级的需要带动了美术各门类的发展，绘画当然也不例外，获得了长足的发展。但是，我们今天能够见到的先秦绘画遗迹少之又少，造成这种现象的原因可能是大部分的绘画都绘制了易于腐烂的木质或者布帛上面。幸运的是，在长沙的楚墓中先后出土了两幅战国时期的带有旌幡的帛画，它们都属于公元前3世纪的作品。两幅画描绘的都是墓主的肖像，《人物龙凤图》中主要描绘对象是妇人，其上方绘有飞腾的龙凤；《人物御龙图》则是一位有身份的男子，驾驭着一条巨龙或龙舟。墨线勾勒的侧面肖像及带

● 佚名 《人物龙凤图》帛画

有象征意义的动物是两幅画的相同之处，不同的是《人物御龙图》所表现出来的绘画技巧要熟练许多。

秦汉时期是中国民族艺术风格确立与发展的极为重要的时期。公元前221年，秦始皇统一中国后，为了宣扬功业，显示王权而进行的艺术活动，在事实上促进了绘画的发展。西汉统治者也同样重视可以为其政治宣传和道德说教服务的绘画，在西汉武帝、昭帝、宣帝时期，绘画变成了褒奖功臣的有效方式，宫殿壁画建树非凡。东汉的皇帝们同样为了巩固天下、控制人心，鼓吹"天人感应"论及"符瑞"说，祥瑞图像及标榜忠、孝、节、义的历史故事成为画家的普遍创作题材。汉代厚葬习俗，使得我们今天可以从壁画墓、画像石及画像砖墓中见到当时绘画的遗迹。秦汉时代艺术以其深沉雄伟的气魄，在中国美术史上大放光彩。

（三）魏晋南北朝时期：蓬勃发展

魏晋南北朝时期崇佛思想的上扬，让本来简略明晰的绘画进一步变得繁复起来。曹不兴创立了佛画，他的弟子卫协在他的基础上又有所发展。作为绘画走向成熟的标志之一，南方出现了顾恺之、戴逵、陆探微、张僧繇等著名的画家，北方也出现了杨子华、曹仲达、田僧亮诸多大家。这个时代，开始总结出各种绘画理论，这也推动了中国画艺术的体系化发展。东晋顾恺之认为画画要注意"以形写神"，要在画里面表现出人物的精神气质，其代表作《女史箴图》和《洛神赋图》就体现出了他的绘画理念。画家这一身份逐渐进入了历史书籍之中，开始在社会生活中扮演愈来愈重要的角色。

● 顾恺之 《女史箴图》（局部）

● 周昉 《簪花仕女图》（局部）

在这一时期中，发展得最为突出的是人物画（包括佛教人物画）和走兽画。《洛神赋图》中出现的山水只是作为人物故事画的衬景，山水画的逐步独立直到南北朝后期才趋于完成。在这个时期，由于各种宗教蓬勃发展，宗教画和历史人物画占了极大的比重。

（四）隋唐五代时期：趋向全盛

隋代的绘画风格，承前启后，有"细密精致而臻丽"的特点。此时的画家，大多擅长宗教题材，也善于描写贵族生活。画家开始重视画面中人物活动的环境，为了较好地表现出"远近山川，咫尺千里"的空间效果，山水画开始独立。

唐代的绘画在隋代的基础上有了全面的发展，人物鞍马画取得了非凡的成就，青绿山水与水墨山水先后成熟，花鸟与走兽也作为一个独立画科引起人们注意，可谓异彩纷呈。

初唐时的人物画发展良好，山水画则沿袭隋代的细密作风，花鸟画已经出现个别名家，宗教绘画的世俗化倾向逐渐明显和增强。这时著名的画家还有阎立德与康萨陀等。他们的作品和风格丰富了初唐时期的画坛，为盛唐画风的突变奠定了基础。盛唐时期是中国绘画发展史上一个空前繁盛的时代，也是一个出现绘画巨人与全新风格的时代。宗教绘画更趋世俗化，经变绘画又有发展。不同地区的画法交融为一，产生了颇受欢迎的新样式，以"丰肥"为时尚的现实妇女进入画面。以张萱为代表的人物仕女画，从初唐的政治事件描绘转为描写日常生活，造型更加准确生动，在心理刻画与细节的描写上超过了前代的画家。而山水画则在此时获得了独立的地位，代表画家有李昭道和张璪，分工细和粗放两种。花鸟画的发展虽不像人物画和山水画那样成熟，但在牛马画方面却名家辈出，曹霸、韩干、陈闳、韩滉与韦偃等都是个中好手。此外，著名的画家王维、卢稜伽、梁令瓒等也名重于时，时至今日还能看到他们的传世作品或者后世的摹本。中晚唐的绘画，一方面丰富了盛唐的风格，另一方面又开拓了新的领域。此时，以周昉为代表的人物仕女画及宗教画更见完备。而王墨等人的山水画则发生了变化，盛行树石题材，渐用重墨，泼墨山水画也开始出现。边鸾、滕昌祐、刁光胤等的花鸟画作品则体现出了花鸟画的日臻完善。

（五）两宋时期：历史的高光

两宋属于文人的时代，"重文抑武"的政策使得各类文学艺术得到了空前的发展。而绘画作为艺术中的典型门类，也由此进入了全面发展时期。宋徽宗赵佶更是亲自设立翰林书画院，通过实行以画作为科举升官的一种考试方法，招揽并培养了大量绘画人才。和平繁荣的社会、安定富足的生活也促使一大批文人追求闲适雅致的生活，他们终日徜徉于山水、流连于丹青，并互相探讨，不断学习，画学在当时一度兴起。

与此同时，风俗画成了当时画坛的一大亮点。所谓风俗画，其实是人物画的一种，它主要是用来反映当时的社会生活情况的，有点类似现在的社会题材摄影。此时的风俗画有体现民风的社会功能，也逐渐受到上位者的重视，故而受到大力扶持。宫廷画院的滥觞始于五代，却盛于两宋。宋代风俗画名家辈出，许多旷世巨作在此时诞生，例如北宋张择端的《清明上河图》、两宋间苏汉臣的《冬日婴戏图》、南宋李嵩的《婴戏图》等，都是一时之名作。

（六）元明清时期：个性展露

元代绘画在继承唐、五代、宋绘画传统的基础之上进一步发展，标志就是"文人画"的盛行，绘画的文学性和对于笔墨的强调超过了以前的朝代，书法趣味被进一步延伸到绘画的表现和鉴赏之中，诗、书、画进一步结合起来，体现了中国画的又一次创造性的发展。人物画相对减少了，山水、竹石、梅兰等成为绘画的主要题材。此外，由于社

● 王冕　《墨梅图》

会的急剧变化，社会审美趣味发生转变，在绘画上强调要有"古意"和"士气"，反对"作家气"，摒弃南宋院体即所谓的"近体"，转而主张师法唐、五代和北宋。绘画理论上进一步强调神似的重要作用，把形似放在了次要的地位，以简逸为上，重视绘画创作中主观意兴的抒发，把对自然景物的描写当作画家抒发主观思想情趣的一种手段，与宋代绘画的刻意求工求似形成了鲜明对照。元代，绘画领域名家辈出，成就可观。其代表画家有赵孟頫、元四家等。

明代是中国古代书画艺术史上的一个重要阶段。这一时期的绘画，在宋、元的基础上继续演变发展。特别是随着社会政治、经济的逐渐稳定，文化艺术变得发达起来，出现了一些以地区为中心的名家与流派。绘画方面，出现了以戴进为代表的浙派，以沈周、文徵明为首的吴门画派，以张宏为首的晚明吴派，以蓝瑛为首的武林派等，流派纷繁，各成体系；各个画科全面发展，题材广泛，山水、花鸟的成就最为显著，表现手法有所创新。

清代的绘画艺术，延续着元、明以来的趋势，文人画日益占据画坛主流，山水画的创作及水墨写意画盛行。在文人画思想的影响下，更多的画家把精力花在追求笔墨情趣方面，绘画的形式面貌更加多样，派系林立。在董其昌"南北宗论"的影响下，清代画坛流派之多，竞争之烈，是前所未有的。清代绘画的发展，大致也可以分为早、中、晚3个时期。清代早期，"四王"画派占据画坛的主体地位，江南则有以"四僧"和"金陵八家"为代表的创新派；清代中期，由于社会经济的繁盛和皇帝对于书画的爱好，宫廷绘画得到很好的发展，在扬州，出现了以"扬州八怪"为代表的文人画派，力主创新；晚清时期，上海的海派和广州的岭南画派逐渐成为影响最大的画派，涌现出大批的画家和作品，影响了近现代的绘画创作。

（七）近现代时期：亦古亦今，亦中亦西

近现代的中国社会风云激荡，于艺术而言同样如此。一方面，传统艺术的强大力量在此时不但没有丝毫减弱，反而还衍生出了很多新的艺术表现形式，流派纷纭，大家迭出。张大千被誉为"500年第一人"，工笔、写意，都难掩一股清逸的气息；齐白石的画作设色浓丽、痛快淋漓的大写意继承海派遗绪又自出机杼，稚拙中饱含一种难得的情趣；黄宾虹笔下的山水浑厚华滋，其笔墨精神则直接与宋人相通无碍。这一时期的传统艺术，无论是工笔还是写意，无论是人物、花鸟还是山水，都可谓是宋元以后的另一高峰。

● 吴冠中 《水乡人家》

另一方面，西风东渐的流风所及，艺术家们开眼看世界，甚至直接到西方取法，试图打通中西方绘画融合的筋脉。他们中大多数人在积极吸取西方艺术理论和绘画技巧的同时，结合古典艺术审美和传统工具进行综合性的艺术实践，最终以此来表现那些最能体现中国文化精神的经典母题。林风眠柔和静谧的画面中那难以排遣的孤冷，黄冑速写式的笔触中那不可阻挡的奔放，吴冠中精心安排的点线面所构成的文化乡愁，都是西方绘画手法结合中国古典美学理念的典范。

二、中国画的传统特点

中国画这一艺术形式之所以能在世界绘画史上占有极其重要的地位，是因为它代表了中华民族特殊的艺术审美观念和文化内涵。

（一）以形写神，形神兼备

中国画讲究气韵、追求意境。一个画家应具备"画得像"的功夫。如果作品有形无神，那么即使画得再像也不是中国画所要达到的效果。有形无神的画是存在的，而有神无形的画是不存在的。写形是为了传神、为了畅神，形可在"似与不似之间"。我们要知道，"以形写神"的最终目的是"达意"。

中国画历来要求以"形"表现"神"。"神"指的是客观对象的生命力、生动气韵和本质特征。"形"是次要的，而"神"是主要的。现代大家齐白石、黄宾虹都提出"妙在似与不似之间"的画才算是好画。也就是说，画得太像就太俗了；画得一点儿也不像，不是中国画，所谓"意象造型"就是这个道理。

（二）追求"笔精墨妙"的艺术效果

中国画以线、墨为主，讲究笔法，讲究骨法用笔，这是对笔墨内涵的要求。"骨法"又作"骨力"，指书写点画中蕴蓄的笔力，它是构成点画与形体的支柱，也是表现神情的依凭。画家以挺劲的笔法将自己的感情倾注到形象中，使其具有生命力。在造型过程中，画家的感情就一直和笔力融在一起。笔之所处，尽为画家感情活动的痕迹。

用笔中的骨法也是中国画区别于西方画的重要特征。虽然西方画家也用线条，现代派绘画更追求曲线美，但西方画的线条不像中国画具有丰富的变化，同时又有严格的用笔规律和用笔方法。黄宾虹总结中国画的用笔："用笔须平，如锥画沙；用笔须圆，如折钗股，如金之柔；用笔须留，如屋漏痕；用笔须重，如高山堕石。"这是对中国画笔法的高度概括。

（三）构图讲究气势，不受透视规律束缚

画家取景时，要步步移、面面观；要善于利用纸的空白，做到疏中有物、密而不闷。"画意"是画家精神感受的传达。构思画意是创作的开始，它是理性与非理性的统一。画意在构思之后并不是不可变化，而是可根据需要在作画过程中不断调整。画家边作画边改

变自己的画意，在逐步完善绘画中寻找创作的乐趣。因此，作品的画意产生于作画前，完善于创作中。

构图是因得势而称尽善的，是因所欲得之势不同而变化的。构图、布势有两种，一张一敛：张的力量是向外扩散，呈辐射状，能给人一种画外有画的感觉；敛的力量是向内集结，能给人一种画中有画的感觉。一张一敛以求其变、求其势。王微《叙画》载："夫言绘画者，竟求容势而已。"

（四）追求动的精神气势

中国绘画，不论人物、山水、花鸟等，都特别注重表现对象的神情气韵。故中国绘画在画面的构图安排、形象动态、线条的组织运用、用墨和用色的配置变化等方面，均极注意气的承接连贯、势的动向转折，气要盛、势要旺，力求在画面上形成蓬勃灵动的生机和节奏，以达到中国绘画特有的生动性。

中国绘画是以墨线为基础的，基底墨线的回旋曲折、纵横交错、顺逆顿挫、驰骋飞舞等，对形成对象形体的气势作用极大。例如画花鸟，枝干的欹斜交错、花叶的迎风摇曳、鸟的飞鸣跳动及相呼相斗等，无不以线来表现动态。就以山水来说，树的高低欹斜，水的纵横曲折，山的来龙去脉，以及山石皴法用笔的倾侧方向等，也无不以线条来表达动的节奏。因为中国画重视动的情趣，故不愿呆对着对象慢慢描摹，而全靠抓住刹那间的感觉，靠视觉记忆表达出来。因此中国画家必须细致地观察风景、人物的种种动态，以得山川、人物的神情与意趣。

（五）题款更使画面丰富而有变化

绘画是用色彩或单色在纸、绢、布等平面上造型的一种艺术。由于绘画具有局限性，因此往往需要用文字来进行补充说明。世界上的绘画大多有画题，画题就是一幅画简略的说明。此外，绘画往往还有署名及创作年月。中国绘画的画题往往题写在画幅之内。画幅中不仅要题画题，还逐渐发展到题诗词、文跋以增加画面的说明内容。同时为便于查考，绘画都题上作者名字和作画年月。印章也从名印发展到闲章。中国绘画的题款，不仅能起点题及说明的作用，而且能起到丰富画面的意趣、加深画的意境、启发观众的想象、增加画中的文学和历史的趣味等作用。中国的诗文、书法、印章都有极高的艺术成就，中国绘画融诗书、画印于一炉，极大地增加了中国绘画的艺术性，与中国的传统戏剧有音乐、舞蹈一样，成为一种综合性的艺术。

三、中国画的哲学内涵

儒、道、释是文化之源。中国画从以儒、道、释三家为主要源流的传统文化中吸取养分。长期占据主流地位的儒家思想对其影响深远，道家思想对中国画的艺术特质有极大的塑造之功，禅宗思想则使中国画的境界更加宏大、风格上更加超逸空灵。

（一）中国画的基本追求：由中致和

儒家思想由"道中庸"而"致中和"以达"极高明"的基本精神，决定了中国画的基本道路与追求也是由中致和，即经由适宜的、合度的、富有分寸感的全面协调达到整体和谐。儒家思想坚持"经世致用"原则，更注重发挥书画艺术的教化功能。

这种教化功能在整个书画发展史中得到了一以贯之的体现，其中人物画表现最为突出。在这种观念下，书画被看成是经艺之本、王政之始，是神圣而重要的，把对个人、社会的教化，同对国家的治理结合起来，达到相辅相成、相互促进的目的。

（二）中国画的哲学内涵：禅宗思想

佛家思想，尤其是禅宗思想，将中国画的审美观念向前推进了一大步，这种影响从实践和思想两个方面得以实现。一方面，宗教画成为中国画的传统题材之一，众多的僧侣也参与到绘画创作中，如巨然、髡残、石涛等都取得了不凡的成就；另一方面，佛家将心性的修习与对世界的观照通过宗教意识连接了起来，这使中国画的精神更加深远宏大，境界更高，风格更加超逸空灵。《大方广佛华严经》中就有"心如工画师，能画诸世间"之语，是说每个人都在用心描绘世界，去发现世俗所不能看到的自然和宇宙，这就为中国画提供了更丰富的创作角度和更广阔的发展空间。

中国画，尤其是文人画，不再停留于对自然现实的简单表现，而是着力达到空灵的境界，体现物我一如的人生哲学和审美情趣。

（三）中国画的价值核心：写意精神

山水画和花鸟画所具有的观道畅神、达情适意之审美观，则多是道家思想影响的结果。一直以来，写意精神被认为是中国传统艺术的精髓和中国画的价值核心，它更多地源于道家思想。

黄宾虹在《宾虹论画》中说："老子言'道法自然'，庄生谓'技进乎道'。学画者不可不读老庄之书。"既然艺术不应停留于描写自然的外在形象，而需深入揭示自然的内在本质，那么写意精神的逻辑思路正是不求形似，注重神韵。写意精神也便把中国人的审美理想——"澄怀观道，返璞归真"淋漓尽致地表现出来。

知识窗

古代名家名画介绍

1. 《洛神赋图》

现存有宋代摹本5卷，分别收藏在北京故宫博物院（两件）、台北故宫博物院、辽宁省博物馆和美国弗里尔美术馆。

创作背景：东汉末年分三国，曹植和随从在归途中长途跋涉，极度疲惫，在黄昏的时候停歇在洛水边，恍惚中邂逅美丽的洛神仙女，两人一见倾心。

主要内容：描绘了三国时期的才子曹植和洛水女神的爱情故事。

意义：是人类绘画艺术史上经典的连环画；曹植的文、顾恺之的画是诗画结合的典范。

● 东晋　顾恺之　《洛神赋图》（局部）（宋代摹本）　北京故宫博物院藏

中国传统文化教程（微课版）

2. 《五牛图》

创作背景：在当时大肆兴农的背景下，作者以 5 头牛为对象来作画，既表达了当时社会农耕的重要性，又含蓄地将自己一家 5 个兄弟对君主的忠心表达出来。

主要内容：这 5 头牛从左至右一字排开，神态各异，昂首、独立、嘶鸣、回首、擦痒等动作，着重表现牛的健壮和既倔强又温顺的性格，生动地表现了 5 头牛的不同神态。仔细看它们的眼睛，会发现这 5 头牛仿佛拥有人的性格和情感，运用了典型的以物寄情手法。

意义：韩滉唯一存世的作品，是我国目前发现的最早的纸质绘画，也是代表唐代花鸟畜兽画最高成就的作品之一。

● 唐　韩滉　《五牛图》　北京故宫博物院藏

3. 《富春山居图》

创作背景：原本是天骄之子的元代画家黄公望，却生不逢时，命运多舛，在历经错失机会、被诬陷入狱等事件后，开始领悟了什么是"无为"，后来从事山水画，与王蒙、倪瓒、吴镇并称"元四家"。

主要内容：描写富春江两岸初秋景色，展卷观览，人随景移，表达了作者亲近自然、回归自我的隐逸之情。

意义：中国十大传世名画之一，中国山水画的巅峰之作，元代写意画风的典型代表作。

● 元　黄公望　《富春山居图》　前半段，浙江省博物馆藏；后半段，台北故宫博物院藏

4. 《百骏图》

创作背景：来自意大利米兰的传教士郎世宁成了清代宫廷绘画领袖，在他绘画技法的影响下，清代绘画形成了别具一格的清代宫廷画风。这幅画用了 4 年时间完成。

主要内容：其图共绘有 100 匹骏马，姿势各异，或立，或奔，或跪，或卧，画面的首尾各有牧者数人，控制着整个马群，体现了人与自然界其他生物间的和谐关系。

意义：这是中国十大传世名画中唯一一幅带有西方色彩的画作。

●清 郎世宁 《百骏图》（局部）（绢本） 台北故宫博物院藏

5. 《清明上河图》

创作背景：北宋时期的商业格局和市民的生活方式已经相当发达，此图细腻地表现了当时的市民文化，展现了市井百态。

主要内容：记录了北宋末、徽宗时期，汴河两岸的自然风光和城内的建筑特征，以及民生的繁华景象。该作品为后世研究宋代城市社会生活提供了重要的历史资料，具有很高的历史和艺术价值。

意义：北宋画家张择端存世的仅见的一幅精品，这在中国乃至世界绘画史上都是独一无二的，是世界上罕见的文化遗产。

●宋 张择端 《清明上河图》（局部） 北京故宫博物院藏

6. 《汉宫春晓图》

创作背景：明代时江南一带工商业已经非常发达，经济发展迅速，并且资本主义已经开始萌芽。

主要内容：描绘初春时节宫廷内的日常琐事及后宫佳丽百态，比如折枝、妆扮、歌舞、弹唱等，其中包含画师毛延寿为王昭君写像的著名故事。

意义：中国"重彩仕女第一长卷"；成为当时仕女画的时代典范。

● 明　仇英　《汉宫春晓图》（局部）　台北故宫博物院藏

7.《韩熙载夜宴图》

创作背景：贵族出身的韩熙载深谙官场之道，在动荡的社会形势下，为韬光养晦，不惜牺牲自我形象，营造出一副夜夜笙歌、纵情嬉戏的假象。李煜派顾闳中去韩府了解情况，并将此情景绘制出来。

主要内容：描绘了官员韩熙载家设夜宴载歌行乐的场面。此画描绘的就是一次完整的韩府夜宴过程，即琵琶演奏、观舞、宴间休息、清吹、欢送宾客5段场景。

意义：中国古代画的最高峰，也是中国画发展的一个分水岭。

● 五代　顾闳中　《韩熙载夜宴图》（局部）　北京故宫博物院藏

8.《步辇图》

创作背景：松赞干布是一位很有作为的首领，他仰慕大唐文明，派使者禄东赞带着奇珍异宝入唐求婚。唐太宗非常高兴，于是，决定将文成公主嫁予松赞干布。

主要内容：《步辇图》是以贞观十五年（641年）松赞干布与文成公主联姻的历史事件为题材，描绘唐太宗接见来迎娶文成公主的使臣禄东赞的情景。图中在宫女簇拥下坐在步辇中的唐太宗是全图焦点。经作者生动细致的刻画，画中的唐太宗面目俊朗，目光深邃，神情庄重，充分展露出盛唐一代明君的风范与威仪。为了凸显唐太宗的至尊风度，作者巧妙地运用对比手法进行衬托表现。

意义：代表初唐人物画的最高绘画水平。

● 唐 阎立本 《步辇图》 北京故宫博物院藏

9. 《虢国夫人游春图》

创作背景：盛唐是唐代人物画的高潮期，宫廷和京、洛两地的画家、壁画家和民间艺匠等尽显其才并相互影响。游春是开放的唐代社会风俗，以每年的三月初三为盛。为了让人们有游春的好去处，唐玄宗将汉武帝所造之"曲江池"修整一新，使之成为花草繁盛、烟水明媚的游览胜地。每到三月初三，妇女们尤其是贵族妇女都来此游赏。喜欢热闹的虢国夫人自然不会失去这个机会，与其姐妹结伴而来。

主要内容：《虢国夫人游春图》重人物内心刻画，通过劲细的线描和色调的敷设，浓艳而不失秀雅，精工而不板滞。全画构图疏密有致，错落自然。人与马的动势舒缓从容，正应游春主题。画家不设背景，只以湿笔点出斑斑草色以突出人物，意境空濛清新。图中用线纤细，圆润秀劲，在劲力中透着妩媚。该画设色典雅富丽，具有装饰意味，格调活泼明快。画面上洋溢着雍容、自信、乐观的盛唐风貌。

意义：展示了"回眸一笑百媚生"的唐代美女形象，成为唐代仕女画的主要艺术代表。

● 唐 张萱 《虢国夫人游春图》 辽宁省博物馆藏

10. 《千里江山图》

创作背景：据史料记载和《千里江山图》中北宋宰相蔡京题跋中的"上知其性可教，遂诲谕之，亲授其法"可知，王希孟的《千里江山图》是在宋徽宗"亲传笔法"的指导和帮助下完成的。《千里江山图》受北宋时期绘画复古倾向的影响，在吸收了晋唐青绿山水的积色语言的基础上，综合北宋青绿山水画勾皴与染色的画风，形成了独特的风格。

主要内容：全卷从左至右大致可分为5段景色，每段景色之间，都以江面隔开，又以桥梁、游船、渔舟衔接或呼应。

意义：我国画史上青绿山水的稀世杰作。

● 唐　王希孟　《千里江山图》（局部）　北京故宫博物院藏

互动交流

在中国近现代史上中国画名家辈出，你了解到的名家名画有哪些？请介绍给你的同学。

第三节　中国民族音乐艺术

学习任务

1. 了解中国民族音乐发展史。
2. 了解中国民族音乐分类。
3. 了解中国民族音乐的特点。

在当今中华民族走向伟大复兴的征程之中，需要坚守中华文化立场，弘扬中国优秀传统文化，中国传统民族音乐恰恰体现了"乐身正心"的传统美学思想。中国民族音乐，又称中国传统民族音乐，指用中国传统乐器以独奏、合奏形式演奏的中国传统音乐。中国民族器乐的历史悠久。从西周到春秋战国时期，民间流行吹笙、吹竽、鼓瑟、击筑、弹琴等器乐演奏形式，那时涌现了师涓、师旷等琴家和著名琴曲《高山》和《流水》等。秦汉时的鼓吹乐，魏晋的清商乐，隋唐时的琵琶音乐，宋代的细乐、清乐，元明时的十番锣鼓、弦索等，演奏形式丰富多样。近代的各种音乐体裁和形式，都是传统形式的继承和发展。

一、中国民族音乐发展史

中国民族音乐历史可以追溯到黄帝时代。中国民族音乐曾经对中国周边地区的音乐产生了深远的影响；中国音乐又在吸收外来音乐要素的过程中不断充实发展。中国素号"礼乐之邦"，古代音乐在人格养成、文化生活和国家礼仪方面有着很重要的作用和地位，从孔子提出的"兴于诗，立于礼，成于乐"的学习步骤中可见一斑。

（一）中国传统音乐的形成期

从古典文献记载来看，夏、商时代的乐舞已经渐渐脱离原始氏族乐舞为氏族共有的特点，其更多地为高等阶级所占有。从内容上看，乐舞渐渐不再崇拜原始的图腾，转为歌颂征服自然的人。西周时期，国家建立了完备的礼乐制度。周代还有采风制度，收集、保留了大量的民歌，经春秋时孔子删定（传言），形成了中国第一部诗歌总集——《诗经》。周代民间音乐涉及社会生活，十分活跃。在周代，十二律的理论已经确立，五声阶名（宫、商、角、徵、羽）也已经确立。

秦汉时，开始出现"乐府"。它继承了周代的采风制度，搜集、整理、改编民间音乐，也集中了大量乐工在宴享、郊祀、朝贺等场合演奏。这些用作演唱的歌词，被称为乐府诗。汉代主要的歌曲形式是相和歌，它从最初的"一人唱，三人和"的清唱，渐次发展为有丝、竹乐器伴奏的"相和大曲"，对隋唐时的歌舞大曲有着重要影响。在汉代还有"百戏"出现，它是将歌舞、杂技、角抵（相扑）合在一起表演的节目。

（二）中国传统音乐的新生期

三国时代，由相和大曲发展起来的清商乐受到曹魏政权的重视，设置清商署。两晋之交的战乱，使清商乐与南方的吴歌、西曲融合，从而成为流传全国的重要乐种。这时，传统音乐文化的代表性乐器——古琴趋于成熟，嵇康、阮籍等大批文人琴家相继创作，如《广陵散》《猗兰操》《酒狂》等一批著名曲目问世。这一时期律学上的重要成就，包括：晋代荀勖找到管乐器的"管口校正数"；南朝宋何承天在三分损益法上，以等差递加的办法，创立了十分接近十二平均律的新律。

隋唐两代，政权统一，特别是唐代，政治稳定，经济兴旺，统治者奉行开放政策，不断吸收他方文化，加上魏晋以来不断发展着的音乐文化，终于萌发了以歌舞音乐为主要标志的音乐艺术。在乐器发展方面，在唐代的乐队中，琵琶是主要乐器之一，它已经与今日的琵琶形制相差无几。在音乐理论方面，唐代出现了八十四调、燕乐二十八调的乐学理论。唐代曹柔还创立了减字谱的古琴记谱法，一直沿用至近代。文学史上堪称一绝的唐诗在当时是可以入乐歌唱的。当时歌伎曾以能歌名家诗为快；诗人也以自己的诗作入乐后的流传度来衡量自己的写作水平。唐代音乐文化的繁荣还表现为出现大量音乐教育的机构，如教坊、梨园、大乐署、鼓吹署及专门教习幼童的梨园别教园。这些机构以严密的考绩，造就出一批批才华出众的音乐家。

（三）中国传统音乐的整理期

宋代，随着都市商品经济的繁荣，市民音乐得以勃兴，词调音乐也获得了空前的发展。长短句的歌唱文学体裁可以分为引、慢、近、令等词牌形式。在乐学理论上出现了燕乐音阶的记载。到了元代，民族乐器三弦出现，中国戏曲也趋于成熟。

明、清时代已经具有资本主义经济因素的萌芽，市民阶层日益壮大，音乐文化的发展更具世俗化的特点。明清时期说唱音乐异彩纷呈，其中南方的弹词、北方的鼓词，以及牌子曲、琴书、道情类的说唱曲种十分突出。

16世纪，西洋音乐通过传教士传到中国。清初，传教士徐日升教授康熙皇帝西方乐理，并著有《律吕纂要》一书。五线谱也在这个时候传入中国。19世纪末，中国被迫开放南方沿海，开始接触西方音乐和乐器，广东音乐首先吸收西方和声方法，创造了新乐器——扬

中国传统文化教程（微课版）

琴和木琴，发展了乐队合奏的音乐，至今广东音乐仍然有其独特的魅力，是中西结合比较成功的典范。民间音乐家将中国乐器的演奏带入新的阶段，二胡作曲家刘天华定制二胡把位，改进演奏手法，并创作了 10 首二胡独奏曲，如《良宵》《光明行》《病中吟》等。新文化运动期间，很多到海外留学的中国音乐家回国之后，开始演奏欧洲古典音乐，也开始用五线谱创作新作品。

二、中国民族音乐的分类

中国民族音乐基本上由宫廷音乐、文人音乐、宗教音乐、民间音乐 4 部分构成，由历代具有一定文化修养的知识阶层创作或参与创作。

（一）宫廷音乐

宫廷音乐一部分是典制性音乐，如各类祭祀乐、凯歌乐、朝会乐等；另一部分是娱乐性音乐，如各种建宴乐、行幸乐。这两部分音乐体现了宫廷贵族文化的两个侧面：一是皇权至上自我形象的塑造，二是贵族阶层的精神享乐。

（二）文人音乐

文人音乐包括古琴音乐与词调音乐，它与书法、绘画、诗词共同构成中国传统文化中独特的文人文化。琴、棋、书、画，琴居首位，古琴音乐追求的是超尘脱俗的意境、天人合一的思想，以及"清、幽、淡、远"的浪漫色彩，符合"中和"思想，成为古人修身养性、塑造人格的手段。

（三）宗教音乐

宗教音乐具有如下特点：一是体现了中国宗教信仰的多元化特点；二是外来宗教带来的外来音乐和乐器不断与本土音乐融合所产生的融合特点；三是具有较浓的民间风格。

（四）民间音乐

民间音乐分为民歌、舞曲、说唱、戏曲、器乐，以综合艺术为主。独特的中国传统文化孕育了独特的民族民间音乐的体裁、形式、风格、内容，使民间音乐成为中国民族音乐的基础。中国土地辽阔，民族众多，民风民俗千姿百态，形成了品种繁多的民间音乐。民间音乐一般为口头创作、口头传授，口头发展使民间音乐具有不稳定性。民间音乐是劳动人民共同创造的音乐文化，它表现了劳动人民的生活，表达了他们的意志和愿望。许多民间音乐还未完全摆脱实用功能的原始形态。

三、中国民族音乐的特点

（一）在音乐的构成上，中国民族音乐是以五声调式为基础的音乐

所谓五声调式，是由宫、商、角、徵、羽这 5 个音组成的调式，类似于简谱中的 1、2、3、5、6。民族音乐中的六声调式和七声调式是在五声调式的基础上发展起来的。中国民族音乐一般都是由五声音阶写成的，如民歌《茉莉花》《小河淌水》《五哥放羊》，器乐曲《春江花月夜》《梅花三弄》等。过去经常有人把唱歌音调不准的人称为五音不全者，这里说的五音就是指五声调式中的 5 个音。

（二）在音乐的表现形式上，中国民族音乐注重音乐的横向进行，即旋律的表现性

与中国书法、绘画等艺术一样，在艺术风格上，中国民族音乐讲究旋律的韵味处理，强调"形散神不散"。传统的中国民族音乐作品在旋律上常常以单旋律为主，对和声的运用较少。如人们熟悉的中国古典十大名曲，基本上都是某一种乐器的独奏曲目。合奏音乐一般用在宫廷典礼、宗教仪式、迎神赛会等大型场合，这与讲求和声效果的西方音乐是有较大区别的。

（三）中国民族音乐与舞蹈、诗歌等艺术也有着密切的关系

在古代，音乐一般都离不开舞蹈，如唐代的歌舞大曲及唐宋以后兴起的戏曲音乐都体现了音乐与舞蹈的结合。古代的诗歌一般分为诗、词、曲3类，开始都是用来演唱的，只是后来诗歌的功能有了分化。从现代音乐角度来看，歌曲的歌词大都是押韵的，一首好的歌词本身也是一首好的诗歌。

（四）中国民族音乐创造了中国民族声乐艺术

我们通常把中国人千百年来在音乐实践中创造的、具有鲜明的民族特色及符合中国人欣赏习惯的演唱方法叫作民族唱法。民族唱法的特点是：强调声音的明亮与甜美，语言生动且感情质朴，强调行腔的圆润和咬字吐字的清晰，讲求气息的运用，并以真声演唱为主。

中国的戏曲唱法也是民族唱法的一种，是很具特色的演唱方法。中国戏曲种类很多，不同的戏曲有不同的演唱方法，戏曲唱法以京剧的唱法最有代表性。在京剧中，演唱方法又叫唱腔。京剧中的生、旦、净、末、丑5种角色各有各的唱腔，其唱法复杂多变，真假声并用，方法考究，是世界上特色鲜明的演唱方法。现代民族唱法中的很多精华都来自戏剧唱腔。

知识窗

中国古典十大名曲简介

中国古典十大名曲是指《高山流水》《广陵散》《平沙落雁》《十面埋伏》《渔樵问答》《春江花月夜》《汉宫秋月》《梅花三弄》《阳春白雪》《胡笳十八拍》。

1. 《高山流水》

古琴曲。传说春秋琴师俞伯牙在荒山野地弹琴，樵夫钟子期竟能领会这是描绘"巍巍乎志在高山"和"洋洋乎志在流水"。伯牙惊曰："善哉，子之心与吾同。"子期死后，伯牙痛失知音，摔琴断弦，终身不操，故有高山流水之曲。

《高山流水》

2. 《广陵散》

古琴曲。《广陵散》又名《广陵止息》。据《战国策》及《史记》记载，韩国大臣严仲子与宰相侠累有宿仇，而聂政与严仲子交好，他为严仲子而刺杀韩相，体现了一种"士为知己者死"的情操。

《广陵散》

3. 《平沙落雁》

古琴曲。曲调悠扬流畅，通过时隐时现的雁鸣，描写雁群降落前在

天空盘旋顾盼的情景。

4. 《十面埋伏》

著名琵琶传统大套武曲。曲谱最早见于清嘉庆二十三年（1818 年）华秋萍的《琵琶谱》，而在此谱之前，只有描绘同样题材的《楚汉》。

《平沙落雁》

《十面埋伏》

5. 《渔樵问答》

古琴曲。曲谱最早见于《杏庄太音续谱》（明萧鸾撰于 1560 年）："古今兴废有若反掌，青山绿水则固无恙。千载得失是非，尽付渔樵一话而已。"此曲反映的是隐逸之士对渔樵生活的向往，希望摆脱俗尘凡事的羁绊。

《渔樵问答》

6. 《春江花月夜》

民国时期由传统琵琶曲《夕阳箫鼓》改编而成的民乐合奏《春江花月夜》，乐曲通过委婉质朴的旋律、流畅多变的节奏，形象地描绘了月夜春江的迷人景色，赞颂了江南水乡的优美景色。

7. 《汉宫秋月》

《汉宫秋月》原为崇明派琵琶曲，现流传的演奏形式有二胡曲、琵琶曲、古筝曲、丝弦曲等。乐曲主要表达的是古代宫女哀怨悲愁的情绪及一种无可奈何、寂寥清冷的生命意境。

《汉宫秋月》

8. 《梅花三弄》

古琴曲。《梅花三弄》由笛曲改编而来，又名《梅花引》《玉妃引》，是中国传统艺术中表现梅花的佳作。今存唐诗中亦多有笛曲《梅花落》的描述，说明南朝至唐间，笛曲《梅花落》较为流行。

《梅花三弄》

9. 《阳春白雪》

该曲相传为春秋时期晋国师旷或齐国刘涓子所作。现存琴谱中的《阳春》和《白雪》是两首器乐曲，《神奇秘谱》在解题中说："《阳春》取万物知春，和风淡荡之意；《白雪》取凛然清洁，雪竹琳琅之音。"

10. 《胡笳十八拍》

东汉末年大乱，连年烽火，蔡文姬在逃难中被匈奴所掳，流落塞外，后来与左贤王结成夫妻，生了两个儿女。她在塞外度过了十二个春秋，但她无时无刻不在思念故乡。曹操平定了中原，与匈奴修好，派使邪路用重金赎回蔡文姬，于是她写下了著名长诗《胡笳十八拍》，叙述了自己一生不幸的遭遇。琴曲中有《大胡笳》《小胡笳》《胡笳十八拍》琴歌等版本。曲调虽然各有不同，但都反映了蔡文姬思念故乡而又不忍骨肉分离的极端矛盾的痛苦心情。音乐委婉悲伤，撕裂肝肠。

《胡笳十八拍》

互动交流

盛唐时期，有一首乐曲记录了唐玄宗与杨贵妃的爱情故事，那就是《霓裳羽衣曲》。请给大家讲讲关于这首曲子的故事。

学习任务

1. 了解中国民族舞蹈的发展历程。
2. 了解中国民族舞蹈的艺术特征。

中国民族舞蹈即中国舞。舞蹈，是通过有节奏的、经过提炼和组织的人体动作和造型，来表达一定的思想感情的艺术，是我国各族人民在长期历史进程中集体创造、集体传衍、不断积累发展形成的。正如闻一多在《说舞》中所言："舞是生命情调最直接、最实质、最强烈、最尖锐、最单纯而又最充足的表现。"舞蹈总是与人类最热烈的感情联系在一起。本节从中国民族舞蹈的发展历程、中国民族舞蹈的艺术特征两个方面介绍中国民族舞蹈艺术。

一、中国民族舞蹈的发展历程

舞蹈是人类最古老的艺术形式之一，从上古时代开始，中国传统舞蹈经过了多个阶段的发展和演变，逐渐形成了具有中国独特形态和神韵的东方舞蹈艺术。中国古代舞蹈发展有 3 座高峰：第一座高峰，集古舞之大成的周代；第二座高峰，俗乐兴盛的汉代；第三座高峰，鼎盛发展的唐代。

（一）舞蹈艺术的初成——夏商时期

夏商时代，舞蹈进入表演艺术领域，出现专业舞者。青海大通上孙家寨墓出土的舞蹈彩陶盆，生动而传神地记载了这一史实。当时的舞者为我国舞蹈艺术的发展做出了贡献。据传，夏桀时期的舞蹈"以巨为美，以众为观"，可见当时舞蹈的发展已具相当水平。至于商代——神权盛极的时代，巫的地位是十分重要的。能够用占卜来传达神旨的，都是巫师，巫师都是舞蹈家。在巫师的祭祀中有"巫舞"和"傩舞"，同属巫舞，但由于傩舞具有较强的时代性，反映了人与自然的抗争精神，所以经过数千年的传承，流传至今，并影响到了日本等地。到了宋代以后，傩舞经受住了时间的考验，被融入当时的戏曲之中，发展成为"傩戏"。

（二）礼乐教化——西周时期

周代是我国舞蹈史上第一个集大成的时代，汇集整理了从原始时代以来有代表性的乐舞。其中《大韶》《大夏》《大武》最具代表性。当时还创作出了雅乐体系，雅乐由于艺术感染力差，不具欣赏价值而逐渐衰落，在春秋战国时，人们已不再关注它了。在雅乐衰落的同时，民间舞蹈蓬勃兴起。

（三）民间舞蹈的蓬勃兴盛——东周时期

东周时期，各诸侯后宫和贵族之家，都有不少歌舞人——女舞，以供欣赏娱乐。表演性舞蹈取得很大的发展。特别是战国时期的墓葬中，出土了许多十分优美生动的舞蹈文物。

此外，著名舞人旋娟与提媒，舞姿轻盈如飞羽，飘拂之姿如轻尘，柔软腰肢似可卷曲入怀。楚舞的特点是：袅袅长袖，细腰欲折，故有"楚王好细腰，宫中多饿死"之说。以扭腰出胯为特征的舞姿，已清晰地呈现出以轻盈、飘逸、柔曼为美的审美意识。这样的审美特征对后世产生了深远影响，一直传承至今。

（四）舞蹈艺术大发展——秦汉时期

出身下层的汉高祖刘邦，推翻了秦代暴政，建立汉代，国家统一，人民生活安定，经济发达，包括舞蹈在内的文化艺术也发展到一个新的水平。秦汉时代建立乐府制度，大量整理民间乐舞，一方面可供统治者作为施政参考，另一方面可供宫廷欣赏享乐，客观上推动了舞蹈的发展。汉代盛行百戏，百戏是多种民间技艺的串演，包括杂技、武术、幻术、滑稽表演、音乐演奏、舞蹈等，深受人民的喜爱。从汉墓出土的大量画像石、画像砖及陶俑等，可窥 2000 多年前丰富多彩的汉代百戏。汉代舞蹈的特点是博采众长，技艺向高难度发展，结合舞蹈与杂技的《盘鼓舞》就是一个典型例子。此外，以长袖为特征的《袖舞》、双手执长巾而舞的《巾舞》，也是汉代著名的舞蹈。

（五）乐舞大交流——魏晋南北朝时期

魏晋南北朝时期，由于民族迁徙杂居，文化交流频繁，出现了各民族乐舞的大交流时代。随着西北地区少数民族内迁，大量西域乐舞传入中原，如影响颇大的龟兹（今新疆库车一带）乐舞，由于其欢快的调子、鲜明的节奏，非常适于伴奏舞蹈，深受人们欢迎，因而北周和隋唐时代的许多舞曲都加以采用。此外，其他如天竺（今印度）、高丽（今朝鲜半岛）等地的乐舞，也是这个时候传入中国的。南朝的统治者一向崇尚歌舞作乐，大量的民间歌舞被宫廷贵族采用，南朝盛行的《清商乐》，就是汉代和魏晋南北朝时期流行的传统音乐和舞蹈。

（六）兼收并蓄——隋唐时期

大唐是我国舞蹈艺术发展的又一高峰。舞蹈继承了周汉传统而有所发展，其中最具影响的有《九部乐》《十部乐》《坐部伎》等。此外，还有《踏谣娘》等颇具戏剧因素的歌舞戏，在当时也很流行。沿着这种趋势，到了宋元以后，直到明清时代，戏曲兴起，而原来作为独立的表演艺术品种的舞蹈逐渐趋于衰落，但是被吸收、融合在戏曲中的舞蹈，却得到了高度发展并取得了辉煌的成绩，形成了一套严格的训练体系和表演方式及程式。作为戏曲主要表演手段的"唱、念、做、打"四功，其中的"做"与"打"都是舞蹈或舞蹈性极强的动作。

二、中国民族舞蹈的艺术特征

（一）以情带舞，以舞传情

舞蹈是一种表情的艺术，可以用任何形式进行表演，通过表现特定的生活内容，抒发舞者各种情感，引起观者情感的共鸣，进而在思想上受到陶冶和感染观者。舞蹈所表达的内容，外化为具体可见的形象，再通过其所表现出的情感，引起观者共鸣。这样一个艺术传达过程，必须以情带舞和以舞传情，进而达到情景交融、引人入胜的效果。以情带舞，是从无形到有形，而以舞传情，是化有形为无形，即通过饱含情感的舞蹈形象，激起观者的情感反应。丰富饱满的情感给舞蹈的展开提供了坚实的内心依据；性格化、

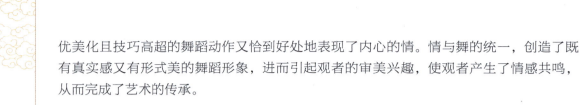

优美化且技巧高超的舞蹈动作又恰到好处地表现了内心的情。情与舞的统一，创造了既有真实感又有形式美的舞蹈形象，进而引起观者的审美兴趣，使观者产生了情感共鸣，从而完成了艺术的传承。

（二）动而合度，形变神真

舞蹈最重要的特性是动作性，但只有经过提炼美化、节律化的动作才能成舞，这就需要讲究"动而合度"。人体的动作从形式角度看可分3类，即形、质、势。这些对立的因素，只有恰如其分地统一在人体动作的过程中并达到和谐，才能形成多样统一的舞蹈美。舞蹈艺术的动作，除了要求具有形式美外，在内容的表达上也有合度的问题，即合乎舞蹈反映生活的规律，正确处理再现与表现、形似与神似的关系。舞蹈主要表现人物对于社会生活及其发展变化的情感反应，描绘在特定情景中人物内心的感情波澜和性格特征。再现是表现的导引，表现是再现的目的，二者不是排斥而是互补关系，共同抒发人物的情感，所以，形虽变而情更真。这些变了形的、处于"似与不似"之间的动作和姿态能准确地表达人物的感情，同时还富于形式的美感，达到了形神兼备。

（三）技艺结合，引人入胜

古往今来，人们习惯于通过欣赏舞蹈演员高超的舞蹈技巧表演，达到怡情悦性的目的。同时，高超的技艺对塑造不同性格的人物形象亦是不可或缺的重要表现手段。因此编舞者经过创造性的劳动，努力提高自己的舞蹈技巧和艺术表现能力。应当强调的是，舞蹈技巧只是舞蹈演员表现手段的基本能力，只有把它和艺术表现能力结合起来，才能成为表现社会生活和塑造人物形象的艺术表现手段。也就是说，技和艺必须要达到结合与统一，舞蹈演员才能准确地把握舞蹈的特点、风格、韵律、节奏，从而创作出鲜明生动的舞蹈形象，产生引人入胜的艺术效果。

（四）借助舞具来增强舞蹈的表现力

民族舞蹈通常都会运用音乐、服装、布景等素材及道具，以准确定位角色的身份与地位、提示环境与场景，如蒲扇、手帕、船桨等。比如舞蹈扭秧歌中，一条红绸带表明了舞者的身份——一位扭秧歌的老艺人，绸带的轻抖、甩动展现出一个深爱舞蹈的艺人形象。

（五）自娱性和表演性的统一

民族舞蹈对于舞者来说是自娱，对于观众来说是表演，实现了自娱与表演的统一。民族舞蹈经过较高程度的发展，具有一个突出特点：表演者也是自娱者。群众观看表演时，兴起时可以跟随节拍跳舞参与其中，实现了表演与自娱的统一。

中国民族舞蹈介绍

1. 大武

大武在中国历史上是一个很有影响的传统舞蹈。它的成就是多方面的：①武王伐纣是为了推翻商纣王的统治而进行的战争；②大武是手持武器的战舞，这种舞蹈形式在原始舞蹈中已经存在，如从原始时代"刑天氏之乐"等，到历代歌颂战功的"武舞"，而大武则发展了这种舞蹈形式，并有所创新。它的结构比较复杂，舞段安排得体，概括而真实地表现了周人灭商的过程，以及灭商后班师回镐京（今西安）的情节。

2. 盘鼓舞

盘鼓舞又名七盘舞，是汉代具有较高技艺性的舞蹈。舞者在7个盘鼓上以不同的节奏，时而仰面折腰双脚踏鼓，时而腾空跃起，然后又跪倒在地，以足趾巧妙踏止盘鼓，身体作跌倒姿态摩击鼓面。敏捷的踏鼓动作，飞行似的轻盈舞步，若俯若仰、时来时往的姿态和位置调度，与音乐紧密结合在一起，表现了深邃的意境。

盘鼓舞

3. 长袖舞

长袖舞在秦代以前已经存在，曾是战国楚国宫廷的风尚，汉人继承楚人艺术，故其更为盛行。舞女多是长袖细腰，有的腰身蜷曲，能使背后蜷成环状，如京戏中的下腰。京戏中的水袖动作颇似古代的长袖舞动作。迄今所获的汉代舞蹈资料表明，长袖舞实际包括许多不同的舞蹈，许多种舞蹈都以舞袖为特征。舞者有男有女，有单人舞、双人对舞和多人群舞，以单人舞为主。

长袖舞

4. 惊鸿舞

惊鸿舞是唐代宫廷舞蹈，是唐玄宗早期宠妃梅妃的成名舞蹈，已失传。惊鸿舞着重于写意，通过舞蹈动作表现鸿雁在空中翱翔的优美形象，极富优美韵味，舞姿轻盈、飘逸、柔美。唐玄宗曾当着诸王面称赞梅妃"吹白玉笛，作惊鸿舞，一座光辉"。

5. 清商乐舞

清商乐舞是中国魏、晋、南北朝及隋唐时期俗乐舞的总称。它从汉魏六朝到唐初，不断吸取民间乐舞的营养，代有新作，被认为是华夏正声。汉魏西晋时代的清商乐舞是女乐歌舞，其间尤以曹魏时期最为鼎盛，西晋武帝也是个酷爱清商乐舞的皇帝，他保留了曹操时期的清商署。清商乐舞随着时代的变化发展，包括的内容越来越多，既包括中原旧曲、汉魏杂舞，又包括江南新声。清商乐舞直至唐武则天时期逐渐式微。

6. 剑舞

剑舞是唐宋时期的民间舞蹈，因执剑器而舞，故名。舞者所持短剑的剑柄与剑体之间有活动装置，舞者可自由甩动、旋转短剑，使其发出有规律的音响，与优美的舞姿相辅相成，营造一种战斗气氛。舞蹈节奏为"打令"。剑舞原为男性舞蹈，经长期流传，逐渐演变成为一种缓慢、典雅的女性舞蹈。秦末历史故事鸿门宴中的"项庄舞剑"，便是描述的此舞蹈。

剑舞

7. 胡旋舞

大唐盛世，歌舞升平，世人皆知玄宗擅乐器，喜舞蹈，故而唐代的乐舞在玄宗一朝，盛极一时。胡旋舞，亦是唐代最盛行舞蹈之一，安禄山、杨贵妃也曾因擅胡旋舞而深得玄宗之宠。伴奏音乐以打击乐为主，与它快速的节奏、刚劲的风格相适应，因舞蹈节拍鲜明、奔腾欢

胡旋舞

快，多旋转蹬踏，故名胡旋，正所谓"蓬断霜根羊角疾，竿戴朱盘火轮炫。骊珠迸珥逐龙星，虹晕轻巾掣流电。潜鲸暗喻笪波海，回风乱舞当空霰。万过其谁辨终始，四座安能分背面"。

8. 霓裳羽衣舞

霓裳羽衣舞又称霓裳羽衣曲，是一种唐代的宫廷乐舞，为唐玄宗所作之曲，用于在太清宫祭献老子时演奏，安史之乱后失传。南宋年间，姜夔发现商调霓裳曲的乐谱十八段，这些片段还保存在他的《白石道人歌曲》里。霓裳羽衣舞为唐代歌舞的集大成之作，至今仍无愧为音乐舞蹈史上的一颗璀璨的明珠。

霓裳羽衣舞

互动交流

中华民族由 56 个民族构成，每个民族均有其独特的民族舞蹈，请你给大家简单介绍一下你所了解到的独具特色的民族舞蹈。

第五节　中国古代雕塑艺术

学习任务

1. 了解中国雕塑的发展史。
2. 了解中国雕塑的艺术特征。

雕塑，是为美化城市或用于纪念而雕刻塑造，具有一定寓意、象征或象形的观赏物和纪念物，是造型艺术的一种，又称雕刻，是雕、刻、塑 3 种创制方法的总称。雕塑指用各种可塑材料（如石膏、树脂、黏土等）或可塑、可刻的硬质材料（如木材、石头、金属、玉石等），创造出具有一定体积的可视、可触的艺术形象，借以反映社会生活，表达艺术家审美感受、审美情感、审美理想的艺术。

本节将从中国雕塑的发展史、中国雕塑的艺术特征两个方面介绍中国古代雕塑。

一、中国雕塑的发展史

（一）先秦时期

我国的雕塑艺术可以追溯到原始氏族社会。从原始人的洞窟里可以看到很多壁画、雕塑，人们将自己对空间的恐惧也表现在了雕塑上，因为当时的人们对大自然的认知水平有限，他们对风雨雷电、地震洪荒有着出于本能的惧怕。因此原始人们需要结伴同行来对付猛兽和突如其来的天灾，于是就需要繁衍后代壮大族群。因此，原始人对生殖的崇拜也表现在了原始艺术上，对于原始宗教的崇拜也在原始艺术中有所展现。

（二）秦汉时期

秦汉时代雕塑艺术空前兴盛。秦统一六国以后，曾收缴天下兵器，聚于咸阳，销毁后铸成12个钟金人，各重千石，最后一个存世近6个世纪，毁于前秦时期，为见于记载的最早的大型金属雕塑。1974年在陕西临潼秦始皇陵以东发现兵马俑雕塑群，最大的一个坑总面积约为12 600平方米，列置于其间的6000名兵马俑以战车、步卒相间排列为长方形军阵。兵马俑雕塑群体量和数量巨大，形象气宇轩昂，具有震撼人心的艺术感染力。

● 兵马俑

秦俑的出现打破了活人陪葬制度，解救了很多奴隶。秦始皇统一中国，建立了专制统治国家之后，即利用雕塑艺术宣扬统一功业、显示王权威严，从而使雕塑艺术取得了划时代的辉煌成就，形成中国雕塑史上的第一个高峰。秦始皇陵及兵马俑坑被联合国教科文组织批准列入《世界遗产名录》，并被誉为"世界第八大奇迹"。

汉代的石雕艺术凝练质朴，大巧若拙，有着很强的写意精神。霍去病墓石刻是中国纪念碑性雕塑的瑰宝，石刻雕塑作品构思巧妙，富有强烈的情感色彩，具有汉文化的典型性，意象宏大深沉。从中可以看出，汉代文化的精神风貌造就了霍去病墓石刻的艺术风格。从出土的汉俑来看，它们展现了农耕社会的犁地、做饭等场景，说明地下的陶俑世界是地上世界的反映。汉代雕塑有的运用寓意手法，取得浪漫主义的艺术效果。东汉击鼓说唱陶俑高56厘米，以泥质灰陶制成，头上戴帻，两肩高耸，着裤赤足，左臂环抱一扁鼓，右手举槌欲击，张口嬉笑，神态诙谐，动作夸张，活现正在说唱的俳优形象。东汉击鼓说唱陶俑被称为"汉代第一俑"，是一件富有浓厚民间气息和地方风貌的优秀雕塑作品。秦代雕塑重写真，汉代雕塑已趋向写意。

● 红陶人头像

● 东汉击鼓说唱陶俑

（三）魏晋南北朝时期

这一时期，雕塑发展过程中的一个重要现象是随着佛教的兴盛，出现大规模的营造石窟的活动。中国几个大石窟群如敦煌石窟、云冈石窟、龙门石窟、麦积山石窟等，均开凿于此时期。营造石窟风气以北魏为最盛。北朝营造的石窟广泛分布于山西、河南、甘肃等地区，南朝石窟则仅存南京栖霞山一处。主要的造窟工程是以皇室或勋臣贵戚名义，动用国家资金和营建力量兴造的，工程浩大、宏伟。其中云冈石窟昙曜五窟的大佛、龙门石窟古阳洞

● 龙门石窟

的群龛，都代表了北魏盛世的雕刻水平和艺术风貌。云冈石窟第 20 窟高 13.7 米的大佛坐像，庄严浑朴，是古代大型石造像的杰作。5 世纪末，北魏孝文帝太和改制以后，从典章制度到审美风尚均受到南朝汉族文化的影响，石窟造像也开始摆脱早期所受西域印度样式的影响，形成褒衣博带、秀骨清像的新风格。

（四）隋唐时期

北朝晚期的东、西魏和北齐、北周晚期是雕刻艺术发展中的过渡阶段，历隋、初唐，至高宗、武后以迄玄宗时期（7 世纪后期至 8 世纪前期），达到中国雕塑史上的鼎盛期。

● 唐代雕塑

唐代雕刻艺术的成就，首先表现在石窟艺术方面。一些重要的早期石窟，唐代都续有大规模的开凿。其代表性作品为雕成于高宗、武后时期的龙门石窟奉先寺石刻造像。本尊卢舍那大佛面相庄严、睿智，气度非凡，是唐代盛期强大国势与充满活力与自信的时代精神在雕塑艺术上的反映；弟子、菩萨、天王、力士形象体现着宗教艺术类型表现的具体要求。

（五）五代、宋时期

五代雕塑作品保存下来的较少，比较重要的有山西平遥镇国寺的一组彩塑佛教造像，前蜀王建墓的王建像和刻有浮雕伎乐、抬棺神将的石棺，南唐钦、顺二陵的 190 件陶俑。五代雕塑代表了由晚唐以来过渡时期的艺术风格。

● 北宋陵墓石刻

北宋陵墓石刻的主要部分在河南巩县（现为巩义市），共有 8 座陵墓，现存石刻 539 件，加上陪葬墓石刻，共千余件；自永昌陵以后形成定制，大体沿袭唐陵规范，而内容有较大差异；主要由望柱、象及驯象人、瑞禽、角端、鞍马及驭者、虎、羊、蕃使、文武大臣、狮、镇陵将军、宫人组成。

（六）元、明、清时期

元代以后雕塑艺术成就突出表现在宫廷、皇家园林的环境雕塑方面。元大都宫殿建筑已毁，从遗址出土的凤麒麟石雕、走龙栏板等建筑饰件，犹能见出元代雕刻富丽繁缛的特点。元代存世的重要作品居庸关云台浮雕护法天王、十方佛、千佛、券门上的"六挈具"等石刻，杭州飞来峰密宗石刻等也都表现了共同的时代风格。

● 元代雕塑

明、清两代建筑雕刻的精华荟萃于故宫建筑群和天坛、颐和园、圆明园等皇家坛庙、

中国传统文化教程（微课版）

园林。故宫天安门前的华表、石狮，宫廷内主体建筑三大殿的白石须弥座上浮雕云龙、云凤的望柱，圆雕的螭首，能燃香的铜龟、鹤等，都对烘托宫殿建筑的庄严、辉煌，为增加局部艺术气氛起着重要作用。

明清陵墓石刻保存较完整，主要有南京明孝陵石刻、北京明十三陵石刻群，以及河北遵化的清东陵、易县清西陵多组石刻群。其内容和配置沿袭宋陵而有所发展。清代裕陵等陵地宫内的门、壁、券顶上刻有精细的浮雕佛像和各种图案。两个时代的雕刻风格不同，明代较浑朴、有力，清代追求精巧而易流于琐细。

二、中国雕塑的艺术特征

中国古代雕塑是中国古代艺术精华，中国古代雕塑在题材内容、形式风格、雕塑技法，以及所使用的材质上都具有鲜明浓郁的民族特色、时代特色。概括起来，主要有以下几点。

（一）中国古代雕塑具有明显的装饰性

装饰性是中国古代雕塑的明显特征，无论是人物还是动物，也无论是明器艺术、宗教造像还是建筑装饰雕刻，都普遍反映着传统悠久的装饰趣味。显著的例子是云岗石窟的那尊露天坐佛，佛像的对称式坐姿和图案化的袈裟衣纹处理，使之显出浓厚的装饰性。和写实的西方宗教神像相比，中国佛像因装饰性的虚拟成分，更带有一种神秘感，但又包含一种亲切，因为装饰性虽不同于生活真实，却是中国人在生活中司空见惯的艺术真实，所以有此效果。

（二）中国古代雕塑具有明显的绘画性

中国古代雕塑和绘画关系紧密。从彩陶时代起，塑绘便互相补充、紧密结合。到二者都成熟之后，出现"塑形绘质"，在雕塑上加彩（专业术语称作"妆銮"）以提高雕塑的表现能力。现存的历代雕塑，有许多就是妆銮过的泥塑、石刻和木雕。今天民间雕塑仍保持妆銮传统。

在中国古代，雕塑始终由工匠从事，文人士大夫极少参与。早期绘画的作者也只有工匠，但从东汉晚期开始，文人士大夫乃至帝王参与了绘画创作，从此成为中国古代绘画创作队伍的骨干力量。他们是国家、社会及文化的统治者，自然也统治了绘画，使绘画地位高高凌驾在雕塑之上，并以其艺术观念影响雕塑，因而雕塑染上了明显的绘画性。其绘画性的表现不是注意雕塑的体积、空间和块面，而是注意轮廓与身体线条的节奏和韵律。这些线条像绘画线条一样，经过高度推敲、概括、提炼加工而成。

（三）中国古代雕塑具有明显的意象性

中国雕塑和绘画很迟才脱离工艺美术的母体而独立门户。在漫长的几千年间，中国雕塑和中国画观念是一致的，而且贯穿于整个古代雕塑史。秦始皇陵兵马俑虽然表现出高于其他时代的写实性，但那也仅仅集中在俑的头部刻画上，身体部分则无一例外是十分写意的。就是比较写实的头部，也只是像中国工笔画一样，比较深入细致而已，本质上依然属于意象性造型。其他汉唐陶俑、霍去病墓石刻、历代宗教造像无不显示意象性特点。它们和中国画一样，追求神韵，不求肖似。

（四）中国古代雕塑语言具有高度的精练性

中国古代雕塑像中国画一般简练、明快，以少胜多而又耐人寻味，常常给人运行成风、一气呵成、痛快爽利的艺术享受。夸张乃至变形来强调人与动物的神韵，是普遍运用的手法，东汉击鼓说唱俑和霍去病墓石刻最有代表性。这些作品只是服从作者对物象的感觉和理解，他们所关心的不是准确的比例和真实的效果，而是说唱者眉飞色舞、手舞足蹈的表演神情及虎、象、马、牛、野猪等动物的不同习性和旺盛活力。这样必须有所取舍，有所夸张变形甚至抽象，突出对象的特征，使之更具有艺术感染力，给人的印象更深刻。

（五）中国古代雕塑艺术风格体现了中国古代哲学精神

儒家哲学尊天命，受其影响，中国艺术反映为崇高、庄严、壮丽、肃穆、典雅等风格。道家哲学崇自然，在艺术上则表现为飘逸、雄浑、淳厚、古朴、淡泊、天真、稚拙等风格。中国画和雕塑都具备这两个系统的风格特征，例如佛教造像和陵墓仪卫性雕刻，一般具备前一系统的风格，龙门奉先寺大佛最为典型，它是唐代武则天出资修造的，寓有帝王的精神气度，风格上必然强调崇高、庄严、肃穆和典雅。明器艺术中的俑和动物雕塑多属后一系统的风格，它们和生活关系密切，风格上追求自然，朴拙可爱。两者各异其趣，各有千秋。中国画和雕塑有意返璞归真、退熟回生，追求一种内在美、一种原始美、一种大巧若拙的哲学精神境界。

知识窗

中国经典雕塑介绍

1. 双墩陶塑人头像

双墩陶塑人头像是我国新石器时代的作品，是距今 7000 多年前的陶塑雕像，陶塑高不到 10 厘米。这座陶塑人头像为研究中国古天文立法和艺术史提供了早期实物。

2. 碣左东山嘴陶塑孕妇像

陶塑孕妇像于 1982 年出土，为公元前 3500 年左右的作品，是一件陶器雕塑。此陶塑雕像残高 5～6.8 厘米，着重表现具有特殊含义的女性特征。雕塑通体被打磨光滑，头及一只手臂均残缺，躯体下部的腹部、臀部、大腿等有女性特征。整座雕像丰满且用单手扶腹，似寓意着那时代的人们视大地如母亲，是滋生万物、出五谷的神祇，祈佑农业丰收。

● 双墩陶塑人头像

● 碣左东山嘴陶塑孕妇像

3. 北京故宫九龙壁

九龙壁位于紫禁城宁寿宫区皇极门外，整座壁长 29.4 米，高 3.5 米，厚 0.45 米，是一座背倚宫墙而建的单面琉璃影壁，为乾隆三十七年改建宁寿宫室烧制的。壁上 9 条龙以高浮雕手法制成，最高部位凸出壁面 20 厘米，形成很强的立体感。山崖齐石将 9 条蟠龙分隔于 5 个空间，黄色正龙居中，左右两侧各有蓝白 2 条龙，白为升龙，蓝为降龙。9 条龙动感十足，争夺之势活灵活现。

● 北京故宫九龙壁

4. 秦始皇陵兵马俑

兵马俑即制成兵马（战车、战马、士兵）形状的殉葬品。兵马俑共有 4 个坑，共出土武士俑 7000 多件、战车 100 辆、战马 100 匹，陶俑身材高大，一般在 1.8 米左右。

5. 大足宝顶山千手观音

大足宝顶山千手观音位于中国西南部重庆大足区境内。观音在佛教中具有一定职能，由于众生的苦难和烦恼多种多样，众生的需求和愿望也不相同，因此，出现了千手观音来拯救众生的一切苦难。一般来说，观音造像只要有 10 只手，便可称为"千手观音"。常见的千手观音多数是 32 只手或 48 只手，来表示观音的三十二变和四十八大愿。

● 秦始皇陵兵马俑

● 大足宝顶山千手观音

6. 乐山大佛

乐山大佛又称为凌云大佛，位于四川省乐山市东面岷江、青衣江、大渡河交汇处，是一尊弥勒佛坐像，通高 71 米，也是中国最大的一尊摩崖石刻造像。它建造于唐玄宗开元初年，前后历经 90 年时间才竣工。

7. 珠海渔女

珠海渔女雕像也是珠海城市的象征，建于

● 乐山大佛

● 珠海渔女

1982 年，主要材质为花岗岩，分 70 件组合而成，雕像身高 8.7 米，重 10 吨。渔女姿态优雅，神情喜悦又带含羞的神情，双手举起一颗晶莹璀璨的珍珠，她戴着项珠，身披渔网，裤脚轻挽，向人类奉献珍宝，为世界带来光明。这座雕像是中国著名雕塑家潘鹤的杰作。

8．北京圆明园十二生肖兽首铜像

北京圆明园十二生肖兽首铜像为圆明园海晏堂外喷泉的一部分，于清乾隆年间用红铜铸成。这座十二生肖喷泉是由意大利驻华传教士郎世宁设计，以兽头人身的十二生肖代表一天的 24 小时，每座铜像轮流喷水，蔚为奇观。

9．雨花台烈士群像

雨花台烈士群像位于南京市雨花台丘陵中岗，群像由 179 块花岗石拼装而成，雕像高 10.03 米，宽 14.2 米，厚 5.6 米，重约 1300 吨。这组群像共塑造了 9 位烈士的光辉形象。雕像周围松柏常青，象征着革命烈士的忠魂永垂不朽。

● 北京圆明园十二生肖兽首铜像

● 雨花台烈士群像

互动交流

在中国各所高校内，一般都有一组反映学校教育思想或教育理念的雕塑，请你给大家介绍一下给你印象最深的学校雕塑。

第六节　中国传统建筑艺术

学习任务

1．了解中国传统建筑的起源与发展。
2．了解中国传统建筑的特点。
3．品味中国传统建筑的文化意蕴。
4．了解中国传统建筑的文化表现形式。
5．了解中国传统建筑的思想内涵。

中国五千年的文明史，留下了数量浩繁的各式建筑，也形成了别具特色的中国古代建筑文化。中国的古代建筑文化是中国文化的重要组成部分，也是世界建筑宝库的瑰宝。中国建筑和欧洲建筑、伊斯兰建筑是世界公认的三大建筑体系。在历史的发展过程中，中国传统建筑在组群布局、空间结构、建筑材料及装饰艺术等方面形成了自己的特点，享誉全球。本节将从中国传统建筑的起源与发展、中国传统建筑的特点、中国传统建筑的文化意蕴、中国传统建筑的文化表现形式、中国传统建筑的思想内涵5个方面介绍中国传统建筑艺术。

● 山顶洞人遗址

● 南方巢居的干栏式建筑

一、中国传统建筑的起源与发展

（一）旧石器时期

约50万年前，中国原始人就已经知道利用天然的洞穴作为栖身之所，用来遮风挡雨和躲避野兽追击。

（二）新石器时期

此期建筑基本可分南北两大系。南方潮湿地区从巢居发展为架空的干栏。已发现的最早遗迹为7000年前的浙江余姚河姆渡遗址中的兼用榫卯和绑扎的干栏式建筑。而北方的黄河中下游黄土地区的房屋则由半地穴居式发展为地上的木骨泥墙圆形房子和方形房子，如西安半坡遗址，随后才发展成郑州大河村遗址中的两坡顶多间横排房子。

● 郑州大河村遗址复原图

（三）先秦时期

夏朝的城市遗址距今4000多年，河南偃师二里头遗址是迄今发现的我国最早的庭院式木架夯土建筑。

商朝城址主要有河南偃师尸沟乡商城遗址，其中已出现宫城、内城、外城的格局。宫殿区内的主殿是迄今所知最大的早商单体建筑遗址。西周建筑技术上，最突出的成就是瓦的发明，出现了半瓦当，此外还出现了铺地方砖和三合土墙体抹面。陕西岐山凤雏的西周早期遗址，是我国已知最早、形制最严整的四合院建筑，为二进院落，中轴对称，前堂后室，大门前有影壁。

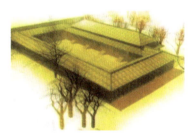

● 商城遗址复原图

（四）秦汉时期

秦汉时期的大一统局势促进了中原文化与吴楚文化的交流，此时期建筑规模宏大，组合多样，屋顶很大，已出现了屋坡的折线"反宇"类型，大多以都城、宫殿、

● 秦汉时代住宅

祭祀和陵墓为主。到了汉末，佛教传入中国，开始出现了佛教建筑，祭祀建筑是汉代重要的建筑类型，但其主体仍为春秋战国以来盛行的高台建筑，取十字轴线对称组合，尺度巨大，形象突出。

● 河南嵩岳寺塔

● 西安大雁塔

● 河北开元寺塔

● 山西戏台遗址

● 山西常家大院

（五）魏晋南北朝时期

这时社会发展较为缓慢，建筑上也比不上两汉时期的规模。由于佛教传入后，佛教建筑发展迅速，高层佛塔、石窟、佛像开始出现，使汉代比较质朴的建筑风格变得圆润成熟。此外，魏晋时期的建筑细节有明显的"胡化"现象。其中诸多石柱类建筑都流露出古希腊式的风格。

（六）隋唐时期

隋代建造了大兴和洛阳两座有完整规划、规模宏伟的都城，并且运用木建筑解决了大面积、大体量的技术问题，还吸收了南方先进的建筑技术，同时结合了北方粗犷元素，促进了建筑的发展。唐代吸取了隋代建筑上较为谨慎，为控制建筑规模，订立了法规《营缮令》，规定建筑等级，体现出了尊卑贵贱。同时佛教建筑也愈加成熟。

（七）宋时期

宋代的建筑技术已经达到了很高的水平，方式也日渐趋向系统化与模块化，采用了减柱法和移柱法，跳出了唐代梁柱铺排的工整模式。

（八）元代时期

元代建筑多用原木作梁，外观粗放，且多用白色琉璃瓦，颇具特色。但这一时期经济、文化发展缓慢，所以建筑发展也比较缓慢，大多简单粗糙。

（九）明清时期

明代，中国开始进入封建社会晚期，此时建筑上承宋代的营造法传统，下启清代官修的工程做法，建筑规模宏大，气象雄伟。明代中期建筑开始风格严谨，晚期则趋向烦琐。明代继续大力修筑长城，长城许多重要段落的墙体和城关都用石砖砌成。清代建筑大体沿袭明代传统建筑，但更崇尚工巧华丽，善用琉璃瓦雕琢。总体来看，明清建筑已经达到了中国传统建筑的最高峰，呈现出形体简练、细节烦琐的形象。

二、中国传统建筑的特点

中国传统建筑是中华民族珍贵的文化遗产，它是中华文化的重要载体，蕴含着极其珍贵的历史记忆。

（一）中国传统建筑以木结构体系为主

中国传统建筑在材料的选择上偏爱木材，由立柱、横梁及顺檩等主要构件组成。各构件之间的结点用榫卯相结合，构成了富有弹性的框架，抗震性增强。因此，许多建于地震重灾区的木结构建筑，上千年来至今仍然保存完好。如现存的山西省应县的释迦塔，始建于辽清宁二年（1056 年），高 67.31 米，纯木结构，历经 900 余年的风雨、地震等自然灾害，至今仍巍然屹立。

木结构建筑由于承重的主体是木构架，因而在墙体的材料和房屋的格局上有较大的灵活性。外墙可以砌筑厚砖墙保温，也可选用木材或竹编的薄墙散热，甚至可以不设墙体。室内的隔墙也可根据需要而设置，这为建造不同功能的房屋提供了有利的条件。

（二）中国传统建筑多为庭院式的组群布局

从古代文献、绘画中记载的古建筑形象一直到现存的古建筑来看，中国古代建筑在平面布局方面有一种简明的组织规律，就是每一处住宅、宫殿、官衙、寺庙等建筑，都是由若干单座建筑和一些围廊、围墙之类环绕成一个个庭院而组成的。一般来说，多数庭院都是前后串连起来，通过前院到达后院，这是中国封建社会"长幼有序，内外有别"的思想意识的产物。家中主要人物，或者应和外界隔绝的人物（如贵族家庭的少女），就往往生活在离外门很远的庭院里，这就形成一院又一院层层深入的空间组织。宋代欧阳修《蝶恋花》中有"庭院深深深几许"的字句，古人曾以"侯门深似海"形容大官僚的居处，都形象地说明了中国建筑在布局上的重要特征。

同时，这种庭院式的组群与布局，一般都是采用均衡对称的方式，沿着纵轴线（也称前后轴线）与横轴线进行设计。比较重要的建筑都安置在纵轴线上，次要房屋安置在它左右两侧的横轴线上，北京故宫的组群布局和北方的四合院是最能体现这一组群布局原则的典型实例。这种布局和中国封建社会的宗法和礼教制度密切相关，它便于根据封建的宗法和等级观念，在住房上体现出尊卑、长幼、男女、主仆之间的明显差别。

（三）中国传统建筑追求丰富多彩的装修与装饰

中国传统建筑对于装修、装饰尤为讲究，凡一切建筑部位或构件，都要美化，所选用的形象、色彩因部位与构件性质不同而有别。台基和台阶本是房屋的基座和进屋的踏步，但予以雕饰、配以栏杆，就显得格外庄严与雄伟。屋面装饰可以使屋顶的轮廓更加优美。如故宫太和殿，重檐庑殿顶，五脊四坡，正脊两端各饰一龙形大吻，张口吞脊，尾部上卷，4 条垂脊的檐角部位各饰有 9 个琉璃小兽，增加了屋顶形象的艺术感染力。门窗、隔扇属外檐装修，是分隔室内外空间的间隔物，但是装饰性特别强。门窗以其各种形象、花纹、色彩增强了建筑物立面的艺术效果。内檐装修是用以划分房屋内部空间的装置，常用隔扇门、板壁、多宝格、书橱等，它们可以使室内空间既分隔又连通。另一种划分室内空间的装置是罩，如几腿罩、落地罩、圆光罩、花罩、栏杆罩等，有的还要安装玻璃或糊纱，绘以花卉或题字，使室内充满书卷气味。天花即室内的顶棚，是室内上空的一种装饰。

三、中国传统建筑的文化意蕴

建筑作为人生活所需的空间，与人的生活活动息息相关。人们在创造建筑的过程中，将自己的各种观念、不断积累的建造经验及对美的理解都融入建筑之中，使得建筑本身不只满足了人们的物质需要，在一定程度上也成为人们精神寄托的载体，具有深刻的文化内涵。

中国传统建筑文化包含的面很广，从哲学到民俗文化、从礼制到宗教等无不体现传统文化的精髓。如唐代各种塔式建筑的相继产生是对佛教文化的推崇，而民间特色的四合院则是对天人合一思想的追求，将中国传统文化中的平和、含蓄而又深沉的特质融入建筑之中，讲究对称布局，并通过南北中轴线对建筑群体进行划分。

中国传统文化历来多通过象征手法来表达人们的思想感情，如龙、凤是中国古代传说的两种神兽，人们认为它们能带来福祉，即所谓的龙凤呈祥。但龙、凤多与皇权相联系，所以其成为宫殿建筑的石雕、砖雕、木雕或彩绘等装饰题材。在中国古代建筑中，或借用传说中的人物，或借以花卉、动物的形象，表达人们的理想和追求。如蝙蝠的"蝠"与"福"字谐音，而成为福祉的象征；龟、鹤被赋予长寿之意；葡萄、石榴被赋予多子多福或成果丰硕之意；鸳鸯被赋予婚姻圆满之意等。

四、中国传统建筑的文化表现形式

（一）建筑布局之自然观

顺应自然天时的建筑文化特色是中国儒家、周易或者道家文化理念的融合，天人合一的自然观既是中国传统建筑的审美精神，也是中国传统建筑的文化内涵。传统建筑的布局追求人、建筑、城市和自然间的和谐统一，注重建筑与环境的和谐统一，在选址择地时，注重山水聚合、藏风得水来实现对建筑布局、结构和内部装饰的安排。同时，建筑的平面布局和空间组织结构则体现群体性、集中性、秩序性和教化性，表现出浓厚的封建礼制文化特色。

（二）民俗文化之装饰特色

中国传统建筑文化通过题材丰富、风格鲜明的装饰艺术，表现人们在思想感情、生活状态、处世哲学和审美情趣等方面的内容。中国文化在不同时期、不同地域创造了各种装饰图案，其文化差异和美学观念也体现在建筑的装饰艺术中。

图案纹样。传统建筑装饰的图案和纹样，由简单到复杂，由单个几何形体变化组合形成的纹样，到世间万物的提炼图案，它们有着各异的表现形式，但都离不开中国文化的基础。符号类，常见有菱形纹、十字纹、圆形纹、六角形纹、席纹等；纹理类，包括莲花纹、牡丹纹、蜂窝纹、鱼鳞纹、云纹等；文字类，常用吉祥文字如"福""禄""寿""喜"等；动物类，常选用赋予一定寓意的吉禽瑞兽图案，典型的有龙、凤、麒麟、仙鹤、蝙蝠、喜鹊等；植物类，如梅、兰、竹、菊、松、常春藤等；人物神祇类，包括各种神话故事、戏曲故事和历史故事中的神人、名将、仙女、仙童、婴孩等。

文化影响。我国古代建筑装饰受儒家思想的影响，饰有有关纲常伦理、功名富贵题材的吉祥图案。如著名的"五伦图"，以凤凰、白鹤、鹡鸰、鸳鸯、黄莺5种瑞鸟组合，象征着君臣、父子、兄弟、夫妻、朋友5种伦理关系。而儒家思想中严格的礼制和规范，也成为建筑装饰的重要体现，尤其是贵贱尊卑的等级制度的不可逾越。

五、中国传统建筑的思想内涵

（一）中国传统建筑的等级观念

儒家思想对塑造中华民族的民族精神和民族性格，起了关键性的作用。建筑是劳动人民在生产实践中智慧的结晶，不可避免地也受到儒家文化的影响。儒家思想的礼治、等级制度森严。这种等级观念在中国古代建筑上的主要表现是，为了区分等级森严的人伦关系，建立起"分尊卑""辨贵贱"的建筑等级秩序。这种礼治思想，不论是在官制建筑，还是在民居建筑中，均作为一种内在的秩序外显于建筑的功能、空间安排、体量、装饰当中。

中国传统建筑讲究中轴对称的平面布局和秩序井然的伦理结构，中轴线是讲求秩序的突出表现，对称性更多是一种权威的体现。中国建筑以组群布局的方式在平面上展开，群是中国传统建筑艺术的灵魂。众多的建筑聚集在一起，地位最高、影响最大的建筑占据中心位置，其余的建筑围绕着中心建筑而建，看似凌乱的建筑群体中却有着严格的结构布局，象征严肃而有序的人间伦理。如，四合院体现着儒家思想中的伦理秩序。在四合院中，人们根据在家族中的辈分、年龄等来分配住处，从而反映尊卑、长幼、亲疏关系。家族中辈分最高者居住的是北房，是四合院中的正房，也称上房或主房。正房的开间和进深尺寸都是整个宅院里最大的。院中其他房间均按家族地位尊卑来分配。厢房是晚辈们的住所，宅院中位置最偏的外院从房则是分给仆人的。四合院的这种尊卑有序的位置安排理念是儒家思想中上下有序的伦理等级观的现实转化。

（二）中国传统建筑的天人合一思想

天人合一思想是指中华文化一直在追求并执着于的自然与人的结合。"和"作为中国传统文化的根本精神，几乎涵盖一切。中国传统建筑艺术也深受中国传统文化的濡染，和谐美的建筑艺术反映的就是天人合一思想。传统建筑天人合一的思想表现在"虽由人作，宛自天开"，即人、建筑、自然环境的和谐统一，传统建筑与周围的自然环境融为一体、相互影响和映衬，建筑的人工美依托于环境的自然美。

在选址与布局方面，早在汉代，《释名》就提出："宅，择也，择吉处而营之也。"所谓的"吉"，就是指天、地、人能和谐相处的有利环境，是对人与建筑、自然的关系的关注。中国的古城、古村落大多顺应自然而建，讲究依山傍水、就地取材、形式多样，确立自然为本的观念。明清的北京城，体现了"天人合一"的思想。在外城设置天、地、日、月四坛并将位置分别安排在南、北、东、西四郊，追求天、地、人及万物的和谐。在我国传统民居建筑中，"堂"是中轴线上的黄金点，堂前的庭院多半是空地，上对着天，下对着地，构成了完整的天地象征，这同样是天人合一的思想体现。这种意识强调人为的营造与自然的和谐并存。

在取材方面，中国传统建筑始终以木材为主要建筑材料，"尚木"可以说是天人合一观念与建筑材料内在合一的体现。木材取材容易，加工方便，同时土、木在阴阳五行观念中是"生命之元"，木头构造的房子是阳气的体现和生命的所在。山区多石木结构，平原多砖木结构，南方林区有干栏式建筑，东北地区有干打垒土房，黄土高原有窑洞建筑等，有着鲜明的地方特色和民族特色，形成了不同的地域建筑文化。

在外形设计方面，中国房屋大多体现了与自然相契合的特点。如在木结构房屋中，由于墙不承受上部结构的压力，因此，可以任意开窗。这种外观造型使屋内和屋外空间相贯通，再加上廊子的回绕，在空间范围上起到了一个过渡的作用，与此同时也体现出了中国建筑与自然相协调的思想。屋顶因为要遮蔽风雨，所以天空被挡在居室之外，人与天相分离。为了使人的生活空间与自然相通，直坡式的斜屋顶发展成"反宇"式结构，形成望天张扬、向地俯迎的式样，内含与天地相融合的精神。房屋上的翘角将视线引向天空，而瓦脊两端之兽瓦、瓦当之上的纹饰等，更是对自然物的直接描摹。天井除了具有通风、采光、排水等实用功能，同时也是建筑与天空相通的"眼"之所在。

（三）中国传统建筑的禅宗思想

禅宗起源佛教文化，是与中国的道教文化结合而形成的中国佛教的一个宗派。禅学认为世界万物由人心所生。注重内心的体验，这便是"梵我合一"的唯心主义一元论的世界观。禅宗认为人们应该以淡然平和的心态，以一种"空"的理念来对待世间的万事万物。这种"空"的哲学思想影响着中国传统建筑的园林造景。

禅宗的"空"的哲学与道家的"虚""实"观又有所不同，禅宗追求的是"修心""顿悟"，认为少可以胜多，因为越少就可以有越大的想象空间，可谓"一花一世界，一树一菩提"。中国古典园林受禅宗思想影响颇深，园林中的人工造景都是取意于自然界的真实景物，将其"移天缩地"置于园林中，以显寓隐，以实写虚，追求的就是"似与不似之间"，以供人们想象，这种想象是打破时空局限的顿悟式的想象。中国传统园林建筑的布局比较分散，形成"庭院深深深几许"的丰富空间层次，营造出"曲径通幽处，禅房花木深"的诗意情景，所以这种以建筑物的外部空间为主的建筑形式，让人在山水丛林的环抱中体悟自然，寻找内心的平和与宁静。

知识窗

中国传统建筑八大流派

中国自古地大物博，建筑艺术源远流长。随着时间沉淀，中国的传统建筑逐渐形成八大流派——四合院、徽派建筑、江南民居、岭南建筑、海派建筑、川西民居、川西邛（qióng）笼建筑、书院建筑。八大流派风格迥异，各成一景，都充满浓厚的人文气息，都是珍贵的中国传统建筑。

1. 四合院

四合院是北京传统民居形式，辽代时已初成规模。到了元明清时期四合院逐渐成熟，由此北京传统四合院大致规模形成。

2. 徽派建筑

徽派建筑是徽文化的重要组成部分，流行于徽州及严州等浙西地区。集徽州山川风景之灵气，融汉族民俗之精华，徽派建筑风格独特，结构严谨，雕镂精湛，带有鲜明的地方特色。其中更以民居、祠堂和牌坊为典型，被誉为徽州古建三绝。

3. 江南民居

江南民居普遍的平面布局方式和北方的四合院大致相同，只是一般布置紧凑，院落占地面积较小。其中水系是江南民居特有的景致，江南民居因水而有了灵气。

● 四合院

● 徽派建筑

● 江南民居

4. 岭南建筑

岭南建筑不仅具有江南建筑特色，同时兼具西方风情，在经历了数次变化后，最终形成自身的风格。岭南建筑与京派、海派建筑三足鼎立，闻名海内外。

5. 海派建筑

上海的传统建筑称为海派建筑，它是中华文化和西方文化的结合。处于苏浙边缘地带的上海，在中华传统文化的基础上，吸纳吴越文化和长江中上游文化、京派文化等。

● 岭南建筑

6. 川西民居

川西民居自带一种朴实飘逸的风格，讲究天人合一的自然观和环境观，用材因地制宜、就地取材，既经济节约，又与环境相统一，相映成趣，乡土气息浓郁，呈现出一种质感美、自然美。

● 海派建筑

7. 川西邛笼建筑

"皆依山居止，累石为室，高者至十余丈"，这种独特的建筑形式即邛笼（也称为碉楼），在史书上多有记载。在千年历史中，军事防御是邛笼的重要功能，碉高墙厚，多依山守险，易守难攻。

● 川西民居

8. 书院建筑

书院是继先秦私学、两汉精舍之后的又一种私学组织，它继承了古代私学的传统和特色，又汲取佛教寺庙和官办学校的长处，在建设和管理上都自成一派。儒家士人将书院视为独立研究学问的场所。书院从诞生之日起，就与士人"独善其身"的生活方式联系在一起，因此一般建在偏僻、静谧、优美的名胜之地。

● 川西邛笼建筑

● 书院建筑

互动交流

在济南市历城区有一座距今1400多年的建筑文物——四门塔。请你查阅一下四门塔的相关情况，并把它介绍给大家。

中国传统生活方式

第七章

　　食为政首，粮安天下。党的二十大报告提出：树立大食物观，发展设施农业，构建多元化食物供给体系。树立大食物观，就是从更好满足人民美好生活需要出发，顺应人民群众食物消费结构变化，在确保粮食供给的同时，保障肉类、蔬菜、水果、水产品等各类食物有效供给。

　　古人的生活方式在几千年的华夏文明中经过了不断丰富和发展，其中既有内涵丰富的饮食文化，又有历史悠久的茶文化，还有渗透到社会生活各个领域的酒文化等。"民以食为天"，饮食，是人们日常生活中最为平常但是非常重要的事情，是人类得以生存的物质基础。月下独酌、登高望远、泛舟采莲、踏雪寻梅、郊外踏青、湖上泛舟、吟风啸月，这些诗化的生活不仅是古人的一种生活状态，更是一种审美趣味和价值追求。而食文化、茶文化、酒文化作为一种文化载体，则将古人的精神与心灵演绎得多姿多彩、尽善尽美。尽管经历了千回百转的历史岁月，生活仍以它独特的文化模式和规范，带着全部的文化密码，横陈在我们面前。

第一节　横贯古今的滋味——食文化

学习任务

1. 通过对食文化的了解，感受中国传统文化的博大精深，领悟传统文化的精神内涵。
2. 在日常生活中品味饮食文化，进一步提高生活质量，提升生活品位。

一、中国传统饮食的发展

我国的饮食文化有着悠久厚重的历史背景，在食材和烹饪技术等各方面经历了漫长的发展历程，素以历史渊源悠远、流传地域广阔、食用人口众多、烹饪工艺卓绝、文化底蕴深厚而享誉世界。总体来说，我国传统饮食文化的发展主要经历了以下几个阶段。

（一）石器时代的饮食文化

我国最早的饮食历史，可以追溯到旧石器时代。当时人们还不懂得人工取火，因而也就没有熟食，过着茹毛饮血的生活。后来，燧人氏发明钻木取火，从此我国的先民开始利用火来加热食物，饮食也进入石烹时代。伏羲氏"结网罟以教佃渔，养牺牲以充庖厨"，进一步地丰富了人们的食材。神农氏发明耒耜（一种翻土农具），教民稼穑，成为中国农业的开创者。

新石器时代，陶器的发明使人们第一次拥有了炊具和容器。这一时期，用于烹煮食物的炊具主要是陶釜，它可以直接放到火塘里加热，但放不稳。后来，为了稳固陶釜，人们在其上安装了3个支点，做成了一种高脚炊具，称为鼎。再到后来，黄帝发明了灶，被人们称为灶神。灶能集中火力，节省燃料，加快了烹饪食物的速度。有了灶以后，高脚炊具逐步退出了历史舞台，中华民族的饮食状况也得到了很大的改善。

（二）夏、商、周时期的饮食文化

从新石器时代到殷商时期，人们对谷物的加工一直处于比较原始的阶段，多使用碾盘、碾棒、杵臼等工具进行粗加工，因而难以获取大量去壳净米来满足饭食需要。到了周代，硙（即石磨）的出现，使谷物初加工方法有了一次飞跃。谷物的初加工，由以碾舂为主变为以磨为主。随着石磨的普及，周人的饮食状况有了很大的改善。

在烹饪方法上，夏商两代的烹饪方法都很稀少。到了周代，随着生产力的快速发展，烹饪方法才逐渐多样化，出现了煮、蒸、炒、烤、炙、炸等多种方法。其中，蒸就是一种利用蒸气来烹饪食物的方法，我国因此也成了世界上最早使用蒸气烹饪食物的国家。

周代已对饭（主食）、菜（副食）和汤饮进行了明显的区分，这标志着我国传统烹饪方法的初步定型。另外，周代宫廷"八珍"的出现，显示出了周人精湛的烹饪技艺。

相关链接

何谓周"八珍"

《周礼·天官·膳夫》："凡王之馈，食用六谷，膳用六牲，饮用六清，羞用百二十品，珍用八物，酱用百有二十瓮。"

东汉郑玄注释："珍，谓淳熬、淳母、炮豚、炮牂、捣珍、渍、熬、肝膋也。"

（三）秦汉时期的饮食文化

春秋战国至秦代是我国传统的"四大菜系"逐步形成的时期。春秋战国时期，北方的古齐鲁大地历史文化悠久，烹饪技术发达，为我国最早的地方风味菜——鲁菜的形成奠定了基础。在东南方，楚人占据半壁江山，这里土壤肥沃，气候适宜，一年四季里"春有刀鲚，夏有鲥，秋有肥鸭，冬有蔬"。这些丰富的食材促进了这一地区烹饪技术的发展，形成了苏菜的雏形。在西南方，秦国在占领古代的巴、蜀两国之后，派遣李冰治理这里的水患，造就了美丽富饶的"天府之国"，再加上大量汉中移民的迁入，在饮食上，逐步形成了川菜的雏形。秦国一统天下后，将中原地区先进的烹饪技术和器具引入岭南，与当地的饮食资源相互融合，最终形成了粤菜的雏形。至此，后称"四大菜系"的鲁菜（包括京、津等北方地区的风味菜）、苏菜（包括江、浙、皖地区的风味菜）、粤菜（包括闽、台、潮、琼地区的风味菜）、川菜（包括湘、鄂、黔、滇地区的风味菜）的雏形初成。

这一时期，我国传统的谷物菜蔬都已出现，人们常说的"五谷"即黍、稷、稻、麦、菽5种粮食。

● 黍　　　● 稷　　　● 稻　　　● 麦　　　● 菽

汉代，中国的传统饮食更为丰富。淮南王刘安发明的豆腐，可以做出多种美味的菜肴。东汉时期，新的烹饪用油——植物油的出现，改变了一直使用动物油的传统。强大的汉王室不仅拥有自身丰富的饮食文化，还加强了与外界的饮食交流。据《史记》《汉书》记载，西汉时期张骞等人出使西域，就从西域引进了大量农作物及水果和蔬菜等，包括石榴、芝麻、葡萄、胡桃、甜瓜、西瓜、黄瓜、胡萝卜、菠菜、扁豆、葛笋、大葱、大蒜等。这些外来食材，大大丰富了汉代的饮食文化。

（四）唐宋时期的饮食文化

● 烧尾宴

唐代，国家的强盛促进了饮食文化的发展，其中"烧尾宴"代表了唐代饮食文化的极高成就。所谓"烧尾"，就是大臣上任之初，为了感恩，向皇帝进献的盛馔。烧尾宴规模庞大、奢华无比，《清异录》中记载的唐代宰相韦巨源所设烧尾宴的一份不完全的食单中就列有菜点58种。这些菜肴在取材上，既有北方的熊、鹿，又有南方的虾、蟹、蛙和鳖，

另外还有鱼、鸡、鸭、鹌鹑、猪、牛、羊等。在烹饪方法上，这些菜肴也极为讲究，例如宴席中有一种看菜，即工艺菜，主要用作装饰和观赏。其中有一道看菜名为"素蒸音声部"，是用素菜和蒸面做成一群蓬莱仙子般的歌女、舞女，一共有70人，而这70人的服饰、姿态和面部表情都不相同。一道工艺菜，就得花费如此众多的时间与精力，其他的糕点、菜肴、

羹汤等，其精致、讲究程度也就可想而知了。

随着对外交流的扩大，更多的外来饮食进入中国，尤以"胡食"居多。其中，毕罗、胡饼等都是有名的胡食。除了胡食外，西域的名酒及其制作方法也在唐代传入中国，唐太宗就曾亲自监制，用从高昌引入的酿酒法酿出了 8 种色泽的葡萄酒。

宋代，四大菜系已经发展得相当成熟，宫廷饮食则以穷奢极欲著称于世。宋代饮食还形成了一些习俗，如每逢重阳节，人们往往登高宴聚，喝菊花酒，或以糕搭在儿童头上，寓意"百事皆高"。

（五）元、明、清时期的饮食文化

元代，在忽必烈的推崇下诞生了涮羊肉；至今闻名全国的名菜——烤全羊，也是这时期出现的。另外，月饼在元代已成为中秋必不可少的点心，并且元代还出现了有史可考的第一家烤鸭店。

明清时期的饮食不仅继承和发展了唐宋时期的食俗，还融入满蒙饮食的特点，在一定程度上改变了传统的饮食结构。

明代蔬菜种植技术的提高，以及马铃薯、甘薯的大规模引进，使得蔬菜成了主要的菜肴。这一时期的肉食，也以人工饲养的畜禽为主要来源。明代的宫廷饮食奢靡无度，宫中来自全国各地的菜蔬、鲜果和土特产等应有尽有。

清代，浙、闽、湘、徽等地方菜进一步发展，并自成派系，加上传统的四大菜系，逐渐形成"八大菜系"。后来，又增加京、沪等地方菜，形成了"十大菜系"。不过，人们还是习惯以"四大菜系"和"八大菜系"来代表我国多达数种的地方风味菜。

各地方风味菜中名菜有上千种之多，它们大多选料考究，制作精细，讲究色、香、味俱全，在世界上都享有很高的声誉。其中，清代的"满汉全席"就代表了清代饮食文化的最高水平。"满汉全席"在选材上汇聚天下之精华，无论东西南北之飞禽走兽、山珍海味，尽皆选用，其规模之盛大、程式之复杂，堪称"中国古代宴席之最"。

二、中国传统饮食的文化特色

中国地域宽广，民族众多，传统的饮食文化在漫长的发展过程中，逐渐形成了其自身的特色，具体有以下几点。

（一）选材上讲究"四性分明""五味调和"

中国传统饮食在食材的选择上，通常讲究"四性分明""五味调和"。其中，"四性"是指寒、热、温、凉，"五味"则是指甜、酸、苦、辣、咸。要做到"四性分明""五味调和"，在主料、辅料和调料的选择上就需要在数量、口味、质地和形状上做好配合。具体应做到以下几点。

1. 荤、素搭配

素食主要是指粗粮、蔬菜等植物性食品，荤食则主要是指动物性食品。现代科学观点认为荤素搭配且以素为主，可使人体获得丰富的维生素、无机盐等有益物质，从而提高蛋白质的利用率，保证人体对各种营养物质的吸收。

2. 粗、细搭配

粗粮和细粮搭配既可以提高食物蛋白质的利用率，还可以增进食欲。另外，经常进食少量的粗粮，还可以增强消化系统的功能。

3. 干、稀搭配

稀是指稀粥和清淡少油的汤水，如糙米粥、燕麦粥、米羹等。吃饭时先吃点稀食激活胃，有益于消化米饭、馒头等干食。同时稀食可以润滑口腔、食道和胃黏膜，有利于食物下咽，减少干食对胃的刺激。

（二）制作上讲究色、香、味俱全

中国传统饮食在制作方法上通常讲究色、香、味俱全，这也是中国传统饮食文化的一个显著特色。其中"色"是指食品的色泽要鲜艳；"香"是指食品闻起来要香气浓郁；"味"是指食品的味道要回味无穷。色、香、味俱全的食品，不仅是一道营养与保健并存的美味佳肴，更是陈列于餐桌上的高超的艺术品，会使人赏心悦目、垂涎欲滴。

相关链接

《豆芽菜赋》

传统美食大多经过精细的加工，往往令人赏心悦目，许多文人墨客纷纷吟诗作赋，大加赞赏。明代作家陈嶷就曾作《豆芽菜赋》，赞美豆芽菜："有彼物兮，冰肌玉质。子不入于污泥，根不资于扶植。金芽寸长，珠蕤双粒；匪绿匪青，不丹不赤。宛讶白龙之须，仿佛春蚕之蛰……

（三）功效上讲究营养、保健有机结合

人类赖以生存并保持生活质量的根本是食品的营养和保健，而中国的传统饮食也一直看重营养和保健的有机结合。

中国传统文化认为，人与大自然是一个有机的整体，历代典籍中就有"天人合一"和"民以食为天"的论述。这是因为维持人类生命活动的物质，包括蛋白质、脂肪、碳水化合物、矿物质、维生素、纤维素、水、电解质等，都来源于大自然，并且主要蕴藏于人类日常所需的食物中。这些营养物质进入人体后，通过物理、化学和生物的作用，对人的机体起到营养和保健的作用。

因此，从根本上说，人体健康与否，主要取决于上述营养物质的品种、数量与质量。只有对上述营养物质进行合理调节，使其能够在人体内保持动态平衡，以满足人体新陈代谢的需求，才能最终实现对人体的营养与保健功效。中国传统饮食文化的核心也正是通过饮食卫生和饮食调节，来起到对人体的营养与保健的辅助作用。

《黄帝内经》中说："上古之人，其知道者，法于阴阳，和于术数，食饮有节，起居有常，不妄作劳，故能形与神俱，而尽终其天年，度百岁乃去。"这句话的意思是说，上古的人，懂得天地之间运行的道理，因此能取法于天地阴阳，遵循自然界的变化规律，饮食有节制，作息有常规，且不胡乱耗费劳力，因此往往能保持形神的协调，从而长命百岁。

三、八大菜系

从 20 世纪 50 年代开始，中国有"四大菜系"之说，即鲁、苏、川、粤菜系；又有"八大菜系"之说，即"四大菜系"再加上闽、浙、湘、徽四大菜系；还有"十大菜系"之说，即"八大菜系"再加上京、沪两个菜系。下面对八大菜系进行详细介绍。

（一）鲁菜

鲁菜，又叫山东菜，由济南、胶东菜等组成，孔府菜作为山东菜的一种也自成体系。

鲁菜为"八大菜系"之首，是我国北方历史悠久、影响最大的一个菜系。齐鲁大地依山傍海，物产丰富，经济发达，为鲁菜的形成提供了良好的条件。鲁菜的特点是注重以当地特产为食材原料，多选畜禽、海产、蔬菜；偏于酱、葱、蒜调味；口味鲜咸，口感脆嫩，风味独特，一菜一味，百菜不重。

胶东菜的口味以鲜为主，偏于清淡；食材多为明虾、鲍鱼、海螺、蛎黄、海带等海鲜；烹饪方法以爆、炸、蒸、熘、扒为主。胶东菜中的名菜有扒原壳鲍鱼、芙蓉干贝、烤大虾、烧海参、炸蛎黄等。

济南菜以汤著称，辅以爆、炒、炸、烧等烹调方法，口味清、鲜，口感脆、嫩。济南菜的名菜有清鲜淡雅的清汤什锦、奶汤蒲菜、九转大肠，有脆嫩爽口的油爆双脆，还有外焦里嫩的糖醋黄河鲤鱼等，大多风格独特，味道鲜美。

绵延千载的"孔府菜"是传统官府菜"食不厌精、脍不厌细"的典型。

（二）川菜

川菜是民间最大的菜系，被冠以"百姓菜"的美称，有"食在中国，味在四川"之说。川菜的特点是取材广泛，原料多选山珍、江鲜、野蔬和畜禽；善用小炒、干煸、干烧和渍、烩等烹调方法；以辣椒、胡椒、花椒、豆瓣酱等为主要调味品，能做出各种味道，包括麻辣、酸辣、椒麻、蒜泥、麻酱、芥末、红油、糖醋、鱼香、怪味等。川菜号称"一菜一格，百菜百味"。

川菜历来还有"七滋八味"之说，"七滋"是指酸、甜、苦、辣、麻、香、咸，"八味"是指酸辣、椒麻、麻辣、怪味、红油、姜汁、鱼香、家常。著名的川菜有宫保鸡丁、鱼香肉丝、毛肚火锅、樟茶鸭、麻婆豆腐等。

川菜的风味主要囊括了重庆、成都、乐山、内江和自贡等地方菜的特色，其中，又以重庆和成都两地的菜肴最具代表性。其所选用的调味品复杂多样，且富有特色，包括花椒、胡椒、辣椒、葱、姜、蒜、郫县豆瓣酱、保宁食醋等。这些调味品的使用极为频繁，而且是某些口味（如鱼香、怪味等）的菜肴所必不可少的。

（三）苏菜

江苏菜简称苏菜，其主要由金陵菜、淮扬菜、苏锡菜、徐海菜四大风味流派组成。由于苏菜和浙菜相近，因此苏菜和浙菜同为"南食"两大台柱。此菜系在元代已经初具规模，明清时期形成流派。

江苏为鱼米之乡，物产富饶、饮食资源十分丰富。苏菜的特点是以江河湖海水鲜为主；刀工精细，尤以瓜雕享誉四方；烹调方法上，擅长炖、焖、煨、焐；重视调汤，追求本味，清鲜平和，咸甜适中。苏菜的名菜众多，有扬州的三套鸭、溜子鸡、清炖甲鱼、火煮干丝、糖醋鳜鱼、文思豆腐、双皮刀鱼、清炖狮子头；有南京的金陵盐水鸭、板鸭、松子肉、凤尾虾、蛋烧卖；有苏州的松鼠鳜鱼、三虾豆腐、莼菜塘鱼片、胭脂鹅、八宝船鸭、雪花蟹汁、油爆大虾；有靖江的肉脯、宜兴的汽锅鸡；有淮安的长鱼席、常熟的叫花鸡；有无锡的镜箱豆腐、樱桃肉；有板浦的荷花铁雀；等等，名目繁多，享誉国内外。

金陵菜烹调擅长炖、焖、叉、烤，特别讲究七滋七味：酸、甜、苦、辣、咸、香、臭；鲜、烂、酥、嫩、脆、浓、肥。金陵菜以善制鸭馔而出名，素有"金陵鸭馔甲天下"的美誉。

淮扬菜既有南方菜的鲜、脆、嫩的特色，又融合了北方菜的咸、色、浓的特点，形成了甜咸适中、咸中微甜的风味。

苏锡菜注重造型，讲究美观，色调绚丽，白汁清炖独具一格，兼有糟鲜红曲之味，食有奇香；口味上偏甜，无锡菜尤甚。苏锡菜浓而不腻，淡而不薄，酥烂脱骨不失其形，滑嫩爽脆不失其味。

徐海菜风味原与鲁菜相近，菜肴色调浓重，口味偏咸。食材上既有五畜肉食，亦有各类水产海味，烹调方法上则以煮、煎、炸为主。

其中，淮扬菜、苏锡菜、徐海菜这3种地方风味菜在近几年均有了不小的发展和变化。淮扬菜由平和变为略甜，苏锡菜由偏甜转向平和，徐海菜则咸味大减，色调亦渐趋淡雅。在整个苏菜系中，淮扬菜仍占据着主导地位。

（四）浙菜

浙江菜，简称浙菜，其主要特点是选料讲究、烹饪独到、注重本味、制作精细，在我国众多的地方菜中占据着重要的地位。浙菜主要囊括了杭州菜、宁波菜、绍兴菜、温州菜4个菜系，以杭州菜为主。

杭州菜清鲜爽脆，淡雅典丽，品种多样，工艺精细，是浙菜的主流。在烹调方法上，杭州菜以爆、炒、炸、烩为主，制作极为讲究。杭州菜的名菜有西湖醋鱼、东坡肉、油焖春笋、龙井虾仁、西湖莼菜汤等。

宁波菜的特色是"鲜咸合一"，讲究嫩、软、滑的口感。烹调方法上以蒸、烤、炖为主，注重保持菜品的原汁原味。宁波菜的名菜有雪菜大汤黄鱼、苔菜拖黄鱼、冰糖甲鱼、木鱼大烤、宁波烧鹅、溜黄青蟹等。

绍兴菜富有江南水乡的风味，菜肴大多香酥绵糯、汁浓味重、香味浓烈。绍兴菜的食材以鱼虾河鲜和鸡鸭家禽、豆类、笋类为主，常用鲜料配腌腊食品同蒸或炖，且多用绍酒烹制。著名的菜肴有糟熘虾仁、干菜焖肉、头肚须鱼、清蒸桂鱼、绍虾球等。

温州，地处浙南沿海，当地的语言、风俗和饮食也都自成一体，别具一格。温州菜在食材上以海鲜为主，口味清鲜，淡而不薄。烹调方法上讲究"二轻一重"，即轻油、轻芡、重刀工。温州菜的代表名菜有双味蝤蛑、三丝敲鱼、爆墨鱼花、橘络鱼脑和蒜子鱼皮等。

（五）粤菜

粤菜，即广东地方风味菜，它以特有的菜式和风味而独树一帜。广东地处我国东南端沿海地区，气候温和，雨量充沛，动植物类食品源极为丰富，为粤菜的形成发展提供了有利条件。明清两代，广州已经成为一座商业大城市，粤菜、粤点真正形成了一个体系，清末有"食在广州"之说。粤菜由广州菜、潮州菜、东江菜组成，其中又以广州菜最具代表性。

广州菜注重色、香、味、形俱全，口味上以清、鲜为主，口感上以嫩、脆为主，讲究清而不淡、鲜而不俗、嫩而不生、油而不腻。广州菜在用料上极为丰富，对鱼虾、野味烹制均有专长。在烹调方法上则以炒、煎、炸、焖、煲、炖等为主，讲究火候。较为常见的广州菜有白切鸡、白灼海虾、挂炉烤鸭、油泡虾仁、清蒸海鲜等。

潮州菜以烹制海鲜、汤类和甜菜最为有名。其风味尚清鲜，郁而不腻，常配以鱼露、沙茶酱、梅糕酱、红醋等调味品，风味独特。潮州菜注重刀工和造型，在烹调方法上以焖、炖、炸、烧、蒸、炒等为主。著名的菜肴有烧雁鹅、清汤蟹丸、护国菜、油泡螺球、太极芋泥等。

东江菜又叫客家菜，以客家饮食为代表。东江菜的菜品多为肉类，下油重，味偏咸，讲求香浓，以砂锅菜见长。著名的菜肴有黄道鸭、梅菜扣肉、海参酥丸、牛肉丸等。

（六）闽菜

闽菜，是在中原汉族文化和当地古越族文化的融合、交流的过程中逐渐形成的。福建是我国著名的侨乡，旅外华侨从海外引进的食品和调味品，对充实闽菜体系的内容、促进闽菜的发展产生了深远的影响。闽菜由福州菜、闽南菜和闽西菜 3 种不同风味的地方菜组成，其中福州菜是闽菜的主流。

福州菜以汤菜居多，其风格特点是汤菜要清、味道要淡、炒食要脆。福州菜的 3 个特色是：一长于红糟调味，二长于制汤，三长于使用糖醋。著名的菜肴有佛跳墙、肉米鱼唇、鸡丝燕窝、煎糟鳗鱼等。

闽南菜，流行于厦门、晋江和尤溪等地，其风格特点是鲜醇、香嫩、清淡。闽南菜尤为讲究佐料的使用，在沙茶、橘汁、芥末及药物等的使用方面均有独到之处。著名的菜肴有清蒸刀鱼、东壁龙珠、葱烧蹄筋、炒沙茶牛肉、当归牛腩、嘉禾脆皮鸡等。

闽西菜，流行于客家地区，其风格特点是鲜润、香浓、醇厚，略偏咸、油。闽西菜尤擅长烹制山珍野味，善用生姜及辣椒佐料。著名的菜肴有烧鱼白、炒鲜花菇、油焖石鳞、蜂窝莲子、麒麟象肚、金丝豆腐干等。

（七）湘菜

湘菜，主要由湘江流域菜、洞庭湖区菜、湘西山区菜三大地方风味组成。湘北的洞庭湖平原，盛产鱼虾和湘莲；湘东南为丘陵、盆地，农牧副业都很发达；湘西则多山，盛产笋、茸和山珍野味。丰富的物产为人们的饮食提供了大量的原料，著名的特产包括武陵甲鱼、君山银针、桃源鸡、临武鸭、武冈鹅、湘莲、银鱼等。湖南人也因此创制出了各种各样美味的湘菜。

著名的湘菜有组庵豆腐、辣椒炒肉、剁椒鱼头、湘西外婆菜、吉首酸肉、东安鸡、牛肉粉、金鱼戏莲、永州血鸭、腊味合蒸、姊妹团子等。

湘菜历来重视原料的搭配和滋味的相互渗透，由于地理位置的关系，湖南人多喜食辣椒，以提神除湿。湘菜在调味上也尤重酸辣，常以酸泡菜作为调料，佐以辣椒来烹制食物。

烹饪方法方面，湘菜在煨上的功夫了得。湘菜的煨法可分为红煨、白煨、清汤煨、浓汤煨和奶汤煨。煨是以小火慢炖，确保了菜品的原汁原味。煨出来的菜肴有的晶莹醇厚，有的酥烂鲜香，有的汁纯滋养，有的软糯浓郁，许多都已成为湘菜中的名馔佳品。

（八）徽菜

徽州菜简称徽菜，徽菜是古徽州的地方特色，其独特的地理人文环境赋予徽菜独有的味道，明清时期一度居于八大菜系之首。它起源于黄山麓下的歙县（古徽州），后来，转移到了"祁红""屯绿"等名茶和徽墨、歙砚等文化产品的集散中心——屯溪。徽菜最初以烹制山珍野味而著称，其中红烧是一大类，而红烧的"红"，主要是使用了酱油的缘故。

徽菜的主要特点是重油、重色、重火功，烹调方法上擅长蒸、烧、炖，著名的菜肴则有火腿炖甲鱼、黄山炖鸽等上百种。

徽菜又可分为以芜湖、安庆地区为代表的沿江菜和以蚌埠、阜阳、宿县等地为代表的沿淮菜。沿江菜以烹调河鲜、家禽见长，其烟熏技术独具一格；沿淮菜则讲究咸中带辣，汤汁味重色浓。

历史上，徽菜发端于唐宋，兴盛于明清，中华人民共和国成立后得到了进一步的发展。在这悠久的发展过程中，徽菜形成了巧妙用火、擅长烧炖、浓淡适宜、讲究食补、注重文化的特点。徽菜雅俗共赏，南北皆宜，既具有浓郁的地方特色，又蕴藏深厚的文化底蕴，是中华饮食文化中的瑰宝。

知识窗

山东十大特色小吃

1. 山东煎饼

山东煎饼是传统特色面食，源于山东泰山。"煎饼"一词的使用可以追溯到很久以前。相传孟姜女哭长城，所带食物即煎饼。

2. 济南油旋

油旋又叫油旋回，是山东济南特色传统名吃，其外皮酥脆，内瓤柔嫩，葱香透鼻，有圆形和椭圆形两种，因其形似螺旋且表面油润呈金黄色，故名油旋。相传油旋是清代时期的徐氏三兄弟去南方闯荡时在南京学来的，油旋在南方的口味是甜的，徐氏兄弟来济南后依据北方人的饮食特点将油旋的口味改成咸香味，一直传承至今。济南人吃油旋多是趁热吃，再配一碗鸡丝馄饨，可谓物美价廉，妙不可言。如果在油旋熟后捅一空洞，磕入一个鸡蛋，再入炉烘烤一会儿，鸡蛋与油旋成为一体，食之更美。

3. 德州扒鸡

德州扒鸡又称德州五香脱骨扒鸡，是著名的德州三宝（扒鸡、西瓜、金丝枣）之一。德州扒鸡是中国山东传统名吃，鲁菜经典。德州扒鸡制作技艺为国家非物质文化遗产。在清代乾隆年间，德州扒鸡就被列为山东贡品送入宫中供帝后及皇族们享用。

4. 周村烧饼

周村烧饼，因产于山东省淄博市周村区而得名，源于汉代，成于晚清，山东省名优特产之一。周村烧饼以小麦粉、白砂糖、芝麻为原料，以传统工艺制作而成。周村烧饼，外形圆，色黄，正面贴满芝麻仁，背面酥孔罗列，薄似杨叶，拿起一叠，有唰唰之响声，如风中之白杨。吃起来，入口一嚼即碎，香满口腹，酥脆异常，软嚼不腻，失手落地，则会皆成碎片。

据考证，周村烧饼源于汉代的胡饼。东汉末年刘熙在《释名》一书中解释："饼，并也。溲面使合并也。胡饼，作之大漫冱也，亦以胡麻著上也。"溲，就是浸泡、和面的意思；大漫冱指形状大而平整；胡麻，即芝麻，相传张骞得其种于西域胡地，故名胡麻。清代光绪六年（1880年），周村郭姓烧饼老店"聚合斋"潜心研制烧饼制作工艺，几经改进，使周村烧饼以全新的面目、独特的风味面世。中华人民共和国成立初期，"聚合斋"郭姓后人携大酥烧饼的配方和制作技艺加入了国营周村食品厂。1979年，大酥烧饼以"周村"作为商标进行注册，正式定名为"周村牌"周村烧饼。

5. 福山大面

福山大面，又称福山拉面，是烟台市福山区的著名传统特色小吃，被称为中国四大面之一，与"叉子火食""硬面锅饼"并称为福山"三大名食"，以柔滑鲜美、细如银丝、品种繁多而著称于世。福山大面分实心面、空心面、龙须面3种，面分为大卤、温卤、炸酱、肉丝、虾仁、三鲜、清汤、海味、干拌、烩勺等多个品种。

6. 青岛大包

青岛大包是青岛十大特色小吃之一，因其皮薄、味美、鲜嫩而备受消费者的欢迎，先后被评为"山东省名小吃""中华名小吃"。说起青岛大包，青岛人老少皆闻，买包子的队伍"首尾不相望"。它曾连续10年被列入青岛十大名小吃的名单，是一个响当当的招牌。

7. 吊炉烧饼

吊炉烧饼是山东菏泽地方传统特色小吃，自清代问世以来得到菏泽地区人民的喜爱。吊炉烧饼有直径16、12、10、6厘米等规格，具有制作精良、用料考究、外酥里嫩、香酥可口、外形美观等特点。

8. 潍坊肉火烧

潍坊肉火烧是山东潍坊的传统名小吃，潍坊肉火烧是外地人的叫法，潍坊本地人都叫老潍县肉火烧，主要以城隍庙肉火烧最为出名。潍坊的火烧品种很多，单是面火烧就有砍火烧、簸箕火烧、梭火烧等多种，较为出名的有潍坊肉火烧、杠子头火烧、脂烙酥火烧。潍坊肉火烧就是把用花椒水泡过的肉馅包进软面团撕成的小面团里，收边做成扁形的火烧坯，再放进炉里。潍坊肉火烧具有皮酥肉嫩而不腻等特点。

9. 鲅鱼水饺

鲅鱼水饺又叫鲅鱼饺子，是山东省胶东地区的一道传统面食小吃，属于鲁菜系。鲅鱼水饺一般以新鲜鲅鱼为原料，加适量五花肉馅、韭菜调制而成。在调制鲅鱼馅时，"搅"力是非常重要的，将鲅鱼去刺后剁成泥，用筷子朝一个方向搅动，万不可换方向，这样搅出来的鲅鱼馅筋道有力，口感非常棒。吃鲅鱼饺子多配有蒜末、醋、酱油、香油等调料，以解腻、清口。

10. 甜沫

甜沫起源于豫北地区豆沫，后流传到山东济南，成为济南的特色传统名点，属大众粥类美食，为泉城二怪之一。甜沫是一种以小米面为食材熬煮的咸粥，济南人又称之为"五香甜沫"。粥做好后主人会问"再添么儿"，指的是添加粉丝、蔬菜、豆腐丝之类的辅料，后来人们取其谐音"甜沫"命名，因此甜沫口味是咸的，并非甜的。

"四大美女"的"联名款"美食

1. 西施舌

在西施故里，有一种点心被人们称为"西施舌"。这道美味用的是吊浆技法，先把糯米粉制成水磨粉，然后用糯米粉包入枣泥、核桃肉、桂花、青梅等十几种的果料拌成的馅心，放在舌形模具中压制成形，汤煮或油煎均可。此外，在我国江浙沿海一带，还有一种以贝类牙蛤或沙蛤制成的汤菜，也被人们称为"西施舌"。

2. 贵妃鸡

贵妃鸡是一道川菜，却并非出于川人之手，而是由上海名厨独创出来的。贵妃鸡用肥嫩的母鸡为主料，用葡萄酒为调料制作而成，成菜酒香浓郁、味美醉人。此外，在西安还有一道"贵妃鸡"，是以鸡脯肉、葱末、料酒、蘑菇等为馅做成的饺子，形似饱满的麦穗，皮薄馅嫩，口味鲜美不腻。

3. 昭君鸭

昭君鸭据传是王昭君出塞后，吃不惯当地的面食，于是厨师就把粉条和油面筋混合在一起，用鸭汤煮，做成了一道甚合王昭君口味的菜。后来，人们就用粉条、面筋与肥鸭烹调成菜，美其名曰"昭君鸭"。另外，还有一道美食叫"昭君皮子"。所谓"昭君皮子"，就是夏季里在西北地区十分常见的凉皮子，其做法是将面粉分离成淀粉和面筋，并以淀粉制成面条，把面筋切成薄片，两者搭配食用，辅以麻辣调料，吃起来酸辣凉爽，柔韧可口。

4. 貂蝉豆腐

貂蝉豆腐又名"泥鳅钻豆腐"。此菜口味鲜美，色香味俱佳，汤汁腻香，鲜中带辣。民间小吃中，有一种食品叫作"貂蝉汤圆"，据说是王允请人在普通的汤圆中加了生姜和辣椒烹制而成的。

互动交流

1. 根据本节内容，梳理制作一份传统饮食发展脉络的思维导图，并在小组内互相交流。

2. 请在节假日为家人做一桌丰盛的大餐，品味丰富多彩的食文化。

第二节　穿越时空的茶香——茶文化

学习任务

1. 通过对茶文化的了解，感受中国传统文化的博大精深，领悟传统文化的精神内涵。

2. 品味茶的文化现象，欣赏茶文化，把茶道贯穿到生活中去，进一步提高生活质量，提升生活品位。

中国是茶树的原产地，中国茶业兴起于巴蜀，其后逐渐向全国传播开来，成为中华民族之国粹。唐代，中国茶文化传至日本、朝鲜，16 世纪后传入西方国家。茶雅俗共赏，早已成为世界文化的重要组成部分。

一、茶的起源和品种

中国人饮茶有着悠久的历史，但茶的起源时间已无法确切地查明。后世茶文化的发展过程中，茶叶的品种愈加丰富，茶文化也不断发展繁荣。

（一）茶的起源

唐代陆羽《茶经》记载"茶之为饮，发乎神农氏"。但此说法应为民间传说衍生而来，并无确凿的证据。晋代常璩所撰《华阳国志》记载："周武王伐纣，实得巴蜀之师……

茶蜜……皆纳贡之。"从中可以看出，周代的巴国就已经开始以茶叶为贡品向周武王纳贡。因此，茶叶的起源必然远早于周代。下面主要讲解古代不同时期对茶的记载。

1. 西汉至魏晋南北朝

《华阳国志》中记载了我国最早的种茶基地是四川。书中记载，汉晋时期，四川产茶的地方有涪陵郡、什邡县（现在什邡市）、武阳县、南安县等。可见，这一时期四川已有多个产茶基地。扬雄《蜀都赋》的"百华投春，隆隐芬芳，蔓茗荧翠，藻蕊青黄"，正是对汉代四川茶园美景的描绘。

《三国志·韦曜传》记载，韦曜参加东吴国君孙皓的宴会，他不善饮酒，故以茶当酒。这是"以茶代酒"的最早记载。

东晋弘君举的《食檄》记载："寒温既毕，应下霜华之茗。三爵而终，应下诸蔗、木瓜、元李、杨梅、五味、橄榄、悬豹、葵羹各一杯。"这里是说主客寒暄之后，奉茶三杯，以进茶食，对以茶待客的礼法进行了规范。

2. 唐宋时期

唐代，陆羽的《茶经》成了世界上第一部茶叶专著。书中列举了大量唐代产茶的地方，包括秦岭和淮河以南的四五十个州县。唐代，茶叶开始外传，鉴真和尚东渡时将茶叶传至日本。唐代朝廷开辟了大批国有茶园，实行茶叶专卖，称为"国榷"，同时开始征收茶税。后来，茶税历宋、元、明、清各代，成为国家财政收入的重要来源。

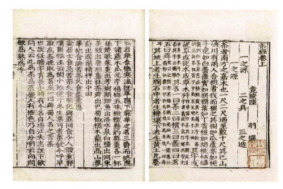

● 《茶经》书影

北宋，太宗在建安设立官焙，专门制作北苑贡茶，促进了龙凤团茶的发展。南宋，陆游所作的诗中有 300 余首都与茶有关。审安老人所著《茶具图赞》，则通过图示和文字对宋代茶器进行了较为完整的描述。

3. 明清时期

明代，太祖朱元璋下诏废团茶，兴叶茶。此后贡茶由团饼茶改为芽茶，这就促进了炒青散茶的发展。明人罗廪所著的《茶解》对茶树栽培及绿茶炒制技艺进行了详细的描述。明代荷兰人自澳门将茶叶运销到爪哇，后将茶叶销往欧洲各国。

清代，随着欧美饮茶之风的盛行，中国茶叶的出口量迅速增加。据统计，光绪十六年，出口茶叶的数量达到 134 万公担，值银 5220 万两。

1903 年以前，中国茶叶在世界茶叶市场占据重要地位，此后则江河日下，直到中华人民共和国成立以后，地位才逐渐回升。

（二）茶的品种

茶叶色、香、味、形俱佳，人们以茶敬客，营造了温馨祥和的气氛，促进了人际关系的和谐。人们还通过饮茶进行各种人文活动，从而使茶具有了特殊的艺术品格和文化素养，给人们的日常生活增添了无限情趣。茶叶千差万别，品类繁多，按其制法可以分为

以下 5 类。

1. 花茶类

花茶类是以绿茶或乌龙茶为底料，配以茉莉、玫瑰、玉兰、珠兰、蜡梅等各种香花，焙制成多品种的花熏茶。这类茶兼具茶味和花香，香味浓郁，茶汤色深，饮后使人感到神清气爽。

2. 绿茶类

绿茶类是将刚摘下的鲜茶叶经高温杀青后，不发酵，而是用炒、烘、晒等工艺制成的，分为青茶和白茶。这类茶的制成品在色泽和冲泡后的茶汤上较多保存了鲜茶叶的嫩绿，味道清新鲜淡，略带甘甜。

3. 红茶类

红茶类经过萎凋、发酵后干燥而成，如六安。红茶因其干茶冲泡后的茶汤和叶底色呈红色而得名，饮后齿颊常留有余甘。英国人在喝红茶时常常加入糖和牛奶，使其茶味更加甘香醇厚。

4. 乌龙茶类

乌龙茶类一般是经轻度萎凋和半发酵，再杀青干燥而成的，主要有岩茶、单枞、水仙、铁观音等。乌龙茶因其干后成条索状，形似黑龙，故而得名。这类茶在品质风味上兼具绿茶的清新和红茶的醇厚，饮后齿颊留有兰花般的幽香。

5. 紧压茶

紧压茶是经杀青发酵后，蒸压成酱黑色的饼状或砖状焙干而成，包括各类砖茶和沱茶。这类茶茶味浓郁而略带甘涩，特别有助于消化。牧区或高寒山区的人们常将这类茶与酥油或牛奶一起烹煮，制成香浓的酥油茶或奶茶，是当地百姓快速补充热量和维持酸碱平衡的理想饮料。

除了按制法分类外，茶叶还可依其外形来划分，可分为银针（如白毫）、片茶（如龙井）、卷毛（如碧螺春）、珠茶（如绿茶）、条索茶（如乌龙茶）、碎茶（袋泡茶）、饼茶、砖茶等；还可以依茶叶的颜色来分，可分为红茶、绿茶、白茶、青茶、黄茶、黑茶等。

二、饮茶的方法

在我国数千年的饮茶史中，伴随着制茶技术和饮茶实践的发展，饮茶方法也有了极大的发展。具体而言，传统的饮茶方法主要有以下 4 种。

（一）煎饮

原始社会时期，由于生产力低下，人们常常食不果腹，采食茶叶也主要是因为茶叶无毒又能填饱肚子，故而这时期还不能算作饮茶。后来人们发现，茶不仅能祛热解渴，还能提振精神、治疗疾病，茶开始从粮食中分离出来。煎茶汁治病，成了饮茶的第一种方法。这个时期，茶叶产量稀少，常常被用于祭祀。

（二）羹饮

先秦至两汉时期，茶从药物转变为饮料，当时的饮茶方法也转变为羹饮。晋人郭璞为《尔雅》作注时就说，茶"可煮作羹饮"，即煮茶时，可以加入粟米及调料，煮成粥状食用。这种方法一直被沿用到了唐代，我国边远地区的少数民族至今还习惯使用这种方法饮茶。

（三）冲饮

冲饮法最早出现在三国时期，在唐代开始流行，盛行于宋代。三国时魏国的张揖所撰的《广雅》中记载："荆巴间采叶作饼。叶老者，饼成以米膏出之。欲煮茗饮，先炙令赤色，捣末，置瓷器中，以汤浇覆之，用葱、姜、桔子芼之。其饮醒酒，令人不眠。"意思是说当时的饮茶方法是将采下来的茶叶先制成饼，饮用时捣成细末，以沸水冲泡，同时加入"葱、姜、橘子"等掺和起来。可见，这一时期的冲饮法尚留有羹饮的痕迹。

唐代，陆羽明确反对在茶中加入其他调料，强调品茶的本味。唐人将纯用茶叶冲泡的茶称为"清茗"。清茗在唐代已经开始流行，直到宋代才成为主流。饮过清茗，再咀嚼茶叶，细品其味，可以获得极大的享受。

（四）全叶冲泡

全叶冲泡法始于唐代，盛行于明清时期。唐代会出现全叶冲泡法，主要得益于蒸青制茶法的发明。蒸青制茶法专采春天的嫩芽，经过蒸焙之后，制成散茶，饮用时即用全叶冲泡。全叶冲泡法是饮茶方法的一大进步。

散茶品质极佳，饮之宜人，但散茶的茶质存在优劣，在唐代时已形成了审评茶叶色、香、味的一整套方法。宋代，冲饮法和全叶冲泡法并存。明代的饮用方法基本上以全叶冲泡法为主，直到今天大多数人饮茶采用的也是全叶冲泡法。

三、茶文化的核心——茶道

传统哲学观点认为，"道"是宇宙及人生的法则和规律。茶道则是茶与道的融合和升华，是茶文化的核心。对茶道的学习有助于我们深入地理解茶文化，并进一步把握底蕴深厚的中华传统文化。

（一）茶道的含义

"茶道"一词在我国唐代就已经出现，唐代刘贞亮的《饮茶十德》中就有"以茶可行道，以茶可雅志"的说法。唐代封演所撰的《封氏闻见记》中也记载了"又因鸿渐之论，广润色之，于是茶道大行"。

受老子"道可道，非常道。名可名，非常名"的思想影响，"茶道"一词从使用以来，历代茶人都没有下过一个准确的定义。

> **知识链接**
>
> **茶道器具**
> 茶道六用是泡茶必不可少的辅助用具，包括茶则、茶匙、茶夹、茶漏、茶针、茶筒，多为竹、木质地。

我国现当代学者对茶道也有诸多解释。吴觉农先生认为："茶道是把茶视为珍贵、高尚的饮料，饮茶是一种精神上的享受，是一种艺术，或是一种修身养性的手段。"

陈香白先生认为："中国茶道包含茶艺、茶德、茶礼、茶理、茶情、茶学说、茶道引导7种义理，中国茶道精神的核心是和。中国茶道就是通过茶这一过程，引导个体在美的享受过程中走向完成品格修养以实现全人类和谐安乐之道。"陈香白先生的茶道理论可简称为"七艺一心"。

庄晚芳先生认为："茶道是一种通过饮茶的方式，对人民进行礼法教育、提升道德修养的一种仪式。"

中国台湾学者刘汉介先生提出："所谓茶道是指品茗的方法与意境。"

从上述解释中我们可以看出，茶道包括茶艺、茶境、茶礼和修道4个要素。其中，茶艺是指备器、选水、候汤、习茶的一套技艺；茶境是指茶事活动的场所和环境；茶礼则是指茶事活动中的礼仪；修道是指通过茶事活动来怡情养性。

（二）中国茶道的基本精神

我国学者对茶道的基本精神同样有着不同的理解。庄晚芳先生将中国茶道的基本精神归纳为：廉、美、和、敬。他解释说："廉俭育德、美真廉乐、和诚处世、敬爱为人。"林治先生认为中国茶道的基本精神是"和、静、怡、真"，其中，"和"是中国茶道哲学思想的核心；"静"是中国茶道修习的不二法门；"怡"是中国茶道修习、实践中的心理感受；"真"则是中国茶道的终极追求。下面介绍的是林治先生的观点。

1. 和

中国茶道所追求的"和"源自《周易》中的"保合大和"，意思是世间万物都是由阴阳构成的，阴阳协调，保合大和之元气才能促进万物生长变化。陆羽在《茶经》中指出，煮茶的过程正是金、木、水、火、土五行相生相克并达到和谐的过程。他认为，风炉用铁铸成属"金"，炉中所烧木炭属"木"，木炭燃烧属"火"，风炉里煮的茶汤属"水"，放置在地上则属"土"。可见，阴阳五行调和的理念早已成为茶道的哲学基础。

儒家所追求的"中庸之道"的中和思想，同样在茶道中体现得淋漓尽致。如在泡茶时，表现出"酸甜苦涩调太和，掌握迟速量适中"的中庸之美；在饮茶过程中则表现出"饮罢佳茗方知深，赞叹此乃草中英"的谦和之礼。

2. 静

中国茶道是修身养性之道，追寻自我之道。要想通过茶事活动明心见性，品味人生，以至休悟宇宙的奥秘，"静"则成为必由途径。

老子曾说："至虚极，守静笃，万物并作，吾以观其复。夫物芸芸，各复归其根。归根曰静，是谓复命。"庄子则说："水静则明烛须眉，平中准，大匠取法焉。水静犹明，而况精神！圣人之心静乎！天地之鉴也；万物之镜也。"从老子和庄子的话中可以看出，"静"乃是人们洞察自然、反观自我、体悟道德的重要途径。

中国茶道正是通过茶事活动创造一种宁静的氛围。当茶的清香浸润人们的心田和肺腑之时，人们的心灵便能在虚静中得到升华与净化，并与大自然融为一体，达到"天人合一"的境界。

不仅道家主静，儒家和佛家同样提倡静。古往今来，无论是道士还是高僧或儒生，都把"静"作为修习茶道的必经之路。茶道中，静与美常相得益彰。因为静可以虚怀若谷，可以洞察明澈，可以内敛含蓄，可以体道入微，正所谓"欲达茶道通玄境，除却静字无妙法"。

3. 怡

"怡"是和悦、愉快的意思。中国茶道是雅俗共赏之道，它不讲形式，不拘一格，在日常生活之中处处都有所体现。另外，不同信仰、不同地位、不同文化层次的人对茶道也有着不同的追求。

文人雅士的茶道追求"茶之韵"，他们托物寄怀，激扬文字。道家的茶道追求"茶之功"，他们品茗养生，羽化成仙。佛家的茶道追求"茶之德"，他们饮茶提神，参禅悟道。

普通老百姓的茶道追求"茶之味"，他们喝茶去腻，享受人生。

4. 真

"真"既是中国茶道的起点，也是中国茶道的终极追求。中国茶道所讲究的真，包括：茶应是真茶、真香、真味；用的器具是真竹、真木、真陶、真瓷；环境最好是真山、真水；挂的字画最好是名家名人的真迹。另外，待客要真心、真情，说话要真诚，心境要真闲。茶活动的每一个环节都要认真，都要求真，这才是真正的中国茶道。

知识窗

山东的名茶

山东省茶文化历史久远，山东人十分爱喝茶。说到山东的茶叶，最出名的就是绿茶，山东可是我国的绿茶大省。山东省生产的绿茶有很多种，其中较为知名的有：日照绿茶、崂山绿茶、沂蒙绿茶、莒南绿茶等。

1. 日照绿茶

日照绿茶是山东省日照市的特产，中国国家地理标志产品。日照是世界茶学家公认的三大绿茶城市之一，也是山东省唯一的"中国茶叶研究所北方示范区"，并有千亩茶园获得欧盟有机食品认证。日照绿茶具有汤色黄绿明亮、栗香浓郁、回味甘醇、叶片厚、香气浓、耐冲泡等独特优良品质，被誉为"江北第一茶"。

2. 崂山绿茶

崂山绿茶是中国绿茶中的经典名品，产于山东省青岛市崂山区，香韵醇厚宜人，滋味鲜爽独特。

3. 沂蒙绿茶

沂蒙绿茶产于山东省临沂市，俗称沂蒙山区，属暖温带季风区大陆性气候，四季分明，气候温和，雨量充沛，光照充足，常年平均降水量800mm左右，平均气温13℃，年平均日照2400～2600小时，无霜期200多天，有众多丘陵、水库。独特的地理位置、优良的土壤质地和适宜的气候条件，使得生产的沂蒙绿茶具有芽叶肥厚、栗香高爽、滋味醇浓、极耐冲泡等品质，享誉中外。据测定，沂蒙绿茶中所含氨基酸、茶多酚、水浸出物等指标都较南方茶含量高，是一种理想的健康饮品。

4. 莒南绿茶

莒南县是我国江北茶区最早成功实施"南茶北引"的县区之一。1968年"南茶"第一次在莒南落户，成功改写了北纬30度以北不能种茶的历史。莒南绿茶生长期长，制作工艺精简，保留了茶叶鲜叶内的大部分天然物质，具有叶片厚、滋味醇、香气浓、耐冲泡等特点，香飘四海，享誉九州。

互动交流

1. 什么是"中国茶道的基本精神"？我国的茶文化是如何体现"天人合一"的？
2. 结合我们的日常生活，谈谈茶对当下人们生活的意义。

第三节　醇厚陶醉的韵味——酒文化

学习任务

1. 通过对酒文化的了解，感受中国传统文化的博大精深，领悟传统文化的精神内涵。

2. 了解生活中的酒文化，通过欣赏酒文化，进一步提高生活质量，提升生活品位。

我国的酿酒起源于何时至今没有一致的结论。考古发现，我国早在新石器时代中后期就已经具备了酿酒所需要的物质条件；到夏、商、周三代，已掌握了酿制白酒的酵母菌曲和酿制甜酒的根霉菌曲两种酒曲。我国的酒主要是以粮食为原料酿制而成的，其特征是以酒曲作为糖化发酵剂，是东方酿酒业的典型代表。在我国几千年的文明史中，酒几乎渗透到了社会生活中的各个领域，酒文化也成了一种特殊的文化形式，在中华传统文化中占据着重要地位。

一、中国酒的历史

中国的酒历史悠久，其从诞生之初，就成了人们日常生活中的重要饮品。具体而言，中国酒主要经历了以下发展阶段。

● 大汶口文化遗址出土的温酒陶器——陶鬶

（一）新石器时代

新石器时代后期的龙山文化遗址和大汶口文化遗址中出土了大量的酒器，这些酒器说明当时人们已具备定向生产酒的能力，而酒则已成为人们的日常饮品。

（二）夏商周时期

夏朝酒文化已十分盛行，夏人善饮酒，他们所制作的一种叫爵的酒器，是我国已知最早的青铜器。据传，夏王朝的五世国王杜康，就极擅酿酒，后世还将其尊为酒神。

商朝的农业和畜牧业发展较快，尤其是手工业得到前所未有的发展，以致商朝酿酒业十分发达，当时的酒精饮料有酒、鬯和醴，在殷墟出土的甲骨文中就多出现"鬯""醴"字样。另外，由于青铜器制作技术的提高，酒器的制作也进入前所未有的繁荣时期，出现了"长勺氏"和"尾勺氏"这种专门制作酒器的氏族。

周朝统治阶级大力提倡"酒礼"和"酒德"，把酒的主要用途限制在祭祀上，于是出现了"酒祭文化"。周朝酒礼成为最严格的礼节，乡饮习俗以乡大夫为主人，处士贤者为宾客。同时，饮酒以年长者为优厚，体现了尊老敬老的民风。

（三）春秋至秦汉时期

春秋战国时期，由于铁制工具的使用，生产技术得到极大的改进，生产力也有了很大的发展。农民"早出暮入，强乎耕稼树艺，多聚菽粟"，生产积极性有了很大的提高，物质财富也大为增加，这就为酒的发展奠定了基础。这一时期，酿酒技术有了明显的进步，酒的质量也随之提高。这一时期的许多文献，都对酒有记载。《诗经·小雅·吉日》中记载"以御宾客且以酌醴"，这里的"醴"就是酒的一种。《论语》中记载"有酒食先生馔，曾是以为孝乎"。《礼记·月令》中记载"孟夏之月，天子饮酎，用礼乐"，其中的"酎"是指经过两次或多次复酿的重酿酒，是一种举办盛会时饮用的酒。

秦代，统治者为减少五谷的消耗，曾屡次禁酒，但却屡禁不止。到了西汉始元六年，统治阶级开始征收酒税，从此历代沿袭，酒税成为历代国家税收的重要来源。另外，酒的用途在汉代进一步扩大，东汉名医张仲景就用酒疗病，取得了相当的疗效。两汉时期，饮酒还与各种节日联系起来，形成了独特的饮酒日。人们饮酒一般席地而坐，饮酒器具置于地上，故而这一时期的酒器大多形体矮胖。

汉代酒文化的精神内核是以乐为本，重在调和人伦、祭祀祖先和献谀神灵。秦汉以后，酒文化中"礼"的色彩越来越浓，酒礼更为严格。

（四）魏晋南北朝至隋唐时期

秦汉时期提倡戒酒，到魏晋时期，酒禁大开，允许民间自由酿酒。一时间，民间各种私人自酿自饮的现象大量出现，酒业市场繁荣。

魏晋南北朝时期名士饮酒之气盛行，借助于酒，人们抒发对人生的感悟、对社会的忧思和对历史的慨叹。酒的作用深入人心，酒文化的内涵也随之得到扩展。魏晋时期开始流行坐床（一种坐具），酒器也变得较为瘦长。此外，这一时期"曲水流觞"习俗的出现，进一步丰富了酒文化的内涵。

隋唐时期，酒与文人墨客结下了不解之缘，文人们吟诗作赋、写书绘画、弹琴奏乐，都离不开酒。尤其是唐代，中国的酒文化达到了高度发达时期，这时期的酒文化底蕴深厚、多姿多彩，对唐诗的发展起到了重要作用。酒催发了诗人的诗兴，从而内化在其诗作里，酒从物质层面上升到了精神层面。诗仙李白就是饮酒写诗的代表，他常以酒抒豪情壮志，他创作的大量与酒有关的诗歌都成了千古传唱的佳作。

唐人饮酒常将"美酒盛以贵器"，其饮酒大多在饭后，正所谓"食讫命酒""食毕行酒"。当时饮酒大多是饭后徐饮、欢饮，既不易醉，又能借酒获得更多欢聚尽兴的乐趣。

（五）宋元时期

宋代，酒类品种繁多，进入了历史上的鼎盛时期，其中黄酒、果酒、葡萄酒、药酒等竞相发展，丰富多彩。宋代的酒文化比唐代的酒文化更加丰富，更接近现代的酒文化。宋代酒业繁盛，酒馆遍布全国各地。

宋元时期，烧酒开始出现。烧酒又称白酒，这种酒气味芳香纯正，入口绵甜爽净，酒精含量较高，可以长期储存。从此白酒成了中国人饮用的主要酒类。

（六）明清时期

明清时期，酒已成为人们生活中不可或缺的饮品，每逢佳节，人们多会设宴饮酒。不同的节日，所饮的酒也有所不同，如元旦饮椒柏酒、正月十五饮填仓酒、端午饮菖蒲酒、中秋饮桂花酒、重阳饮菊花酒等。

明清时期，饮酒特别讲究"陈"，所谓"陈年佳酿"就是指上了年份的好酒。清代顾仲《养小录》就记载："酒以陈者为上，愈陈愈妙。"明清时期的酒令五花八门，人物、花草鱼虫、诗词歌赋、戏曲小说、时令风俗等都可入令，且雅令很多。雅令的繁盛把中国的酒文化从高雅的殿堂推向了民间，从名人雅士所为普及成市民的爱好，极大地促进了酒文化的发展。

> **知识链接**
>
> ### 饮酒行令
>
> 饮酒行令，不光要以酒助兴，有下酒物，而且往往伴以赋诗填词、猜迷行拳之举。
>
> 飞花令就是古时候人们经常玩的一种"行酒令"游戏。飞花令诞生于西周，完备于隋唐，是中国古代酒令之一，属雅令。雅令的行令方法是：先推一人为令官，或出诗句，或出对子，其他人按首令之意续令，所续必在内容与形式上相符，不然则被罚饮酒。
>
> 行雅令时，必须引经据典，分韵联吟，当席构思，即席应对，比"五魁首，六六六"之类的民间酒令难多了，这就要求行酒令者既有文采和才华，又要敏捷和机智。
>
> "飞花"一词则出自唐代诗人韩翃《寒食》中"春城无处不飞花"一句。行飞花令时可选用诗和词，也可用曲，但选择的句子一般不超过7个字。
>
> 事实上，《中国诗词大会》推出的是简化版"飞花令"，没有古代严格，选手只要背诵含有关键字的诗句，即可过关。在古代，最基本的飞花令诗句中必须含有"花"字，而且对"花"字出现的位置同样有着严格的要求。可背诵前人诗句，也可现场吟作。行令人一个接一个，当作不出诗、背不出诗或作错、背错时，由酒令官命其喝酒。
>
> 此外，还有另外一种行令方法：行飞花令时，诗句中第几个字为"花"，即按一定顺序由第几个人喝酒。

二、中国的酒文化

伴随着酒的发展，中国的酒文化也不断发展壮大，成了传统文化中的重要组成部分。具体而言，传统的酒文化与中国的经济、文学和习俗有着密切的关系。

（一）酒与经济

我国自古以来就是一个农业大国，农业一直是国民经济的命脉，因此国家的一切政治、经济活动都是以农业发展为根本立足点的。而我国的酒，绝大部分都是用粮食酿造的，因而酒的生产也依赖于粮食生产，成了农业经济的一部分。

粮食生产的丰歉往往直接影响着酒业的兴衰，历朝历代的统治者通常会根据粮食收成的丰歉，来发布开禁或酒禁，从而调节酒的生产，确保国家的粮食安全。反过来，酒业的兴衰也能反映出当时的农业生产状况，为我们了解历史上的天灾人祸提供重要线索。

酒业的生产状况也与社会经济活动密切相关。汉武帝时期实行对酒的专卖政策，从酿酒业收取的专卖费或酒的专税成了国家财政收入的主要来源之一。酒税收入在历史上还与军费、战争费、徭役及其他赋税有关，有时甚至直接关系到国家的生死存亡。因酒而产生的巨大利润，还常常成为国家与商贾及其他民众之间矛盾激化的根源。

（二）酒与文学

我国传统的酿酒业和饮酒习俗与传统文学相互结合，创造了绚丽多姿的酒文化。随着历史的发展，酒与文学结下了深厚的渊源。许多诗人饮酒作诗，以诗歌酒；而每一种美酒背后的美妙传说故事，又成了小说家们写作的素材；人们还借酒喻理，于是酒与警句也密切地联系在一起。

1. 酒与诗词

在我国的诗词中，常常可以看到酒的身影。我国最早的一部诗歌总集《诗经》中，就有不少以酒为主题的诗篇。《诗经·大雅·既醉》中说："既醉以酒，既饱以德。"意思是说君子应当醉而不失态，醉而不损德，这应是我国最早的关于酒德的论述。

酒常常能激发诗人的灵感，帮助诗人创作出优秀的诗篇。在中国文学史上，许多诗人都因饮酒写诗为文而留下千古美名。如著名的唐诗《饮中八仙歌》写的就是8位嗜酒文人，包括李白、贺知章、李琎、李适之、崔宗之、苏晋、张旭、焦遂。如同我国名目繁多的美酒一样，诗人们写出的诗也是千家风味、万种情调。尤其是唐宋时期，既是我国古代诗歌发展的鼎盛时期，也是我国酒文化高速发展的时期。

唐代诗人杜牧的《江南春》，开头写道："千里莺啼绿映红，水村山郭酒旗风。"诗中把千里江南，草长莺飞、红花绿树相映成趣，酒旗迎风招展的美景描写得淋漓尽致。"诗仙"李白，素有"酒圣""酒仙"之称，他的很多诗歌都与酒有着密切的联系。如《金陵酒肆留别》中的"风吹柳花满店香，吴姬压酒唤客尝。"《饯校书叔云》中的"看花饮美酒，听鸟临晴山。"《游洞庭湖五首》中的"且就洞庭赊月色，将船买酒白云边。"这些诗句质朴淳厚、韵味十足。杜甫在《饮中八仙歌》中也叹道："李白斗酒诗百篇，长安市上酒家眠。天子呼来不上船，自称臣是酒中仙。"

宋代，词的创作极为兴盛。苏轼就是以酒写诗、造词的名家。《与梁左藏会饮傅国埔家》中的"东堂醉卧呼不起，啼鸟落花春寂寂"，《同曾元恕游龙山吕穆仲不至》中的"愁客倦吟花以酒，佳人休唱日衔山。"《水调歌头》中的"明月几时有，把酒问青天。不知天上宫阙，今昔是何年。"这些诗词佳句，是作者借酒抒情的见证，是其内心情感的自然流露。

宋代著名女词人李清照，在她的词作中也有不少写酒的佳作。如她早期的词作《醉花阴》中的"东篱把酒黄昏后，有暗香盈袖。"《如梦令》中的"常记溪亭日暮，沉醉不知归路。"这些都显示出一个贵族闺秀休闲淡雅、多愁善感的日常生活。南渡以后，国破人亡，李清照在《声声慢》中写下"寻寻觅觅，冷冷清清，凄凄惨惨……三杯两盏淡酒，怎敌他晚来风急。"这些词句则反映了词人孤苦的境遇，满腹的哀愁凄凉。

总之，诗人、词人借用一壶酒，沉醉其中，超脱现实，浮想联翩，增添了许多真情与童心，创作出了无数唯美的诗词名篇。

2. 酒与小说

在古代的许多小说名著中也有很多关于酒的描写，如《三国演义》中的"温酒斩华雄"

● 曹操煮酒论英雄

"曹操煮酒论英雄""周瑜装醉使蒋干中计",《水浒传》中的"赤发鬼醉卧灵官殿""武松醉打蒋门神""杨雄醉骂潘巧云""活阎罗倒船偷御酒""鲁提辖拳打镇关西"等,都是因酒而起,因酒而生。

《红楼梦》中几乎全书都贯穿着酒,从第1回至第117回,直接描写喝酒的场面有60多处。书中所写酒分为发酵酒、蒸馏酒、配制酒3类,所提及的各种酒的名目多达20~30种,如年节酒、贺喜酒、祝寿酒、生日酒、待客酒、接风酒、赏花酒、赏月酒、赏舞酒、赏雪酒、赏灯酒、赏戏酒等。书中还将饮酒与文学艺术联系在一起,在饮宴中行雅令、俗令,击鼓传花,既活跃了气氛,也体现出各种酒礼和酒俗。

蒲松龄的《聊斋志异》中《酒狂》一文,就叙写了缪永定酗酒而死,在阴司仍嗜酒如命,喝得酩酊大醉,甚至"顿忘其死"。后来通过向阴司里当酒店老板的舅舅行贿,得以复生。然而还阳后的缪永定又因为花钱买酒而舍不得给阴司里的舅舅买纸钱,最后又被揪回阴司。另篇《酒友》通过写车生和狐狸的夜中奇遇,塑造了狐狸知恩图报的形象,其结局以车生去世结尾,反映了作者对现实的不满。

3. 酒与警句

中国人饮酒,还创作出了许多名言警句,意味深长。如"酒外乾坤大,壶中日月长""酒逢知己千杯少,话不投机半句多""酒肠宽似海,诗胆大于天""醉翁之意不在酒""四座了无尘事在,八方都为酒人开""酒浓春入梦,窗破月寻人"。这些警句借酒喻理,意在酒外,读后令人回味无穷。

可以说,酒启发了文人创作的灵感,文学则记叙了酒的灵动之力。酒不仅满足人生理上的需求,也满足人精神上的追求,寄托了文人微妙的情感。

(三)酒与习俗

中国人在一年中的重大节日,以及遇到具有重大意义的事情时都会举办相应的饮酒活动。如春节喝年酒,端午节喝菖蒲酒,重阳节喝菊花酒,结婚时喝喜酒、交杯酒,孩子满月喝满月酒,取名喝寄名酒,出门远行时喝送行酒,创办事业时喝开业酒,老人祝寿喝寿酒。无论喝哪种酒,大家都会尽情畅饮,免不了"家家扶得醉人归"。

1. 重大节日的饮酒习俗

古代每逢重大节日,全国的百姓都会为家人团聚准备丰盛的菜肴,举杯畅饮,这一习俗也延续至今。这里主要介绍春节、端午节和重阳节等重大节日中人们的饮酒习俗。

(1)春节饮年酒

古代"春节"又称"元日""端日",它是新一年的开始。因此,自古以来春节就极受人们的重视。这一天,上自天子,下至庶民,无不把酒欢度、开怀畅饮。

古代春节当天,天子要"亲载耒耜""亲蹈于田而耕",举行祈谷仪式,祈求来年的丰收。祈谷仪式之后,一般会举行"劳酒小会"与臣民于田间饮酒。最后,宫中还要举行盛大的朝贺宴饮活动,以示庆祝。宫廷所饮之酒,除了一般的美酒外,还有一些特制的寓意吉祥的佳酿,如汉代时的柏叶酒。这天,平民百姓则会换上新衣,准备丰盛的美味佳肴,全家人一起祭祖敬神，然后把酒问盏，尽享天伦之乐。人们所喝的酒，大多是寓意吉祥、健康长寿的酒，如屠苏酒、椒花酒等特制的年酒。

（2）端午饮菖蒲酒

端午节，古时又称"端阳""重午""重五""天中节"。古人认为，端午是一年之中阳气最盛的时候，正是阴阳消长变化的时期，对人们的"血肉盛衰"有着极大的影响。因此，这一节日也成为人们调理身体的最佳时机。每逢此日，人们便采艾蒿辟邪，用兰汤沐浴，然后饮菖蒲酒祛瘟除恶、强身健体。除此之外，人们在这一天还会包粽子、划龙舟。

菖蒲酒用石菖蒲煎汁，酿制而成。民间普遍认为，饮菖蒲酒有辟邪祛瘟的功效。明代李时珍《本草纲目》记载："菖蒲酒治三十六风，一十二痹，通血脉，治骨痿，久服耳目聪明。"唐代孙思邈《千金月令》记载："以菖蒲或缕或屑，以泛酒。"

（3）重阳饮菊花酒

农历九月九日，俗称重阳节。古人在这一天会登高、佩茱萸、饮菊花酒。

饮菊花酒的习俗，在战国时期屈原的《离骚》中就已有记载，"朝饮木兰之坠露兮，夕餐秋菊之落英。"而重阳节饮菊花酒的习俗，至迟在汉代就已经形成。记录西汉杂史的历史笔记小说集《西京杂记》中就记载："菊花舒时，并采茎叶，杂黍米酿之，至来年九月九日始熟，就饮焉，故谓之菊花酒。"汉代以后，重阳节饮酒登高之风盛行不衰。南北朝时，宋孝武帝刘骏即位以前，就曾于重阳节登项羽的"戏马台"饮酒。唐代诗人王勃，曾于重阳节登滕王阁参加宴饮，并写下千古名篇《滕王阁序》。杜甫在其《九日五首》中说："重阳独酌杯中酒，抱病起登江上台。"可见他虽然身患疾病，但并没有忘记重阳节登高饮酒。这一习俗直到明清时期仍然十分盛行，清代的《蓟州志》记载："重阳，制花糕，饮菊酒，携觞登高。"

2. 婚姻饮酒习俗

有关婚姻的饮酒习俗，包括订婚时的"会亲酒"，南方用于女子陪嫁的"女儿酒"，婚礼上的"喜酒""交杯酒"，以及婚后的"回门酒"等。

会亲酒是订婚时所设的酒席。喝了会亲酒，表示男女双方订下婚姻契约，此后双方都不得随意退婚、赖婚。

女儿酒是南方人家自女儿出生后便为其准备的用于陪嫁的酒，晋代嵇含所著的《南方草木状》对此有详细的记载。后来，这种酒在绍兴得到继承发展，成了著名的"花雕酒"。女儿酒的酒质与一般的绍兴酒并无明显差别，主要是装酒的坛子较为独特。这种酒坛还在土坯时，就雕有各种花卉图案、人物鸟兽、山水亭榭等，到了女儿出嫁时，又会请画匠用油彩画上"八仙过海""龙凤呈祥""嫦娥奔月"等图案，并配以吉祥如意、花好月圆的彩头。

喜酒是婚礼的代名词，置办喜酒就是办婚事，去喝喜酒也就是去参加婚礼。

交杯酒是我国传统婚礼中的一个重要的仪式，在唐代就已有交杯酒这一名称。宋代则盛行用彩丝将两只酒杯相连，并绾成同心结一类的彩结，由夫妻互饮一盏或夫妻传饮。喝交杯酒的风俗在我国极为普遍，各地的风俗也有所不同。如绍兴地区喝交杯酒时，一般由男方亲属中儿女双全、福气好的中年妇女主持。喝交杯酒前，给新婚夫妇喂几颗小汤圆，然后斟上两盅花雕酒，分别给新婚夫妇各饮一口，再把这两盅酒混合后，重新分为两盅，寓意"我中有你，你中有我"。最后让新郎、新娘将酒喝完，并向门外撒大把的喜糖，让围观的人群争抢。

回门酒是婚后第二天，新婚夫妇回门，即回到娘家探望长辈，娘家设宴款待。回门酒只设午餐一顿，酒后夫妻则回到自己家中。

3. 其他饮酒习俗

"满月酒"又称"弥月酒"，是中国各民族普遍的风俗之一。满月酒是孩子满月时，邀请亲朋好友共同庆贺而摆的酒席，亲朋好友一般都会送上礼物或红包。

"壮行酒"也称"送行酒"，一般是朋友远行时，为表达惜别之情而举办的酒宴。古代，勇士们上战场执行责任重大且危及生命的任务时，他们的将领也常常为他们斟上一杯壮行酒，为勇士们壮胆送行。

"开业酒"是店铺开张、作坊开工之时，为了表示庆贺、祝愿生意兴隆，由老板置办的酒席。

"寿酒"是中国人为老人祝寿时举办的酒宴。一般是在老人年满50岁、60岁、70岁等生日时举行，由儿女或者孙子、孙女出面举办，邀请亲朋好友参加酒宴，共同庆贺。

互动交流

1. 中国的酒文化历史悠久，结合所学知识和日常生活，谈谈你身边的饮酒习俗。

2. "道路千万条，安全第一条。酒后不开车，开车不喝酒。"已经成为一句交通安全的警示标语，对此，你是如何理解的？

参考文献

[1] 孙机. 中国古代物质文化 [M]. 北京：中华书局，2014.

[2] 王霁. 中国传统文化 [M]. 北京：清华大学出版社，2014.

[3] 高利水. 中华传统文化（慕课版）[M]. 北京：人民邮电出版社，2017.

[4] 张建，刘荣. 中国传统文化 [M]. 3 版. 北京：高等教育出版社，2019.

[5] 方健华. 中华优秀传统文化概要 [M]. 南京：江苏凤凰教育出版社，2019.

[6] 杨昌洪. 中国古代教育家思想解读 [M]. 长春：吉林大学出版社，2009.

[7] 袁行霈. 中国文学史 [M]. 2 版. 北京：高等教育出版社，2005.

[8] 刘敦桢. 中国古代建筑史 [M]. 2 版. 北京：中国建筑工业出版社，1984.

[9] 陈方既. 中国书法美学思想史 [M]. 郑州：河南美术出版社，2009.

[10] 伍英. 中国古代音乐 [M]. 北京：中国商业出版社，2015.

[11] 韩霞. 中国古代舞蹈 [M]. 北京：中国商业出版社，2015.

[12] 伍英. 中国古代绘画 [M]. 北京：中国商业出版社，2015.

[13] 冯贺军. 中国古代雕塑述要 [M]. 北京：紫禁城出版社，2007.

[14] 王瑜卿，袁敏英. 中国古代教育的办学类型及现代启示——以书院为例 [J]. 中国社会科学院研究生院学报，2010（03）：140-144.

[15] 张月. 论中国古代科举制度 [J]. 吉林广播电视大学学报，2014（11）：74-75.

[16] 王静. 论中国古代工艺中的美 [J]. 艺术家，2019（10）：23.

[17] 汪瑾. 中国古代的学校教育制度述略 [C]// 云南孔子学术研究会. 孔学研究（第十九辑）——云南孔子学术研究会第十九次学术研讨会论文集. 昆明：云南人民出版社，2012：6.